박청화의 실전명리학 시리즈

출발! 사주명리여행

上

강의 : 박청화
편저 : 홍익TV

청화학술원

[프롤로그]

'출발! 사주명리여행'은 제목 그대로 사주명리학에 첫발을 디딘 초보자들을 위하여 이야기를 듣듯이 쉽고 재미있게 역학을 이해할 수 있도록 만들어진 서적이다.

책 내용의 바탕이 된 것은 홍익tv(www.hongiktv.com)에서 방영되고 있는 '출발! 사주명리여행(구제목; 역학기초)' 동영상 속 강의내용을 그대로 옮겨 담아 구어체 형식을 살려 서적에 글로 옮긴 것이다.

동영상 강의는 2006년 겨울에서 2007년 봄까지 약 4~5개월 정도의 시간을 들여 촬영되었는데 청강생을 모을 때 수강할 수 있는 특별한 조건이 있었다. 그 조건은 '역학에 관련된 책을 한 권도 안 본 사람만이 수강할 수 있다'는 조건을 걸고 수강생을 모았고 10여 명의 역학 초보들이 모여 수업이 시작될 수 있었다. 그만큼 기존 명리서와는 다른 기초 수준의 내용을 필름에 담고 싶었기 때문이었고 원했던 대로 촬영은 무사히 마칠 수 있었다. 그 동영상 내용을 글로 옮겨 서적으로 출간된 것이 '출발! 사주명리여행'이 되었다.

시중에 나와 있는 서적들이 주로 술(術)을 위한 강의 중심으로 구성되었다면 이 강의는 주로 근원적 원리나 자연의 원리 중심으로 설명되어 책을 읽는다는 느낌보다 마치 청화선생의 구수한 이야기를 직접 듣는 듯이 구성되었다.

대한민국 역학계 내에서는 박청화 선생을 모르는 사람이 거의 없겠지만, 처음으로 역학에 관심을 두고 이 서적을 접한 분들은 잘 모를 수 있어 간략히 소개한다.

박청화 선생은 전라남도 보성군 벌교에서 태어나 3살 되던 해에 부친을 따라 부산에 와서 성장하였다. 고등학교 시절 부친의 암 투병 후 세상을 떠나고 집안 가세가 기울자 인생에 대해 고민하던 중 역학을 접하고 20세 시절 부산대학교 정문 앞에 철학원을 차려놓고 대학을 다니며 주경야독을 하였다. 수업이 없는 날은 철학원 손님을 받아 생계를 유지하며 살아가던 중 山者山 書者書 라는 옛 성현의 가르침처럼 책과 현실 세계 인간사와는 많은 거리가 있음을 느끼던 중 작심을 하고 산으로 들어가 이 학문에 매진하였다.

이후 나름 역학에 자유를 얻고 깨우침이 틀리지 않았음을 부산의 박도사를 만나 확인하고 97년 부산 남산동에 철학원을 다시 개원하였다. 역학 공부를 위해 모인 한의사 단체를 대상으로 첫 강의를 시작하여 지금까지 수없이 많은 강의를 하였고 명강의로 그 이름을 널리 알리게 되었다. 그의 강의는 기존의 고전 중심인 오행론(五行論), 격국(格局), 용신(用神)을 부정하는 것이 아니라 오행론, 격국, 용신설과 기존 이론의 한계와 극복의 방법을 제시하였을 뿐만 아니라 사농공상(士農工商)의 신분제 사회에서 만들어져 현대사회에서는 적용하기가 어려운 내용들을 새로이 현대화하여 재정립하였다.

먼저 벼슬을 이루고 재물을 후에 이루는 승관발재(昇官發財)시대에 만들어져 현대인의 삶과 현실에 적용하기 어려운 내용들은 새롭게 분석하고 세분화하여 놓았다.

과거와 달리 현대처럼 먼저 재물을 이루고 후에 명예를 이루는 선재후명(先財後名)의 시대에 맞추어 '전공의 해석', '직업의 세분화'를 통하여 아주 정밀하고 현실성 있게 이론을 재정립하여 놓았다.

특히 박청화 선생이 학생들의 진로를 상담하기 위하여 만들어 놓은 '전공의 분석(테마별 학습, 학업운 뒷장에 별지로 첨부)'을 보면 그의 분석력과 섬세함을 확인할 수 있다.

박청화 선생만의 독창적인 방법으로 '2초 사주학', '분론', '무기론', '도깨비직업', '핵론', '개화론', '낙화론' 등 기존에 있던 내용이나 독창적으로 개발한 내용을 강의 중에 실제 예문을 통하여 상세하고 정밀하게 설명을 하여 격용설 중심으로 수년간 공부한 학인들에게 무릎을 치게 하는 명 강의들로 이름을 알리고 있다.

케이블 방송에서 5년간 방영된 '박청화와 함께하는 역학여행'과 박청화 이론을 가장 대표하는 '춘하추동 신사주학', 명리학의 깊이 있는 접근을 제시한 '정진반' 또 다른 시각의 역학이론 '청화비전', 프로들이 풀지 못하는 문제를 현장에서 질문과 답변을 통하여 바로 문제를 해결하는 '마스터반', 2초 사주학의 별미 '사주풀이 제트엔진', 각종 신살(神殺)을 모두 제 정리하는 '신살론' 등 외에 각종 모임, 단체, 학회, 대학 등에서 특강을 한 내용들이 그의 활동을 대변하고 있다. 그리고 이 모든 강의는 홍익TV에서 시청할 수 있도록 제작되어 있다.

현재는 대한민국 최초의 법인철학원 '청화학술원(주)'의 대표이사를 맡고 있으며 출판 및 인터넷 그리고 각 단체, 대학 등에서 그의 이론을 알리고 있다. 그의 저서 '춘하추동 신사주학 (춘편)'을 시작으로 서적 작업을 하고 있으며 지금은 동영상 강의 및 저술 작업, 각 단체의 강연 등을 통하여 후학양성에 힘쓰고 있다.

홍익TV는 언젠가는 활용할 일이 있으리라는 막연한 기대를 가지고 2000년경부터 박청화 선생의 자료를 모으는 일에 힘을 써 왔다. 좋은 내용을 영상에 담아두고자 카메라 한 대를 들고 관련된 강의영상을 촬영하여 보관하고 있었다. 2003년 인터넷 붐이 한창 일어나던 시절 역학을 콘셉트로 하여 동영상으로 교육 사이트를 만들어 많은 분에게 제공하여 역학계 발전에 이바지고자 작게나마 '홍익서당 (www.hongik2000.com)'이라는 이름으로 사이트를 만들었다.

처음 시작할 당시에는 인터넷의 동영상 서비스를 위한 인프라가 제대로 갖추어지지 않아 많은 애로를 겪으면서 제작을 하였다. 기술력 부족, 화질 및 음성 등 여러 가지 서비스 면에서 많이 미비하였으나 시간이 지나면서 경험축적과 기계 장비의 발달 등으로 많은 개선을 이룰 수가 있었다. 지금은 사회적 관심 및 호응도가 높아져 명실공히 대한민국 최고의 역학교육 전문 사이트로 자리매김을 하였다. 뜻있는 몇 분 선생님들과 사주강의 영상을 인터넷 매체를 통하여 처음 서비스하기 시작하여 지금은 관상, 풍수, 손금, 자미두수, 주역, 기문둔갑, 육효, 매화역수 등 약 500여개의 강좌와 실시간으로 제공할 수 있는 라이브방송, 이름을 지을 수 있는 작명코너, 사주감정 등 무료 콘텐츠와 유료 콘텐츠를 적절히 섞어 서비스할 수 있는 기업으로 성장하였다.

홍익TV는 현재 인터넷 세대가 아닌 분들을 위하여 동영상들을 서적 및 출판물을 제작하여 집집마다 간편하게 명리학을 접할 수 있는 환경을 만들어 가고 있다.

그 첫 단계로 박청화 선생의 강좌를 출판하는 것을 시작하여 많은 서적 및 출판물이 나올 예정이며 또한 좋은 아이디어와 양질의 서비스 정신을 통하여 대중화에 매진하고 있다. 출판과정은 강의 영상을 문서화하였으며 전문 편집인이 '문어체' 보다는 '구어체'를 최대한 살려 강의 현장감의 묘미를 살리고 칠판의 그림이나 설명 부분은 도표와 그림으로 옮겨 독자의 이해를 쉽게 하려고 노력하였다.

이러한 욕심에도 불구하고 아쉬운 점도 없지 않았다. 출판의 방법에서 동영상을 서적의 형태로 바꾸는 것은 생각처럼 그리 쉽지 않았음을 알아주시기 바라고 독자 분들의 너그러운 마음으로 이해해 주시길 바란다.

마지막으로 출판에 흔쾌히 승낙하여 주신 박청화 선생님께 감사를 드리며 김기형 님, 김종원 님, 홍익TV 직원들 그리고 아이샨 문경시 대표님께 다시 한 번 감사를 드리는 바이다.

홍익TV 대표
박 청 현

[저자 서문]

　자연과 운명의 이치를 궁리하며 지낸 세월이 적지 않은데 아직도 아쉬움이 남아 있으니 이치의 세계란 끝이 없는 것 같다. 개인적인 연구와 궁리에 더 많이 치중하다 보니 많은 사람과 학문적 공유를 위한 시간이 적었던 게 사실이다.

　易의 원리 특히 干支術을 활용한 四柱學에 관한 연구가 오래되었지만 처음부터 그 심오한 뜻을 챙기지 못하고 학문에 가담하는 경우를 보면서 반드시 기초에 관한 강론을 해야겠다는 생각이 있었는데 늦게나마 강의한 내용을 잘 정리하여 책을 만들었으니 감회가 새롭다.

　고전(古典)에 부연 설명이 없었던 원리나 이치들을 초심자들이 쉽게 접근할 수 있도록 필자 나름의 해석과 기초를 붙였다. 필자도 일찍이 자료를 구하지 못하여 산천을 떠돌면서 궁리한 세월이 짧지는 않았는데 후학이 그런 방황의 시간을 보낸다는 것은 효율적이지 못하다는 생각이다. 필자의 해석 접근이 답의 전부가 될 수는 없지만 생각의 방향성이나 틀을 만드는데 도움이 될 것이라 감히 생각한다. 사주학의 요체는 干支의 해석 적용과 응용에 있다. 五行을 우선 적용하여 해석하는 논리도 많은데 필자의 생각에는 干支에 대한 깊은 이해가 훨씬 더 중요하다고 생각한다. 여타의 다른 책과 차이가 나는 점이 있더라도 한 인간이 사계(斯界) 학문을 연구한 내용이라 생각하고 참조한다면 큰 도움이 될 것이다. 내용보다는 접근 측면, 기준, 시각, 응용 방식 등에서 편차가 있을 것인데 이 학문을 새롭게 정립하는 차원에서 참조한다면 유익할 것이다.

필자의 경험으로 볼 때 세상을 설명하는 여러 학문 체계 중에 이렇게 치밀하고 구체적인 학문은 없어 보인다. 이 학문에 관심을 두고 입문하였다는 것은 자연에 대한 큰 원리와 운명에 대한 이치를 터득할 수 있는 기회를 잡은 것이다. 필자가 학문의 완성자는 아니지만 적어도 길을 안내하는 가이드 역할을 충실하게 할 수 있다고 생각한다. 요리에 비유한다면 좋은 재료와 레시피를 제공하는 것이 필자의 몫이라면 요리를 만드는 것은 독자의 몫이 될 것이다.

아무쪼록 학문적으로 매진하여 바라는 대로 큰 성취가 있기를 빈다. 이 책이 나올 수 있도록 도움을 주신 박청현 대표님, 문경시 대표님, 원리현 실장님, 송현석 박사님, 서진혜 박사님, 강민수 의원님, 그 외 수많은 도움을 주신 분들께 감사의 말씀을 전한다. 묵묵히 필자의 무심함을 기다려준 가족에게도 거듭 감사의 말씀을 전한다.

2013년 9월
박 청 화 드림

[목차]

출발! 사주명리 여행 上

프롤로그	1
저자 서문	6
일러두기	12
제 1 강 · 運命의 존재 여부	18
제 2 강 · 運命學의 효용	34
제 3 강 · 運命學의 원리 1	48
제 4 강 · 運命學의 원리 2	64
제 5 강 · 五行의 의미	80
제 6 강 · 干支의 개념 1	112
제 7 강 · 天干의 의미	138
제 8 강 · 12地支의 의미	166
제 9 강 · 12地支의 활용 1	194
제10강 · 12地支의 활용 2	206
제11강 · 12地支의 활용 3	220
제12강 · 五行의 이해 1	236
제13강 · 五行의 이해 2	250
제14강 · 五行의 이해 3	262

출발! 사주명리 여행 中

제15강 • 사주해석의 일반원리 1	18
제16강 • 사주해석의 일반원리 2	32
제17강 • 만세력 구성 원리 1	44
제18강 • 만세력 구성원리 2	58
제19강 • 만세력 보는 법 1	70
제20강 • 만세력 보는 법 2	84
제21강 • 六親이란 1	98
제22강 • 六親이란 2	108
제23강 • 六親 1	122
제24강 • 六親 2	134
제25강 • 六親 3	146
제26강 • 六親 4	160
제27강 • 六親 5	174
제28강 • 六親 6	188
제29강 • 六親 7	204
제30강 • 六親 8	214

[목차]

제31강 • 神殺 – 干支學의 이해	228
제32강 • 神殺 – 四柱學은 干支學이다	242
제33강 • 神殺 – 格局用神의 이해	254
제34강 • 神殺 – 干支의 관계	268

출발! 사주명리 여행 下

제35강 • 神殺 – 天干 대 天干의 글자관계 1	18
제36강 • 神殺 – 天干의 글자관계	32
제37강 • 神殺 – 天干 대 地支 [空亡, 12運星]	44
제38강 • 神殺 – 天干 대 地支 [12運星의 의미]	56
제39강 • 神殺 – 天干 대 地支 [12運星의 이해]	66
제40강 • 神殺 – 天干 대 地支 [12運星의 陰胞胎]	82
제41강 • 神殺 – 天干 대 地支 [각종 神殺, 羊刃, 貴人 등]	94
제42강 • 神殺 – 地支 대 地支 [三合, 12神殺]	110
제43강 • 神殺 – 地支 대 地支 [12神殺의 이해]	124
제44강 • 神殺 – 地支 대 地支 [1三合, 2神殺의 확장]	140

제45강 • 神殺-地支 대 地支 [三合, 冲, 方合]　　　　152

제46강 • 神殺-地支 대 地支 [六合의 이해]　　　　168

제47강 • 神殺-地支 대 地支 [각종 合, 冲의 의미]　　　　182

제48강 • 神殺-地支 대 地支 [刑의 이해]　　　　196

제49강 • 神殺-地支 대 地支 [刑, 冲, 破, 害]　　　　208

제50강 • 神殺-地支 대 地支 [각종 神殺 1]　　　　222

제51강 • 神殺-地支 대 地支 [각종 神殺 2]　　　　236

제52강 • 地藏干 1　　　　248

제53강 • 地藏干 2　　　　262

제54강 • 地藏干 3　　　　274

제55강 • 地藏干 4　　　　288

[일러두기]

• 간지의 표기는 이해를 돕기 위해 숫자와 혼용 표기하였습니다!
  예) 10干 = 十干   12支 = 十二支   60갑자

• 기본 표기는 '한글(漢字)' 표기를 준용하였으나 통상적으로 쓰이는 명리관련 용어는 가독성과 공부의 습득을 위해 '漢字'로 단독표기 하였습니다.
  반복되는 명리용어의 경우는 漢字語로 보아 붙여 쓰고, 일부는 漢字와 한글을 혼용하였고 일부는 한글로만 사용하였습니다.
  예) 년 = 年, 월 = 月, 일 = 日, 시 = 時
  예) 사주팔자 → 四柱八字, 四柱 → 사주, 八字 → 팔자, 길흉 → 吉凶,
      吉하고 → 길하고, 凶하다 → 흉하다

• 명리학에서 통상 사용되는 용어는 한국어 맞춤법을 따르지 않고 통상적 표현을 사용하였습니다. 그리고 한자어는 붙여 표기하였습니다.
  예) 연월일시 → 년월일시 자 시, 子 時 → 子시로,
      하늘 천(天) 자 → 하늘 천(天)자
      천지 만물 → 천지만물, 자연 운동, 陰 운동 → 陰운동,
      陽 운동 → 陽운동, 음양 운동 → 陰陽운동

• 相剋의 경우 '相剋'이라는 단어로 쓰일 때는 剋과 克이 함께 같은 의미로 쓰이는데 여기서는 단어로 상극인 경우는 → '相剋'으로 표기하였고 독립된 의미인 경우는 '克'으로 표기를 통일하였습니다.
  예) 상생상극 → 相生相剋, 생극 → 生剋, 극하다 → 克하다

- 명리명조의 배열 순서는 전통적인 형태인 오른쪽에서 왼쪽으로 읽는 배열을 따랐습니다.

- 문장부호 표시에서 ' ' 사이에는 '.' 마침표를 표시하지 않았습니다.

- 문맥의 사실감 있는 설명을 위해 부득이 구어체의 문장과 사투리를 삽입하였고 경어법의 술어를 통일하지 않고 다양하게 사용하였습니다.

※ 명리학 공부를 위해 단독 표기한 용어의 한자는 아래와 같습니다.

- 명리(命理), 역학(易學), 역법(曆法), 사주(四柱), 팔자(八字), 건명(乾命) 곤명(坤命), 길흉(吉凶), 합(合), 형(刑), 충(冲), 파(破), 해(害), 공망(空亡) 삼기(三奇), 원진(怨嗔), 납음오행(納音五行), 음양착착(陰陽着錯), 순공(旬空) 격용(格用), 격국(格局), 용신(用神), 십신(十神)

- 음양(陰陽) = 음(陰), 양(陽)

- 오행(五行) = 목(木), 화(火), 토(土), 금(金), 수(水)

- 천간(天干) = 갑(甲), 을(乙), 병(丙), 정(丁), 무(戊), 기(己), 경(庚), 신(辛) 임(壬), 계(癸)

[일러두기]

- 지지(地支) = 자(子), 축(丑), 인(寅), 묘(卯), 진(辰), 사(巳), 오(午), 미(未), 신(申)
  유(酉), 술(戌), 해(亥)

- 후(候), 순(旬) = 초순(初旬), 중순(中旬), 하순(下旬)

- 절기(節氣) = 입춘(立春), 경칩(驚蟄), 청명(淸明), 입하(立夏), 망종(芒種)
  소서(小暑), 입추(立秋), 백로(白露), 한로(寒露), 입동(立冬), 대설(大雪)
  소한(小寒)

- 합(合) = 음양합(陰陽合), 천간합(天干合), 방합(方合), 삼합(三合), 암합(暗合)
  육합(六合), 기합(奇合)

- 천간합(天干合) = 중정지합(中正之合), 인의지합(仁義之合), 인수지합(仁壽之合)
  위엄지합(威嚴之合), 음란지합(淫亂之合), 무정지합(無情之合)

- 형(刑) = 삼형(三刑), 자형(自刑)

- 육친(六親) = 비겁(比劫), 겁재(劫財), 비견(比肩), 식상(食傷), 식신(食神)
  상관(傷官), 재성(財星), 정재(正財), 편재(偏財), 관성(官星), 정관(正官)
  편관(偏官), 인성(印星), 정인(正印), 편인(偏印)

- 십이신살(十二神殺) = 겁살(劫殺), 재살(災殺), 천살(天殺), 지살(地殺), 년살(年殺)
  월살(月殺), 망신살(亡身殺), 장성살(將星殺), 반안살(攀鞍殺)
  역마살(驛馬殺), 육해살(六害殺), 화개살(華蓋殺)

- 특수 신살 = 양인(羊刃), 도화(桃花), 천을(天乙), 문창(文昌), 천주(天廚)
  복성(福星), 금여(金輿), 암록(暗綠), 홍염(紅艶), 비인(飛刃), 상문(喪門)
  조객(弔客), 고신(孤身), 과숙(寡宿)

- 십이운성(十二運星) = 장생(長生), 목욕(沐浴), 관대(冠帶), 건록(建祿)
  제왕(帝旺), 쇠(衰), 병(病), 사(死), 묘(墓), 절(絕), 태(胎), 양(養)

- 지장간(地藏干) = 초기(初氣), 여기(餘氣), 중기(中氣), 정기(正氣)

제1강

運命의 존재 여부

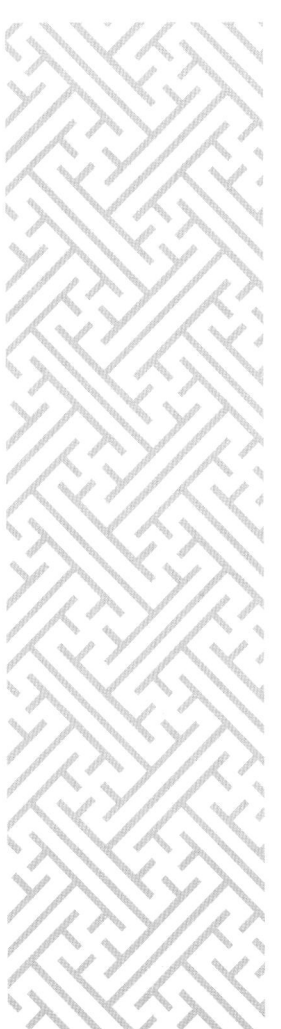

제1강
運命의 존재 여부

반갑습니다.

운명의 원리라고 하는 것이 무엇이냐?

易學에서 우리가 바라보는 세계관이나 인생관이 무엇이냐 생각해 봅시다.

[易學] 갑자기 문자가 어렵지요? 이걸 쓰니까 "이거 또 괜히 들어왔다, 못 들어올 수업 들어왔다." 이렇게 생각하시는데 그렇게 생각하실 필요가 없습니다.

이게 바뀔 역(易)자죠? "바뀐다!"라고 하는 것에 대하여 체계적인 논리라든지 학문성을 통해서 분석해 놓은 것이 바로 '易學'이라는 전제하에 易學이라고 하는 큰 학문 체계가 나오게 된 배경을 생각해 보자는 것입니다.

운명(運命)이라는 단어는 우리가 살면서 수없이 만나게 되지요, "운명!"

운명이라는 것이 과연 존재하느냐, 존재하지 않느냐 이것을 고민해 보셨습니까? 어떤 것 같습니까? 있는 것 같습니까? 없는 것 같습니까?

"있는 거 같습니다."

우리가 소위 팔자소관이라고 흔히 말을 하죠. 그래서 운명이라는 것이 어디서 오는 것인지 잘은 모르지만 분명히 있는 것 같다. 우리가 느끼고 살지만 저것이 대체 어떤 체계 속에서 이루어져 있느냐? 어떠한 원리로 오느냐? 이런 것을 우리가 모르고 살아간다는 것이죠.

우리가 易學이라고 하는 학문을 통해서 운명에 접근하려고 하면 그 사람에게 부여되어 있는 어떤 에너지나 기운, 힘 이런 것을 분석해야 하거든요. 대부분 사람들이 이제 나도 운명이 뭔지 알아야 되겠다고 해서, 運命學 서적을 접하게 되는데 運命學 서적이라는 것이 무엇이냐 하면 易學이라고 하는 큰 학문체계 속에서 접근되어 있는 겁니다.

운명이라는 것이 과연 있느냐? 없느냐?

우리는 경험을 통해서 운명이라는 것이 있다고 막연히 느끼면서 살아갑니다만 운명이라는 것은 정말 있을까요? 아니면 '없다'고 단정적으로 말할 수 있을까요?

역업을 하던 초창기에 이런 사람들이 있었어요. "그렇게 易學적으로 뭔가 운명을 잘 분석 할 수 있다면 지금 내가 이 문지방에서 방안으로 들어갈지, 아니면 도로 뒤로 나올지 한번 맞춰봐라!" 이런단 말이죠.

이런 것을 분석하는 것이 運命學의 요체는 아니라고 하는 것입니다. 그런데 분명한 것은 그 사람이 문틀을 붙잡고 있다는 사실입니다.

발을 디딜까? 말까? 이것을 맞춰봐라 이겁니다.

그렇게 있다가 "디디지 않는다."라고 말하면 디뎌 버리고, "디딜 것이다." 그러면 디디지 않을 것입니다. 그러면 못 맞췄으니 "운명이 있다."라고 하는 것은 틀린 말이라는 논리입니다.

'운명이라는 것은 없다' 는 입장에 있는 사람들은 이렇게 문지방에 다리를 걸치고 있는 사람의 마음과 같습니다. 그래서 "들어올 것이다."하면 발을 빼버리고, "나갈 것이다."라고 하면 딛고 이렇게 이해하시면 됩니다.

그러나 이와 같이 개별적인 일에 관한 것을 일일이 캐묻는 것이 易學이나 運命學의 요체는 아니라는 것입니다. 그런데 대부분의 사람들은 '맞춰봐라!' 이 부분에 촛점이 맞혀져 있습니다. 내가 발을 짚을까요? 안 짚을까요? 그걸 잘 맞추는 것이 점을 잘 보는 것이다. 이런 식으로 생각한다는 겁니다. 그런데 運命學이라고 하는 것은 이런 개별적인 인간의 의지에 의해서 가변적으로 움직일 수 있는 영역을 점하기 위해서 있는 것이 아닙니다.

다시 말해 이런 것 정도는 인간의 의지로서 얼마든지 통제가 가능하잖아요?

그런데 인간의 의지로도 통제되지 않는 부분이 있더라는 것입니다. "의지"라고 하는 것이 있으므로 "꿈은 이루어진다." 이런 말이 있을 수 있습니다.

이 말은 맞는 말이죠. "꿈은 이루어진다!"

자, 꿈은 이루어지는데 어떤 이는 빨리 이루어지고 어떤 이는 늦게 이루어지더라.

노력은 똑같이 했는데, 시험을 쳐보면 시험점수가 다 달라요.

왜 달라요? 물론 노력의 정도라는 면에서 일단 차이가 날 수 있겠지요. 꿈이 있으니까 나름대로 노력은 했는데 결과는 다르더라는 것이죠.

운전면허 시험을 보는데 한 번 쳐서 한 번 만에 붙는 사람이 있고 아홉 번, 열 번 쳐서 붙는 사람도 있고, 그런 식으로 뭔가 동일한 노력이라든지 환경을 가지고 있기는 한데 결과가 다르게 나타나는 것이 많더라는 것이죠.

이런 것이 결국은 어디서 오느냐는 것이죠. 다시 말하면 인간의 일반적인 의지에 의해서 바꿀 수 있는 것. 이런 것은 사실 우리가 점의 대상으로 삼을 필요가 없다는 것입니다. 易學적으로 많은 분석이 필요하지 않다는 말이지요.

그런데 인간 의지의 한계점에서 어떤 사람은 되고 어떤 사람은 안되더라.

자 이때 뭔가 무엇이 있다고요? '+α'가 있습니다.

이 +α 를 막 캐묻다 보니까, "이~야 이게 뭔가 있더라." 바로 무엇이냐? 이것이 運命學입니다. 그래서 이 운명이라고 하는 것을 꼭 이론적으로 복잡하게 생각하실 필요가 없습니다.

복잡하게 생각을 할 것이 없고 뭔가 인(因)+과(果)의 법칙이 있다. 인(因)+과(果) 법칙이라는 것이 자연의 큰 법칙이거든요.

만약 얼굴에 열을 받았다. 그러면 열을 받게 한 원인이 있잖아요. 그렇죠? 열받게 한 원인이 있을 것이고, 아침에 일어나 보니 얼굴이 푸석푸석하다는 것은 어제 잠을 못 잤든지 어젯밤에 뭔가 휴식을 취하지 못한 원인이 있기 때문이지요.

그런 원인과 결과라고 하는 이런 인과(因果) 법칙 속에서 운명이 이루어지는데 그 원인과 결과가 보통 사람들이 생각하는 의지와 상관없이 크게 부여되는 것이 있더라는 것입니다.

크게 부여되는 것.

예를 들면 자연의 변화 속에서 봄, 여름, 가을, 겨울 계절의 순환이 있지요?

그리고 하루도 무엇으로 이루어져 있어요? 밤과 낮이 오고 가더라 이거예요. 예를 들어서 우리가 길을 가다가 엎어졌는데 왜 엎어졌느냐? 밤이라서 그랬다. 어두워서 그랬다. 엎어진 이유가 밤이니까, 잘 안 보이니까 넘어졌다 이거예요. 똑같은 장소에서 낮이었다면 훤하니까 안 넘어졌겠죠?

이렇게 자연의 기운이라는 것이 순환하면서 뭔가 '+α'에 영향을 주더라는 거죠.

길을 걸어가는 것 자체는 인간의 의지이지요? 걸어간다 이거예요. 길을 걸어가는 것은 인간의 의지에 의해서인데 발을 "떼겠느냐? 말겠느냐?" 이런 건 점치면 안 된다고 했죠?

걸어가는데 툭 하고 걸려서 넘어졌다. 그래서 넘어진 이유는 무엇이냐? '어두워서 그랬다', '잘 안 보여서 그랬다', '밤이라 그랬다' 그래서 밤이라고 하는 환경이 개인의 의지에 의해서 뭔가 어떤 뜻을 이루려고 할 때 간접적으로 영향을 주고 있더라는 것입니다.

이것으로 인해 운명이 외부적인 어떤 이유 때문에 만들어질 수 있고 이것을 정밀하게 꿰뚫어 놓은 것이 運命學이라는 것입니다.

예를 들어 씨앗이 있다고 합시다.

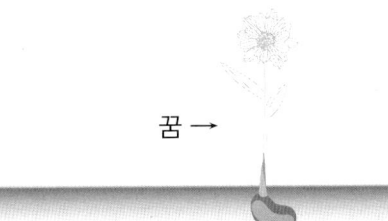

어떤 씨앗이 차가운 겨울을 만나서 흙 속에 반쯤 파묻혀 있습니다. 이렇게 파묻혀 있을 때 이 씨앗은 꽃이 되고 싶겠지요? 꽃씨의 꿈은 무엇이다? "꽃"이죠, 꽃씨의 꿈은 "꽃이 되고 싶다 입니다."

꽃이 되고 싶은데 겨울에는 꽃이 됩니까? 안됩니까? 꽃이 안 되는 이유가 무엇이냐 이거예요. 안되는 이유는 꽃을 피울 수 있는 환경이 안 되기 때문이죠.

그러면 이 환경은 어디서 왔느냐?

말 그대로 큰 의미의 運에서 왔다. 이겁니다. 흔히들 運이 있다, 없다 이런 말 하죠?

"참, 그놈 그거 운 좋다!" 운 좋다는 것이 무엇이냐 하면, 피어 봐야 땅바닥에서 몇 센티미터도 올라가지 못하고 땅바닥에서 조그만하게 피어나는 꽃인데, 이렇게 조그마한 꽃도 봄을 만나면 겨울을 만난 큰 해바라기 씨앗보다 조그마한 채송화가 좋다 이거예요. 어느게 더 멋져요? 해바라기 씨가 멋져요? 채송화가 멋져요?

"채송화"

그러니까 말 그대로 운이 좋은 거죠. 꽃이 필 수 있는 운이 왔기 때문이다. 그다음에 운을 다른 말로 '때가 왔다' 라고 말을 하죠. 그래서 때를 만났다고 하는 것은 말 그대로 운을 잘 만났다는 말이고, 이 운은 결국 좋은 환경을 만들어주는 자연의 어떤 큰 흐름을 말하는 것이다. 그래서 자연의 흐름이 무엇이냐면 바로 '운이 왔다' '때가 왔다' 는 것을 의미합니다. 그래서 이제 이 '운' 과 '때' 라고 하는 것이 뭔가 있기는 있는데 도대체 어디서 왔을까요?

이것을 우리 현대에 있는 사람들만 고민한 것이 아니라는 겁니다. 옛날 사람들도 엄청나게 머리 쥐어뜯으면서 고민을 했습니다.

물론 우리가 배부르고 등 따뜻하게 사는 것만 고민했다면 밥 먹고 잘 사는 이런 것만 고민했겠지만. 그때도 지금 우리와 같이 인생이 무엇인가? 틈만 나면 우주가 어떻고 저떻고 이러한 생각을 한 사람들이 있었겠죠.

그때 그 사람들이 피나는 연구를 한 거예요, 그래서 어떻게 때가 오고 가느냐, 하늘에 있는 별을 관찰하고 '왜 별이 저렇게 떠서 돌아갈까?' 어떻게 밤낮이 오고 가느냐를 고민한 사람들이 바로 그 당시의 과학자들입니다.

첨성대 가보셨어요? 첨성대 내용 자체가 '별들에게 물어봐라, 왜 내가 이렇게 사는지를.' 맞지요?

그러니까 뭔가 원인이 별들에게 있는지, 기후에 있는지 또 계절의 순환에 있는지 이런 것들을 종합적으로 많은 분석을 했다는 것입니다. 천지를 누가 만들었는지는 알 수 없으나 천지만물이 움직이고 다니는 데에는 패턴이 있더라, 방식이 있더라, 또 그것이 어떤 주기를 가지고 있더라는 것이죠!

여름이 약 3개월 정도가 지나고 나면 '덥다, 덥다' 하다가도 오동잎 떨어지지요. 오동잎은 잎이 커요? 작아요?

오동잎은 큽니다. 오동잎은 큰데 이 큰 오동잎이 왜 빨리 떨어지느냐? 어떤 기운의 변화에 많이 노출된다는 거예요. 그러니까 예를 들면 이런 거랑 똑같은 것입니다. 주먹을 쥐고 뜨거운 물에 집어넣으면 겉만 뜨겁습니다만 손바닥 펴고 집어넣으면 어떻게 돼요? 손 안팎이 다 뜨겁죠?

펼쳐져 있다는 것이 어떤 기운의 변화에 쉽게 노출된다는 거예요. 그래서 이 잎 넓은 오동잎부터 떨어지기 시작합니다. 노래도 있죠, '오동잎 한 잎 두잎~♪ 떨어지는 가을밤에~♬'

오동잎 떨어질 때 무엇을 알았다고요? 이미 나는 가을이 올 줄 알았다. 기온 차이가 크게 나는 산사 같은 곳에 올라가면 오동나무가 있는데 오동잎이 사람 손보다 더 큽니다. 부채만 하거든요. 그놈들이 따뜻할 때 쫙~펼치잖아요. 찬바람 불면 어떻게 해요? 펼치면 제일 빨리 식잖아요. 죽을 식힐 때 넓은 그릇에 쫙 펴면 찬바람 맞으니까 그래서 오동잎이 제일 먼저 날리다가 마르고 떨어진다는 것이죠.

솔잎은 어떻게 돼요? 솔잎은 가을바람에 떨어져요? 안 떨어져요? '솔아 솔아 푸르른 솔아~♬' 겨울이 되어도 안 떨어지는 이유가 뭐예요? 잎이 비좁단 말이에요, 비좁으니까 '나는 손가락 하나만 담갔지롱!' 그렇지요?

어떤 기운이 와도 춥거나 덥거나 그런 기운이 와도 솔잎은 동그랗게 뭉쳐져 있으니까 그 변화에 많이 안 움직이잖아요. 그래서 펼쳐진 놈은 자연의 기운에 많이 노출된다. 오동잎 떨어질 때 뭘 알았다고요? 가을이 올 줄 알았고 그다음에 뒷날에 밤 떨어지고 찬바람 불 때 나는 무엇을 알았다? 겨울이 올 줄 알았다. 이 겨울이라고 하는 것이 언제까지나 겨울이냐면 그게 아니더라. 이거예요. 겨울이 끝나고 나면 어느 날 눈 사이에 싹이 나고 있더라는 겁니다.

매화가 상당히 방정맞은 거예요. '설중매(雪中梅)' 눈 속에서 따뜻한 것을 알고 획 하고 펼쳐 버린 거죠. 그래서 봄의 기운이 온 것을 알고 자연의 운동이 이렇게 이루어지고, 또 봄이 가고 나니 어떻게 해요? 조금 있으니 개구리 나오죠. "뒷다리가 쭉~♪ 앞다리가 쭉~♪" 하면서 개구리 나오잖아요!

개구리 나오다가 매미 새끼가 울어댑니다. 그러면서 또 여름이 오고 또 그 여름 가고 나면 늦여름 매미! 늦여름 매미 소리 들어 봤습니까? 늦여름 매미의 목소리가 얼마나 처량한지 아십니까? "시끄럽죠." 엄청나게 시끄러워요. 맨 마지막에 立秋 지나가서도 우는 매미가 있거든요, 立秋가 지났다는 것은 뭡니까? 가을이 되었다는 거잖아요. 가을이 되었는데도 아직도 땅에는 따뜻한 기운이나 열기가 남아있으니까.

삼복더위 할 때, 末伏이 입추 지나서 있어요. 땅에서는 그때가 최고로 덥거든요.

가을이 찾아와 보니까 '아이고 더워라' 해서 가을이 물러선 게 初伏이고 (엎드릴 복(伏)자거든요) 그다음에 열흘 뒤에 中伏이에요, 그다음에 입추 지나고 末伏이 들어오는데, 이 末伏쯤에 우는 매미는 대단합니다. "앵~앵~" 엄청나게 울다가 끝에 보면 목소리가 갈라진다니까요.

'에~' 하면서 목소리가 갈라져요. 여름매미하고 늦여름 매미하고 초가을 매미하고 다르다니까요. 처음에는 엄청나게 크게 우는데 뒤에 '에~' 하면서 목소리가 갈라지면서 마른기침이 서서히 나는 목소리가 됩니다. 계절의 기운이 오고 가는 것에서 자연의 운동은 매미 목소리도 달라지게 하더라는 겁니다.

초여름 매미는 우렁찹니다만 악을 쓰는 힘이 없습니다. '매~' 하고 넘어가거든요. '매~' 소리만 나는 거예요. 그냥 그래도 목소리가 젖은 목소리가 난다니깐요. 사람도 마찬가지로 아기들은 아무리 울어도 목이 안 쉬어요. 어른들은 조금만 떠들고 나면 목소리가 어떻게 돼요? 걸걸하면서 조금 더 나이 들면 말 몇 마디 하고 나면 "콜록콜록" 그죠? 이게 자연 기운의 변화에서 오는 것입니다.

우리는 경험을 통해서 천지만물은 어떤 기운의 순환을 거칠 수밖에 없고 그것을 통해서 인간 존재나 삶의 모양이 갖추어지게 된다 하는 것을 알게 되었습니다.

대자연도 마찬가지죠? 산이라 하더라도 봄 산 다르고, 여름 산 다르고, 가을 산 다르고, 겨울 산이 다르죠?

제일 먼저 색이 다르고 모습이 다르고 부는 바람이 다르고, 봄에 부는 바람은 무슨 바람? '산들바람' 그다음에 가을에 부는 바람은? '서늘한 바람'

가을바람이 조금 세게 불면? 추풍(秋風)이죠. 추풍에 낙엽이다. 그래서 추풍낙엽(秋風落葉), 가을바람이 부니까 결국은 잎이 지더라. 그래서 똑같이 바람이 부는데 봄바람은 싹을 자꾸 솟아오르게 하고, 똑같은 바람인데 가을바람은 잎을 지게 하더라. 이것이 뭔가 자연의 기본적인 순환을 보여주는데 이 순환이 뭐라고요? '이 여름 가고 나면 다시는 안 올 줄 알았는데 다시 돌아오더라는 것입니다.

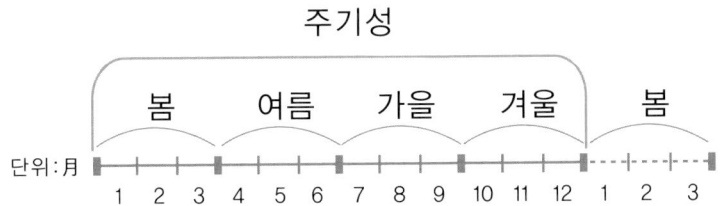

주기성

순환과 동시에 또 뭘 가지더라? 순환과 동시에 여름 6개월 가고, 가을 2달만 하고 이게 아니고 가을 2개월 겨울 1개월 이렇게 가는 것도 아니죠.

정확하게 3개월씩 자연의 기운적인 순환을 하는데 이 폭이 일정하게 이루어짐으로써 어떤 걸 가져요? 5마디 뒤에는 다시 이것이 오는 걸 알 수 있죠! 그렇죠? 4/4박자

그럼으로써 뭐가 나와요? 주기성. 주기가 있더라.

그래서 이 주기라고 하는 것 때문에 학문적으로 접근될 수 있는 근거가 마련된 거예요. 만약에 주기가 없으면 우리가 이것을 학문적으로 접근할 수가 없겠죠.

예를 들어서 봄 다음에 여름이 오는 것은 알겠는데, 만약 봄의 길이가 짧을 수도 있고 여름 길이가 한참 길어질 수도 있다면? 이 여름 길이가 한참 길어진다면 언제 다시 돌아서 봄이 올 줄 모르잖아요. 그런데 여름도 유한하고 가을도 꼭 오기는 오는데 유한하고 겨울도 꼭 오는데 유한하더라. 그 한정이 있더라는 것입니다.

그래서 그 한정이 있으니 우리가 주기를 발견하게 되었고 이 주기라고 하는 것이 결국 인간의 운명을 밝힐 수 있는 수단으로써 고안하게 된 거죠. 그래서 그것을 연구하게 된 겁니다.

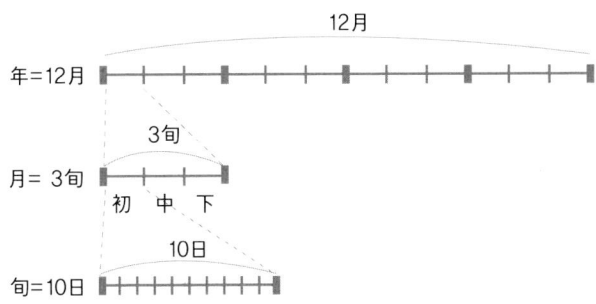

예를 들어서 우리가 열흘 단위로 순(旬)이라고 하거든요.

그래서 初旬, 中旬, 下旬 이렇게 말하죠, 그 말은 뭐예요? 初旬은 초하루부터 10일까지, 中旬은 11일부터 20일까지 무언가 이 하나의 순(旬)으로써 공통성이나 주기성이 있더라 하는 것이죠. 일 년은 몇 개월입니까? 일 년은 12개월이죠. 12개월의 주기를 가지고 움직이고 있더라. 여러분 이런 걸 다 알고 계시죠? 알기는 다 아는데 도대체 써먹을 줄을 몰라요.

易學은 이런 순환(循環)과 주기(週期), 주기율의 표가 바로 이런 하나의 순(旬)이고 그다음에 월(月)이고, 다음에 년(年)입니다.

하나의 해(年)가 만들어지고 하나의 달(月)이 만들어지고 하나의 순(旬)이 만들어지고 그다음에 하루(日)가 있더라. 하루 24시간 중에도 무엇이 오고 갑니까? 밤과 낮이 오고 가더라. 아시겠죠?

이것은 잊어버릴 것도 없잖아요, 잊어버릴게 무엇이 있어요? 봄, 여름, 가을, 겨울이 있다는 것은 여러분들이 아는 것이고…

그래서 이 공부는 무엇이냐? "연필로 하는 공부가 아니다." 이게 "가슴으로 하는 공부다." 그래서 이 내용이 어려운 공부면서 제일 쉬운 공부다. 아시겠죠? 그래서 가슴으로 공부하는 게 무엇이냐?

가만히 누워서 생각을 해보라는 것입니다.

　예컨대 사랑하는 사람이 있었다고 칩시다.

　난 그때 정말 좋았다. 이겁니다. 그런데 세월이 가니까 사랑했던 사람이 꼴도 보기 싫더라. 이거예요. 그래도 꼴도 보기 싫다가도 "♬~그대 앞에만 서면 나는 왜 작아지는가?~♬"

　"작아져요!" 왜 작아져요? 왜 작아지느냐? 그냥 작아질까요? 그냥 작아지는 게 아니고 왜 작아지느냐? "상대방이 커서 상대적으로 내가 작아지는 거겠지!"

　그래서 무엇인가 마음으로, 이론으로 설명을 못 할 뭔가의 기운 속에서 그놈만 봤다고 하면 이상하게 "캬~"그러면 안 되는 줄 알면서 왜 이랬을까?

　음악이라는 것은 무엇이냐? 음악이라는 것이 음(音)이라는 것의 통로를 통해서 하는 거지만 보통 대중가요의 노랫말이라고 하는 것이 사실은 좀 더 아주 고상한 말을 하든 고상하지 않은 말을 했든 일종의 詩잖아요.

　'나보기가 역겨워 가실 때에는 말없이 고이 보내 드리오리다'

　이게 어떻게 보면 말이고, 말을 좀 더 운율에 의해서든 또는 뜻을 함축해서 은유적으로 해서든지 다듬어 놓은 말이 詩다 이거예요. 이 詩라고 하는 것이 무엇이냐면 세상의 의미를 담은 말이라는 것이죠.

세상의 의미를 여러 가지 뜻과 의미를 담은 말이니까 이렇게 시를 만들었던 사람이나 노랫말을 만들었던 사람들이 왜 그랬을까? 그 사람의 마음을 생각해보시라는 겁니다.

예를 들어서 노랫말들 중에 말이 안 되는 가사들이 많아요, 어떤 가사들이 있느냐면

"♬아아! 웃고 있어도 눈물이 난다, 그대 나의 사랑아!♬" 이런 가사가 있죠.

그게 무슨 노래냐면 "♬바람 속으로 걸어갔어요. 이른 아침에 그 찻집~♬" 이렇게 시작해요. "♬마른 꽃 걸린 창가에 앉아 외로움을 마셔요~~♬"

그렇게 하다가 뒤에는 "웃고 있어도 눈물이 난다."하고 나와요. 그게 약간 정신이상자처럼 보이죠?

그런데 그걸 듣는 순간에 정신이상자가 하는 말처럼 생각이 안 돼요. 왜냐? 인간이 삶의 변화 과정에서 겪는 공통의 감정, 공통의 상황 이런 걸 말해주잖아요, 공통의 상황이 바로 역(易, 바꿀 역)입니다.

이 변화 속에서 울다가 웃다가, 왔다 갔다 하는데 웃으면서 울 때도 있다. 그것도 변화의 한 단면이라는 것이죠. 그래서 이 易學을 많이 하게 되면 사람이 쓰는 어떤 언어적인 습성이라든지 그다음에 노랫말이라든지 시라든지 이런 것들이 전부 다 그 사람 삶의 경험을 통해 터득되고 또 많은 영향을 주었던 역(易)의 한 단면이라는 것을 알게 됩니다.

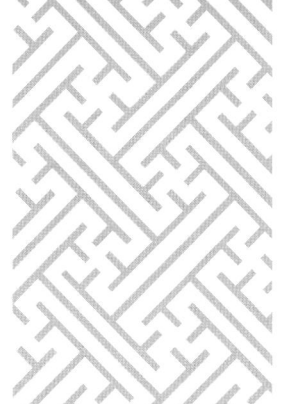

제2강

運命學의 효용

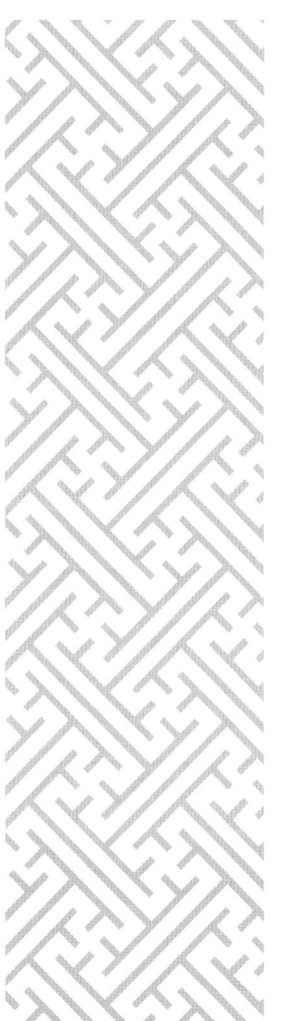

제2강
運命學의 효용

변화의 한 단면. 그러니까 헤어질 때 가슴 속에 뭔가 맺힌 사람들은 다시는 사랑 안 할 거다. 이거죠. 누가요? 그때 많이 다친 사람들은요.

그다음에는 또 그래도 나는 잘해 볼 거야, "♬눈물 한 방울로 사랑은 시작되고~ ♬" 눈물이 마르기 전에 그놈과의 사랑은 다시 시작됩니다.

영혼이 좀 빠진 사람들은 어떠냐면 "♬가라! 가라! 잘 가라!♬ 세상의 반은 여자다♬" 이거예요. 그러니까 여자는 가버려라 이거죠. 그런 것도 변화에 의한 한 단면을 보여주는 것입니다. 우리가 노랫말을 일부러 외울 필요가 없어요. 易學을 이해한다는 것은 자연의 여러 가지 정밀한 운동들을 관찰해 보는 거예요.

'왜 그랬을까?' 란 질문을 이 세상에, 인간사에, 자연에 던진 거예요. 던지고 나니까 처음에는 "아~모르겠다!" 이거예요. 할 일이나 하자 하면서 대부분 다 잊어버리잖아요. 그런데 이렇게 한번 '왜 그랬을까?' 하고 의심을 던져 놓으면 그게 사람이 망각하는 게 아니고 머릿속에 그대로 남아 있다니까요.

예를 들어 열쇠 둔 곳을 잊어버렸다면 '아이고 어디 뒀지?'

하다가도 지금 당장 급한 일이 있으면 급한 일부터 하잖아요? 그 일을 하다가 갑자기 생각이 날 때가 있지요. "아!" 이러면서 '거기에 놔뒀구나!' 이러면서…

사람의 머리는 질문을 하나 던져 놓으면 자기 딴에는 막 계산하고 있는 거예요. 머리 안에서 계산하고 있다가 자기가 막 찾으려고 한단 말이죠.

그런 것처럼 우리가 삶이라고 하는 문제, 우리 인생이라는 문제하고도 직접적으로 닿아 있는 게 사실은 운명이잖아요. 사람의 출생에서부터 죽음까지 이르는 어떤 큰 과정을 인생이라고 하잖아요. 사람 인(人), 날 생(生)자 잖아요. 사람이 살아가는 것이 결국은 무엇 속에 있더라? 큰 어떤 틀의 운명 속에 있더라는 것이죠.

그러니 인간 공통의 운명이 또 있죠? 태어나서 자라고 늙어서 병들어서 죽음까지. 누구든지 인간으로 태어났기 때문에 공통으로 겪어야 할 운명은 존재한다. 이거죠. 그러면 똑같이 나고 죽는다고 모든 사람이 똑같으냐? 아니다는 겁니다.

왜 나는 이런 부모 밑에 태어나서 이런 비좁은 집에 살아야 되고, 고달프게 일해야 되고, 왜 나는 이런 서방을 만나가지고 이렇게 살아야 되고…

이런 식으로 인간 공통의 운명을 살아가면서도 각각 가는 길이 다르더라는 거죠.

이런 개별적인 운명의 차이, 삶의 내용의 차이는 도대체 어디서 오는 것일까? 거기에는 필시 까닭이 있을 것이다. '까닭'

그래서 화두가 무엇이냐면 '큰 의심' 이거든요. 달마가 동쪽으로 간 '까닭'은? 왜 갔을까요? "가고 싶어서 갔다?"

가고 싶어서 갔든 어쨌든 무슨 까닭이 있을 것입니다. 이 까닭이라고 하는 것을 가지고 궁리를 하면서…
 인생도, 똑같이 밥 먹고 잠잔다고 인생의 품질이 같은 게 아닙니다.
 뭔가 까닭을 좀 알고 살아야 자유가 옵니다. '자유'
 자유, 이것이 바로 運命學이 궁극적으로 주는 효용입니다. 그러면 어떻게 해서 자유가 오느냐?
 영화 빠삐용을 기억하십니까? 빠삐용 역을 누가 하느냐면 '스티브 맥퀸' 이 하죠. "아! 빠삐용과 극 중에 아주 대조되는 인물로 '드가' 라고 나와요. 더스틴 호프만이 '드가' 라는 역을 하죠. 기억이 납니까?
 기억이 잘 안 나요? 아~빠삐용이 좋은 영화인데 빠삐용 내용은 대충 아시죠? 빠삐용이 감옥 생활하면서 항상 "이게 내 모습이 아니다." 이렇게 생각하고 탈출을 하려고 하죠.
 그게 무엇이냐면 이 인생 이야기를 한 것하고 똑같아요.
 빠삐용은 어떤 감옥을 가더라도 탈출을 시도하죠. 그리고 맨 마지막에 정말로 빠져나올 수 없는 섬 같은 감옥으로 가잖아요.
 그때 항상 빠삐용과 같이 다니는 '드가(배우:더스틴호프만)' 라는 인물이 나오는데 드가는 어떤 감옥을 가도 거기서 어떻게 하면 동료들을 잘 사귀어 가지고 돈도 좀 모으고 어떻게든 잘 살 궁리를 합니다- 이 빠삐용과 같이 쭉 따라가요. 극 중에 드가도 영화 후반부에 어떤 큰 감옥에서 탈출하는데 동조했다가 빠삐용과 같이 빠져나올 수 없는 섬으로 된 감옥으로 갑니다. 거기에 드가는 먼저 잡혀와 있죠. 드가가 먼저 잡혀 와 있고 빠삐용이 뒤에 감옥인 섬으로 온다고요. 빠삐용이 섬으로 왔을 때 드가는 뭘 하고 있었느냐? 거기서도 돼지를 키우고 밭을 만들어 열심히 농사지으면서 어떻게 하면 편하게 살까? 이 안에서 할 수 있는 최선, 자유 그런 걸 추구하고 있습니다.
 영화 '빠삐용' 거기에는 인간의 두 가지 삶에 대한 이해를 잘

대비시켜 놨어요. 빠삐용과 드가의 생각에 근본적인 차이가 있는데 무엇이냐? 빠삐용은 '내가 이 감옥에 갇힌 것은 잘못된 것이다. 나는 무죄인데 잘못되어서 이 감옥에 왔다' 이렇게 생각하는 것이고 드가는 '나는 유죄가 맞다. 그러니까 이 감옥에서 내가 최선의 자유를 누릴 수 있도록 애를 써야 된다' 고 여깁니다.

어쨌든 내가 죄를 지었으니까 감옥에 왔고, 그러면 이 감옥에서 누릴 수 있는 행복이나 최선이 무엇이냐? 그걸 따졌기 때문에 또 동료들 사이에서 돈도 빌려줬다가, 그것 가지고 돈 벌고, 하여튼 돈 되고 행복한 것을 만들려고 애를 씁니다. 이것이 인생이거든요.

인생에는 '빠삐용형' 인생이 있고, '드가형' 인생이 있는 겁니다.

빠삐용처럼 "이 땅에 태어나서 내 처지가 이런 것은 내 잘못이 아니라, 이 세상이 뭔가 잘못되었기 때문이다. 그러니까 내가 이 세상을 바꾸든지, 내가 이민을 가든지 뭔가 돌파구를 마련하지 않으면 안 된다!" 이렇게 생각하면서 사는 사람이 있고 드가처럼 "아이고~ 내 팔자야, 뭐 이렇게라도 먹고 살아야지." 하면서 꾸물렁 꾸물렁 거리면서 어디에 가서든지 먹고 살고, 발붙이고 살아가는 형이 있습니다.

누가 더 잘 산다고는 말할 수 없지만 감옥에 들어온 까닭까지는 몰라도 드가는 유죄를 인정했다는 겁니다. "아, 제가 죄가 있습니다."

성경적인 입장에서 이 세상 인간들은 원죄가 있다는 것이죠.

사과 따먹지 말라고 했는데 따 먹었잖아요? 거기서부터 원천적으로부터 죄를 지었으니까. "너희는 에덴동산에서 영원히 추방이다." 이겁니다. 그래서 "너희는 너희끼리 지지고 볶고 살아라. 그러나 나를 믿고 따른다면 영생을 주겠다."

그래서 성경적인 입장은 인간은 원죄 또는 죄가 있다고 하는 입장에서 있는 것입니다. 자, 그렇게 생각하면 사실은 행복합니다. 그러면 원망할 것이 없죠? "아, 이것도 내가 죄를 지어서 그렇구나!", "서방이 나를 때리는 것도 죄를 지어서 그렇구나!", "내가 저런 놈을 만나는 것도 죄를 지어서 그렇구나!" 이렇게 "에~ 하늘의 큰 뜻이 인도하는 대로~" 그걸 믿고 내가 따라 가 버리면 인생을 편하게 사는데 왜 이러느냐 이거예요, 왜? 그 까닭을 모르면 자유가 없다. 그러니까 하느님이 만약에 그런 주최 측에 서 있다면 왜 뱀도 만들고 사과도 달아 놔가지고 유혹에 들게 만들고… 그거 완전히 "주최 측의 농간 아니냐!" 이거죠! 이런 주최 측의 농간, 여기서 우리가 회의감에 빠지는 거죠.

다시 빠삐용으로 돌아가면 '내가 뭐 이 세상에 태어나고 싶어서 태어났나? 내 잘못이 아니고 엄마 아빠 자기들끼리 좋아해서 나를 낳아 놓고 나를 보고 손가락질하고 되느니 안 되느니 말하고', '자기들이 좋아서 그랬지 않으냐?'

그래서 내가 "이 세상에서 태어난 것은 무죄다!" 이렇게 생각을 하고 세상을 바라보고 살아온 사람, 그런 사람들도 이 세상에 많이 존재한다는 겁니다. 세상을 바꾸는 사람 중에 그런 사람들이 많은데, 運命學을 알면 까닭을 알게 됩니다.

서양과 같이 합리적인 것을 중요시하는 입장에서 볼 때는 정자와 난자의 결합, 정자가 엄청나게 많은 경쟁을 물리치고 드디어 난자에 도달해 가지고 아기가 됩니다.

그것도 까닭을 밝히긴 밝힌 겁니다.

까닭을 밝히기는 밝혔는데 그래도 뭔가 가슴이 시원하지 않다는 겁니다. 이 까닭을 易學적으로 우리가 깊이 따져보니까 "아~ 이것이 내가 오랫동안 삶의 영적인 진화 과정에서 여러 존재를 통해서 내

삶이 실현되고 있구나!" 이런 것까지의 진보적인 생각 다시 말하면 한 개인의 삶에서의 운명만이 아니라 "왜 이렇게 세상에 던져 졌느냐?" 이런 것까지 역(易)으로 따져서 나름대로 결론에 이르렀을 때 자유가 생깁니다.

  불교적인 입장에서는 그게 일종의 업(業)이라고 표현을 하죠. 이 업(業)이라고 하는 것이 내가 그런 사람을 만나는 것도 전생의 업에 의한 것이요, 내가 이번 생에 어떤 좋은 삶을 누린다면 다음 생에 또 나름대로의 업에 따른 인과응보가 발생할 것이라는 게 불교적인 입장입니다.

  그러면 易學적인 입장은 무엇이냐? 易學적인 입장은 이 모든 어떤 것의 보편적인 규칙이 무엇이냐는 것입니다. 여러 가지 가설이 중요한 것이 아니라 보편적인 규칙이 있다는 것이죠.

  높은 곳에서 무거운 것을 떨어뜨리면 어떻게 돼요? "내려간다." 그러면 이 업(業)도 마찬가지로 높은 곳에서 낮은 곳으로 떨어뜨리면 떨어뜨리는 내용이 있을 것이고 또 밑에서 쏘아 올리면 쏘아 올리는 과정이 있을 것이라는 겁니다.

  하여튼 보편적으로 무언가 공통성이 있을 것입니다. 이것을 나름대로 연구해서 밝혀 체계화한 것이 바로 易學입니다. 그래서 우리가 종교적인 입장에서 생각을 한다면 神이라는 것이 될 수도 있고, 업(業)이라는 것이 운명을 설명하는 어떤 수단이 될 수도 있겠죠. 그러니까 "신의 뜻이다." 그다음에 "업보다." 이런 입장에서 운명을 볼 수 있는데 易學에서 보는 운명의 입장은 무엇이냐면 그것이 신의 뜻이든 업보든 무언가 이유나 원인에 의해서 결과 즉 원인과 결과가 어떻게 연결이 되어 있느냐? 이걸 가리는 것이 바로 易學입니다. 그러면 원인이 있다면 그 원인은 어디서 오느냐? 원인의 원인이 또 있겠죠.

원인의 원인을 밝혀나가서 궁리하여 나가야 되는 것이 바로 易學적인 입장이라는 것입니다.

그래서 이제 운명이라는 것이 뭔가 보이지 않는 힘에 의해서 만들어지고 조종되고 있다는 것은 알겠는데, 이것이 신앙적인 입장에서 보는 것과 易學적 입장에서 보는 것은 차이가 있다는 것입니다.

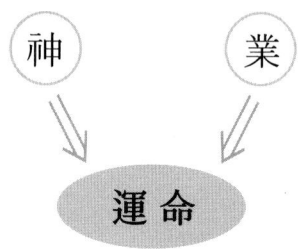

여기서 이 신이라고 하는 존재는 내가 대항할 수 없는 존재죠? 내가 도저히 대항할 수 없는 존재가 이미 던져 놓은 것이기 때문에 까불지 말라는 거예요.

업(業)이라고 하는 것은 무엇이냐면 간밤에 당신이 술을 먹었으니까 오늘 머리가 아픈 거 아니냐. 하느님 따지고 신을 따지지 마라. 그러니까 전생이 언제냐? 어제 지난 밤이 전생이고 오늘 이 시간이 현생이고 오늘 이 시간에 술을 안 마시고 내일 일어나면 어떻게 돼요? 머리가 말짱할 겁니다.

그러니까 따지고 말고 할 것도 없다. 그래서 이런 신앙적인 입장에서 보는 운명적인 측면과 易學적인 입장에서 보는 측면하고 약간의 차이는 있습니다.

易學은 신이나 업(業)이라고 하는 부분에서 신비적인 부분이라든지 너무 먼 과거 이런 것까지 일일이 언급하지 않습니다.

제2강 | 運命學의 효용 · 41

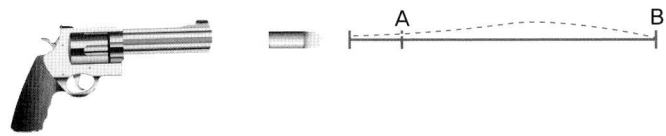

　총구에서 총알이 나왔다. 총알이 출발했을 때 A 지점의 순간 속도가 있겠죠, 확 지나가면 A~B 구간에서 어느 정도의 속도로 어느 정도의 휘어짐을 가지고 날아갈 것이다를 설명할 수 있는 물리학처럼 자연의 보편적인 운동이 무엇이며 그것이 어떻게 우리 인간의 삶에 유익함을 줄 수 있느냐? 이것을 따지는 것이 바로 易學이다. 이렇게 보시면 됩니다.
　그다음에 이 易學을 통해서 뭘 알았다?
　총을 쏘면 B 지점 까지 날아가는데 이유나 까닭을 알게 되면 총 맞고 죽는 게 이해가 됩니까? 안됩니까? 총을 맞으면 사람이 죽어요? 안 죽어요? "죽잖아요!" 총을 맞으면 죽는다는 걸 결국 이해를 하게 되잖아요. 가령 사람이 죽었는데 그 사람 옆에는 커다란 망치가 있고 가슴 속에는 총알 작은 게 하나가 박혀있다면 이 사람은 망치에 맞아 죽었다? 총알 때문에 죽었다?
　총을 모르는 사람은 망치에 맞아 죽는 건 이해가 되는데 조그마한 총알 쇳조각에 맞아 죽는 건 이해가 잘 안 되잖아요. (즉 총알이라는 것이 조그마한 쇳덩어리에 불과한 건데 사람이 죽을 이유가 없다고 생각하잖아요.)
　그런데 총을 아는 사람은 죽을 수 있다고 이해하잖아요! 비록 조그마한 총알이지만 어떻게 하니까? 멀리서 압력을 줘서 엄청난 속도로 날아가니까 죽죠? 그런데 총을 모르는 사람은 이해가 안 된다는 겁니다.

저 놈이 왜 공부하면 1등을 하는지 이해가 안 됩니다. 저렇게 퍼질러지게 놀면서도 공부 잘하는 거 보면 이해가 안 됩니다. 이런 식으로 말하는 사람은 총알 조그마한 것이 하나 꽂혀가지고 죽은 거 보고 이해 안 된다고 말하는 거랑 똑같은 것이죠!

그러니까 易學이 무엇이냐면 보통사람들의 눈으로 볼 때는 증거물로써 총알 하나만으로 부족하지만 우리가 총이라는 걸 알면 조그마한 총알(쇳조각)에도 맞아 죽을 수 있다는 걸 알 수 있잖아요. 그래서 까닭을 알면 운명도 마찬가지로 돌도끼에 맞아 죽은 사람도 있고 총에 맞아 죽은 사람도 있다는 것을 알게 됩니다.

노랫말에도 "♬운명이 파놓은 그물이었나♬" 이런 가사가 나와요. 운명이 파놓은 그물에 걸리면 어떻게 된다고요? "사람이 힘을 못 쓴다." 운명이 파놓은 그물이라는 것처럼 이 총이라는 것이 무언가의 압력과 힘에 의해서 조그마한 원인을 가지고도 큰 결과를 만듭니다. "알 수 없어요."라는 노래 아시죠? 이것이 노랫말인지 노래 제목인지 모르겠는데요, 하여튼 알 수 없다 이거예요.

"♬세월이 흘러가면 어디로 가는지 나는 아직 모르잖아요~♬" 그런데 도사는 뭐예요? 벌써 나는 알고 있었다. 그래서 초등학생들도 이 원인, 결과를 알면 어떻게 해요? 그것 때문에 고민하지 않는다는 것이죠. 왜 죽었지? 이런 말은 안 한다는 거예요.

초등학생도 총에 맞아서 누가 죽으면 저 사람 죽은 거 맞다, 자기는 까닭을 아니까 의심스러운 점이 없어진다는 거예요,

옛날 어느 초등학생 이야기 하나 해드릴까요? 나이가 4~5학년 정도 나이 되는데요.

아버지 담배 심부름 하러 동네 골목길을 밤에 나왔는데 전봇대에

젊은 남녀가 한참 소곤소곤 이야기하고 있단 말이에요. 가만히 보니까 뭔가 둘이서 붙어서는 한몸이 되었다가 떨어졌다가 한다. 그러더니 철퍼덕하고 둘이 넘어 졌는거라! 그때 초등학생이 한 말이 있어요. "내 년놈이 지랄할 때 알아봤다!"

년놈이 지랄할 때 알아봤다 이거예요. 그런 것처럼 도사의 입장은 무엇이냐? 바로 그거다. 년놈이 지랄을 하면 저렇게 된다. 그런 것처럼 총알에 맞으면 죽는다. 그게 무엇이냐면 일종의 운명적인 계시(啓示)잖아요. 그런 것을 우리가 학문적인 입장에서 분석을 해주는 것이 바로 易學입니다. 그러니까 易學은 어려운 것이 아니에요. 원인과 까닭, 무엇인가를 알고 나면 자유가 생긴다는 것입니다.

초등학생하고 삼촌쯤 되는 사람하고 길가에 서서 시냇물을 보는데 가만히 보니까 구름이 오고, 먹구름이 끼면서 비가 뚝뚝 떨어지기 시작하죠.

그때 삼촌이 자기 조카보고 "야, 조금 있으면 이 시냇물이 불어날 거니까, 이제는 높은 곳으로 가자"고 말하니까 "삼촌! 물이 저렇게 밑으로 내려가는데 어떻게 위로 올라와요?" 이런다고요. 시냇물 쳐다보고 있는 그 초등학생한테는 물이 올라온다고 하니까 그게 이해가 안 되잖아요, 물은 분명히 흘러내려 가고 있는데.

참 답답하죠, 그렇죠? 그러면 도사의 답답함을 이해하시겠습니까? 조금 있으면 비가 내리고 빗물의 量이 많아져서 결국 강물이 차올라 오기 시작할 텐데 그때는 어떻게 해야 되요? 어떻게 해서든 조카를 끌고라도 나와야겠죠.

그리고 나서 조금 있다가 하늘을 보니까 쾌청해졌다면 강물이 불어나 있다가 조금 있으면 어떻게 된다는 것을 알아요? 강물이 다시 줄어들 것이라는 것을 알죠. 그것이 예언이라는 것입니다. 예언의 원리라는 게 어려운 게 없어요. 이렇게 원인을 알면 거기에 귀결되는 결과를 알 수 있지만 그 귀결되는 결과를 사람들은 신기하게 생각합니다. "이야~ 정말 삼촌은 도사다! 어떻게 강물이 불어날 줄 알았지? 또 어떻게 강물이 내려갈 줄 알았지?" 그런데 그게 도사 입장이 아니잖아요, 원인과 결과, 그리고 알게 된 원인과 결과를 통해서 바로 이 자유를 얻었다는 것이죠.

'자유', 그만큼 자유가 중요한 것입니다.

그래서 개인적으로는 자유를 얻음으로써 결국에 여러 가지 욕망의 희비에 자기 삶을 불태우지 않는다는 겁니다. 살다 보면 좋은 일도 있고, 슬픈 일도 있고 여러 가지 일이 있는데 까닭을 알면 지극히 슬퍼하거나 지극히 기뻐하지 않음으로써 자기 몸을 태우지 않습니다.

자기 몸을 자꾸 태우게 되는 것은 이렇게 원인 없이 오고 가는 많은 것들을 보면서 계속 자기 마음이 끌려가기 때문이지요. 그것 때문에 결국 자기 삶을 좋은 에너지에 못 쓰고 태워버리는 겁니다.

그래서 개인적으로는 정신적 자유를 얻을 수 있습니다.

그다음에 두 번째는 무엇이냐?

초등학생이 볼 때는 그 삼촌이 위대하죠. 그래서 그 위대함으로써 사람들의 길을 밝혀 줄 수 있습니다. 그러니까 인생에 경륜이 많이 쌓이면 대부분 다 알아요. 반(半) 관상쟁이 됩니다. 굳이 관상 공부를 안 해도 그분들은 성공의 원리들을 다 터득하고 있다니까요. 나이 많은 사람이 보면 "이~야, 그놈 그거 크게 될 놈이네" 이런 말을 하잖아요.

"영감님, 뭘 보고 그렇게 말씀하십니까?"

동네 어귀에서 영감님이 가만히 보니까 여러 애들끼리 어울려 노는데, 한 놈이 뛰어노는 게 범상치 않더라, 그게 큰 차이는 아닌데,

힘의 차이도 아니고 그런데도 어른 눈에는 "아 저놈 저거 앞으로 일 낼 놈이구나!" 이걸 알 수 있잖아요.

이것이 바로 오랫동안 인생을 관찰하면서 원인과 결과를 주~욱 따져보니까 '아 저렇게 노는 놈은 뒷날에 이런 행위로 연결 되더라!' 그러한 경험이 축적된 거잖아요. 그래서 이제 다른 사람의 성공의 길, 훌륭한 사람이 되려거든 어떻게 하라 이런 식으로 인생의 길을 밝혀 줄 수 있다는 것이죠.

세 번째로 더 나아가서는 사람들의 길을 밝혀 줄 수 있겠죠? 그 정도만 해도 정말로 큰 것을 얻는 것이죠. 우리가 易學이라고 하는 이론을 몇 가지로 확장해서 일일이 개인의 점사에 맞춰서 가령 시험에 떨어지겠다, 붙겠다? 이때는 소송에 이기겠다, 지겠다? 이런 것을 따지는 것이 중요한 것이 아니라 인생이라는 것이 큰 변화의 물결 속에 오고 가는 것이고 또 그 변화의 물결에 인간이 맞추어 사는 것이 삶을 가장 윤택하게 만드는 것이라는 것만 깨달아도 엄청 큰 겁니다.

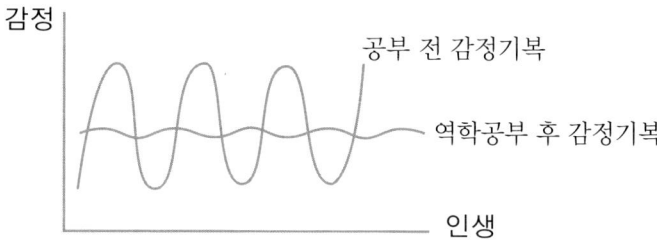

어느 분이 易學공부를 하러 부인하고 같이 오시는 거예요. 강의를 다 듣고 나서 왜 부인하고 같이 오셔서 또 듣느냐고 물었어요. 그러니까 부인이 듣고 싶다고 하셨답니다. "왜 듣습니까?" 물으니 우리 서방님이 옛날에는 열 받는 것도 많고 또 기분 좋으면 헤~ 넘어가고 그랬는데 어느 날 이 공부를 하고 나서 부터는 열 되게 받을 일도, 열 많이 받을 일도 안 받더라는 겁니다. '음~그럴 수 있다' 하고 넘어가고 그다음에 아주 기분 좋은 일도 '어~ 좋아' 이러면서 감정의 폭이 컸던 사람이 감정의 폭이 아주 완만해지더라는 겁니다.

완만하면서 뭘 태우지 않는다? 몸 안에 있는 氣를 태우지 않고, 주변 사람에게 심장병을 줄여주고, 그러니까 초등학생한테는 감동이 많겠죠? 이제 인생을 많이 살고 경험이 많이 쌓이면 전화벨 소리 들리면 이렇게 합니다.

애들은 쪼르르 달려가서 반갑게 "여보떼요?"라고 받지요. 그걸 볼 때마다 나이 든 사람들은 "야, 이놈아. 내 나이 들어봐라, 인생에 특별한 일이 있나"라고 생각할 겁니다. 노인들이 볼 때는 그렇죠. 오히려 한 50대 넘어선 분들은 전화받는 입장이 달라지잖아요. '저게 또 무슨 걱정거리가 오나?' 라고… 그리고 전화받기 싫고 이런 상황일 때에는 눈도 빨리 안 뜨고 "없다 해라."

단순할수록 용감하고 씩씩할 수도 있고, 노인처럼 생각한다고 조잡해지는 건 아니에요. 꼭 조잡해지는 건 아닌데 까닭을 아니까, 즉 원인과 결과를 아니까 마음에 흔들림이 원만하더라, 그래서 이 마음의 흔들림이 적은 것이 왜 좋으냐? 이게 왜 좋으냐면 오랜 생명력을 주더라. 예를 들어서 겨울을 경험하지 못한 사람이 겨울을 만났을 때 "아~ 나는 익히 들었다, 겨울이 있다는 것을 알았다." 그래서 익히 겨울의 소식을 들은 사람은 겨울이 올 때 손 장갑 이런 건 준비를 못 했어도 적어도 마음의 준비를 하겠죠. 마음의 준비를 한 사람이 결국은 겨울도 아주 굳건하게 잘 견뎌내고 다음 봄을 찬란하게 맞이하더라는 겁니다. 그래서 그만큼 易學이 주는 효용이 큽니다.

제3강

運命學의 원리 1

제3강
運命學의 원리 1

- 운명의 존재 { 원인 / 결과

- 운명학의 효용 { 정신적 자유 / 효율성 / 길을 밝힌다

　지난 시간에는 운명의 존재 여부에 관해 이야기를 했었죠. 사례를 따지자고 하면 너무 많아서 그걸 일일이 다 설명하기에는 힘이 들고 운명이 존재한다고 하는 것을 전제로 運命學이 주는 효용을 따져봤습니다.
　효용은 뭐가 있습니까?
　여러 가지가 있습니다만 대표적으로 들자면 정신적인 자유가 있죠. 두 번째가 삶의 효용성을 높일 수 있겠죠. 세 번째 길을 밝혀준다. 이렇게 대강 나눌 수 있다고 했었죠. 그러면 오늘은 세 번째로 運命學의 원리가 무엇이냐? 이걸 가지고 따져보기로 하죠.

그림1)

순환, 주기, 까닭… 변화

$\begin{cases} 日 = \text{밤, 낮} \\ 年 = \text{계절}(春夏秋冬) \times 3 = 12\text{개월} \\ \parallel \\ 春三月 \end{cases}$ → 동작 → 행위의 차이
↓
운명

運命學의 원리는 어렵게 접근할 수도 있고 쉽게도 접근해 볼 수 있는데, 지난 시간에 운명의 존재 여부를 하면서 했던 게 뭐였습니까? 그때 떠오르는 단어들이 뭐가 있습니까? 뭔가 "순환한다!" 이렇게 들었죠? 기억이 나죠? '순환' 그다음에는 뭐가 있었습니까? '주기' 그다음에 '까닭'이 있었죠.

'순환, 주기, 까닭'

그다음에 밤과 낮이 있었고 계절도 있었고 여러 가지가 있었죠? 이렇게 운명이라고 하는 것은 우리의 인생에 비추어보아서 뭔가 눈에 보이지 않는 힘으로 주고받고, 오고 가는 것인데 그것이 어느 정도 존재한다는 것을 입증하는 데에는 별 어려움이 없고 그 존재하는 양식에서 일종의 순환성이라든지 주기성이라든지 까닭이 있다는 것입니다. 까닭이 명확해지면 뭐가 되느냐? 법칙으로까지 나아갈 수 있습니다. 순환성, 주기성, 까닭, 법칙. 일종의 귀납적인 과정이긴 한데 아무튼 이런 것들이 순환과 주기에 의해서 오고 가는 것이라는 속성을 알았고요. 그다음에는 이 속성끼리의 무엇이 되어서? "원인이 결과를 낳고 다시 그 결과가 원인이 되어서…"

우리가 길을 가다가 넘어진 이유는 무엇 때문이라고요?

"어두워서"

어두워진 이유는?

"밤이 되어서"

그래서 길가다가 모르는 사람을 더듬었다. 왜 더듬었느냐? 밤 때문에 어두워서.

그다음에 밤에 술에 취해가지고 흔들흔들 하면서 엎어져 있다. 그때는 누가 저렇게 만들었느냐? 대부분 다 '술 먹었대요~' 이렇게 하죠. 술 먹은 것은 알겠는데 무엇이냐? 바로 밤이 저 지경을 만들었다. 이겁니다. 그래서 밤이 갖는 운동, 원리 이런 것들이 있고 또 낮이 갖는 운동, 원리가 있더라는 거죠. 밤낮의 어떤 순환성 속에서 뭔가 영향을 주고 까닭이 되어서 결과를 만들고 그 결과는 또 다른 것의 원인이 되고 이런 식으로 얽히고설켜서 원인의 원인이 되고 결과는 결과를 낳고 이런 식의 삶의 모양새가 만들어지더라는 겁니다.

運命學이라는 게 무엇이냐면 다른 게 아니에요, 앞의 그림1) 저거예요. 앞의 그림을 그렇게 복잡하게 설명해놨다니까요! 그런데 복잡할 게 하나도 없어요. 여러분들은 이미 이 수업을 듣는 순간부터 거의 도사가 될 수 있는 소양의 반(半)을 깨달았다고 보시면 됩니다. 그게 무엇이냐면 "밤과 낮"이 있음을 나는 일찍이 알았노라, 슬픔과 기쁨이 있는 것을 나는 일찍 알았노라. 전부 다 뭐예요? 동작이나 운동방향이 어느 정도 대칭적이죠. 그렇죠?

이처럼 기운적인 교차에 의해서 즉 기운이 왔다 갔다 교차한다 이거죠. 그러니까 기운이 운행하고 뭔가 왔다 갔다 하는데 이 운행이 동작의 차이를 만듭니다. 여기서 보니까 또 어렵죠? 어렵게 생각할 거 없습니다.

'♪내일이면 잊으리 또 잊으리~♪' 노랫말 속에 있죠?

〈립스틱 짙게 바르고〉 가사에 보면 '♪아침에 피었다가 저녁에

지고 마는 나팔꽃보다 짧은 사랑아, 속절없는 사랑아~♪' 그렇죠?

그러니까 陰陽의 공부라는 게 대중가요에 다 있다니까요. "♪어른들은 몰라요~♬" 하는 게 애들도 이미 다 안다 이거예요. "너는 왜 밤낮없이 싸돌아다니느냐?" 이게 무엇이냐면 정상궤도를 잃었단 말이거든요. 밤에 누워 자고 낮에 일어나서 설치는 것이 정상적인 자연운동이죠. 아침에 피었다가 저녁에 진다. 아침에는 어떻게 해요? 밖으로 펼쳐지고 벌어지고 저녁에는 오므라들고, 수그러들죠.

이것이 무엇이냐면 밤과 낮이 오고 감으로써 이루어지는 동작이다. 이 동작만 잘 맞춰서 해도 누구든지 훌륭한 삶의 궤도 속에서 열매를 만들 수 있는 거예요. 그러면 무엇이 이 밤낮의 운행과 밤낮의 동작을 왜곡시키느냐? 욕심 때문에 그렇죠. 욕심과 욕망 때문입니다.

밤에는 밤에 할 일을 해야 해요. 밤에 잠 안 자고 뭘 하는지 사부작 사부작거리고 그러다 보면 낮에 제대로 일을 못하잖아요. 그래서 낮에는 낮일하고 밤에는 밤일하라. 밤일이 무엇이냐? 누워서 자라 그게 밤일을 잘하고 있는 겁니다. 밤과 낮의 교환이 결국은 운행과 동작의 차이를 주고 이것이 결국은 인간 각각의 사람에게도 여러 가지 행위적인 차이를 주게 됩니다.

결국, 어떤 행위를 한다는 것 자체가 현실적인 결과물을 만들게 되는 것이고 이것이 운명을 만드는 첫 번째 원인과 결과입니다. 그러니 행위를 하니까 운명적인 결과가 나오잖아요. 사랑했으니까 보듬었고 보듬다보니까 아이가 나오더라. 이것이 무엇이냐면 행위가 있으니까 운명적인 결과가 나오더라는 겁니다. 이처럼 가만히 따져보니까 밤과 낮이 기운적으로 원인을 제공하고 그것이 결국은 운명적 결과로 나오더라.

밤과 낮을 조금 더 확장해 보니 각 달이 있고 계절이 있죠. 각 달과 계절이 뭐예요? "춘하추동이다."

봄, 여름, 가을, 겨울이 오고 가니 아침에 피웠다가 저녁에 졌던 나팔꽃이 있었다면 '♪봄에는 씨앗 뿌려 여름에는 꽃이 피고 가을에는 열매가 맺고 풍년 들어 겨울에는 행복하네♪.' 여러분들이 다 알고 있는 거잖아요. 공부할 게 없다니까요, 공부할게. 노트할 게 없잖아요. 이걸 갖다가 외울 필요가 뭐가 있어요? 가만히 그냥 노래만 그대로 생각하면 "아~!!!" 하고 이해되는 것들인데요.

일 년이란 시간 안에서도 봄, 여름, 가을, 겨울이 오가면서 천지만물이 운동하는 것을 간섭하고 조절함으로써 결국은 극단에 치우치지 않도록 합니다. 이것만 잘 알면 팔자 공부 다 했습니다. 더 공부할 게 없어요.

뒤에 가면 우리가 運命學을 처음 공부할 때 특히 집중적으로 공부해야 할 것이 干支거든요. 四柱八字를 보는 것은 달리 말해서 干支적으로 표현한 것을 어떻게 해석하느냐? 이게 '팔자술'이거든요. '팔자학'이고 또 '干支學'이라고 해도 되고요.

봄은 일 년 중에 몇 달이에요? 춘삼월 아시죠? 춘삼월 노랫말 기억이 나시죠? 여름은? 여름도 석 달이다. 가을도 석 달이고 겨울도 석 달이다. 春, 夏, 秋, 冬이 각각 3달씩 있으니까 곱하기 4하면 12개월이잖아요. 그래서 이 12개월을 子, 丑, 寅, 卯, 辰, 巳, 午, 未, 申, 酉, 戌, 亥라고 하는 12地支로 표현을 했습니다.

음력	11월	12월	1월	2월	3월	4월	5월	6월	7월	8월	9월	10월
地支	子	丑	寅	卯	辰	巳	午	未	申	酉	戌	亥
괘상	䷗	䷒	䷊	䷡	䷪	䷀	䷫	䷠	䷋	䷓	䷖	䷁

그다음 하늘에서 '일순(一旬)'이 오고 가는 것인데 일순(一旬)이 무엇이냐면 초하루부터 10일까지죠. 그러니까 초하루부터 10일까지 우리가 甲부터 乙, 丙, 丁, 戊, 己, 庚, 辛, 壬, 癸, 이렇게 해서 10개의 날로 쭉 나누었다 이거예요. 이게 공부 다 한 겁니다.

배울 게 없는데 대부분의 텍스트에 보면 첫날부터 딱딱하게 들어갑니다. 甲乙丙丁… 이러면서 이 글자 다 끝나기도 전에 숨이 스윽 막힌다고요. "으악! 저걸 다 외워야 되나?" 팔자 공부를 한다고 하면 대부분 다 알고 있는 글자이니까. 이건 보통 다 외워요. 그런데 이것의 의미를 앞의 그림1)에서 따 와야 된다는 거죠. 밤과 낮. 봄, 여름, 가을, 겨울에서 따와서 이해를 해야만 글자가 어렵지 않아요. 그러니 문자가 먼저 나왔어요? 대자연이 먼저 있었어요? "대자연이 먼저 있었습니다. 대자연이!" 대자연을 본따서 문자를 만들었습니다.

두 번 설명할 필요가 없잖아요. 그렇다면 공부를 어떻게 해야 하느냐? 문자를 배울 것이냐? 대자연을 배울 것이냐? 당연히 대자연을 배워야 해요. 그래서 우리가 이 공부를 할 때, 甲 乙 丙 丁… 나와 가지고 이런 글자들이 몇 개 섞여 있어요.

時	日	月	年
		丙	甲
		寅	子

命

예를 들어서 甲子에 丙寅에… 이렇게 배우면요, 첫날 가면 보통 이렇게 가르칩니다.

'甲, 乙, 丙, 丁, 戊, 己, 庚, 辛, 壬, 癸', '子, 丑, 寅, 卯, 辰, 巳, 午,

未, 申, 酉, 戌, 亥' 이렇게 먼저 다 외우고 甲은 陽이라고 하고, 子는 陰이라고 하고… 이렇게 배우면 배우는 사람들이 질식해가지고 다음날 수강생이 반으로 줄어듭니다. 그다음에 또 甲子, 乙丑… 해서 글자끼리의 관계나 조합 이런 것들을 설명하잖아요. 그때부터 또 수강생들이 한 명씩 줄어요.

甲子, 丙寅… 이러한 글자는 어디서 나왔다고요? "대자연에서 나왔다!" 그러니까 대자연을 보고 무언가 약속의 기호를 만들다 보니까 저런 글자를 만들었다는 거예요.

```
🍎  +  🍎  =  🍎🍎

🍌  +  🍌  =  🍌🍌

1   +   1   =   2
```

우리가 대자연을 보고 바로 답을 낼 수 있다면 문자를 통할 필요가 없겠죠. 사과 하나에 사과를 하나 더 더하면 몇 개가 되죠? '두 개' 이렇게 쓰면 안 됩니다. 사과 두 개를 그리면 됩니다. 아시겠죠? 바로 이게 정답입니다.

또 바나나 1개 + 바나나 1개 = 바나나 2개를 설명하기 위해 그림으로 표현해야 되고 만물을 이런 식으로 표현해야 한다면 굉장히 복잡하고 불편하겠죠?

한 놈에 한 놈을 더 하면 두 놈이 된다. 이렇게 비슷한 성질을 표현하기 위해서 그림을 이용하는 것이 한없이 불편하니까 뭘 만들었어요? 어떤 성질을 가진 것이 하나로 존재하는 걸 '1'이라고 하자. 그래서 1+1은 뭐라고요? "2"

이것처럼 자연의 운동이나 자연의 성질을 문자로 바꿔놓은 것이 干支입니다.

그러면 干支가 생각이 나지 않을 때에는 어떻게 하느냐?

이 그림을 떠올려 보십시오.

```
         순환, 주기, 까닭… 변화

   ⎧ 日 = 밤, 낮
   ⎨                                    → 동작 → 행위의 차이
   ⎩ 年 = 계절(春夏秋冬)×3=12개월                      ↓
              =                                    운명
            春三月
```

하루에 무엇이 있다고요? "밤과 낮이 있다." 일 년에 무엇이 있다고요? "봄, 여름, 가을, 겨울이 있다." 이 봄, 여름, 가을, 겨울은 계절마다 무엇이 있다고요? "가령 봄 중에도 早春이 있고 中春이 있고 또 晩春이 있더라." 그래서 초봄이 있고 봄의 한가운데가 있고 흐드러지게 무르익은 봄도 있더라는 겁니다.

동양화 작품들을 보면 멋진 그림이 나오고 그 뒤에 한시(漢詩)가 막 써 있죠. 보통 그런 거 보면 검은 건 글이라면서 무심히 지나치지만요. 동양화 속 한시들 중에서 보면 봄을 3단계로 나눈 것들이 있습니다. 早春, 孟春 이렇게…

봄도 앞부분이 있고 끝 부분이 있더라. 그다음에 여름도 초여름이 있고 신록의 계절이 있고 새로운 녹색이 확 올라올 때의 계절이 있고

그다음에 녹음(綠陰)이 짙어지죠. 녹음이 짙어지는 여름이 무르익은 계절도 있더라 이거죠. 그다음에 초가을도 있고. 보통 양력으로 치면 뭐예요? 가을이 무르익으면 만추(晚秋)죠. 늦을 만(晚) 가을 秋 그게 양력으로 10월 말쯤 됩니다. 그래서 그 만추의 기운을 나타내는 노래도 있잖아요. '♬지금도 기억하고 있어요. 시월의 마지막 밤을~♬' 얼마나 쓸쓸하면 그렇죠?

이와 같은 기억을 다시 떠올리면 됩니다. "그래 맞아, 맞아! 그때의 기운이 그랬어!" 그것만 떠올린다면 여러분이 복잡한 문자를 이해하려고 애를 쓸 필요가 없습니다.

時	日	月	年	命
		丙	甲	
		寅	子	

첫날 甲, 乙, 丙, 丁도 모르는 분들한테 이런 문자는 어려울 텐데요. 이런 글자가 있으면, 甲이라고 하는 것은 하나의 기운이 단계, 단계 나가는 것이 있는데 첫 번째로 오는 놈이구나. 그건 알겠죠? 甲이 처음에 오는 것이니까. 그렇죠? 그 정도만 공부해도 훌륭한 공부입니다.

그다음에 子도 무엇이냐면 子, 丑, 寅, 卯, 辰, 巳, 午, 未, 申, 酉, 戌, 亥가 있으면 子가 첫 번째 기운입니다. 하루에도 子시, 丑시, 寅시, 卯시… 이런 식으로 나가죠?

그래서 뭔가는 모르지만 기운의 시작이 이루어지는 것이라는 생각이 들지요.

이 子는 시간적으로 따지면 대충 몇 시쯤일까요? "밤 11시."
 그렇죠. 밤 11시에서 새벽 1시 사이입니다. 12시 사이를 왔다 갔다 하죠. 그 시간의 기운은 어떨까요? 쥐 子자를 볼 때 뭔지 잘 모르겠다면 子를 생각을 해보세요. 子시는 밝아요? 어두워요? "어둡죠." 추워요? 더워요? "밤이니까 낮에 비하면 춥죠." 그러면 춥고 어두운 기운을 가진 뭔가를 타고 났구나하고 보면 되요. 이해되시죠?
 그러면 여러분은 완전히 프로들 뺨치는 도사가 됩니다.
 저렇게 이해하면 될 것을 처음부터 문자를 배워가지고 甲, 乙, 丙, 丁이 뭐가 어쩌고저쩌고… 甲은 양이고 乙은 음이고… 이렇게 배우면 완전 꽝입니다. 그 순간부터 눈 하나 빼버리는 것이 됩니다. 애꾸눈으로 공부한다는 겁니다. 모양은 보는데 원근이 안 되는 거예요. 그게 무엇이냐면 처음부터 공부를 잘못해서 그래요.
 왜 그러면 옛날 선생들이 뜻을 함축해서 전해 줬는데 제자들은 그걸 가지고 막 외운 거예요. 그것만 외우다 보니까 또 그다음에 제자한테는 어떻게 가르쳐야 되요? 이걸 안 가르치면 안 되는 줄 알고 가르치는 거예요. 甲, 乙, 丙, 丁, 戊, 己, 庚, 辛, 壬, 癸 이거 못 외우면 너희 매 맞는다 하면서 외우라고 한다고요.
 "외울 필요가 없습니다."
 제가 이런 강의를 하면요. 공부를 가르치는 다른 분들이 저더러 "저놈 저거 돌았다." 이런다고요. 제가 그 소리 듣는 것도 다 이해를 할 수 있습니다. 그럼 저는 공부를 어떻게 했느냐? 저도 처음에는 책을 통해서 똑같이 공부했어요.
 책의 '天干' 맨 첫 번째 편 머리말 부분에 "로켓이 이미 달나라를 정복하는 시대에, 이런 과학의 시대에도 인간의 운명은 엄연히 존재하는데 이 運命學을 앞에 지나간 대성현(大聖賢)들이 이런 문자와 학문으로써 물려줬으니 감탄치 않을 수 없다." 뭐 대강 이런 식으로 머리말 해놓고 제일 첫 번째 가르치는 게 무엇이냐면 甲, 乙,,,. 天干!

 이게 비교적 그래도 이론 중심으로 충실히 가르치는 책이고, 좀 쉽게 포괄적으로 해 놓은 책들이 무엇이냐면 천지(天地), 陰陽, 五行을 가르칩니다.

 陰陽五行 많이 들어보셨죠? "아!, 뭔지 모르지만 뭔가 있다." 그렇죠?

 陰陽五行이라는 어떤 걸 설명을 하는데 陰陽五行을 배울 필요가 없다 이거예요. 陰陽五行을 뭐 때문에 배우는데요? 이미 밤과 낮을 알았는데, 陰陽이라는 단어를 너무 애써서 익혀야 될 이유는 없다는 거예요.

 이미 주(晝), 야(夜)를 알았으면 - 주간반, 야간반을 알았으면 다했다 이거예요.

 그다음에 저걸 문자로 표현한다면, "陰운동이 강하구나, 陽운동이 강하구나"이렇게 생각을 하시면 되요.

 촌 동네에서 농사를 수십 년간 지은 농부 아저씨가 농과대학에 수업을 들어갔다고 합시다. 이 농부 아저씨가 농과대학 수업을 들어와 보니 자기는 수십 년을 저게 무슨 말인지 모르고 그냥 쭉 해왔는데 "아~저게 문자로 이모작이라는 거구나"란 걸 알았단 말이에요.

 "저걸 모내기라고 하는구나!" 자기는 문자 필요없이 여태까지 해 왔는데 말입니다.

순환, 주기, 까닭… 변화

$$\begin{cases} 日 = \text{밤, 낮} \\ 年 = \text{계절}(春夏秋冬) \times 3 = 12\text{개월} \\ \quad \parallel \\ \quad 春三月 \end{cases} \rightarrow 동작 \rightarrow 행위의 차이 \\ \downarrow \\ 운명$$

　상기 그림 내용이 꼭 우월하다는 것은 아니지만 잘못하면 농과대학에서 "자, 여러분~ 이앙법이라고 있습니다. 외우십시오." 이러면 "아!~이앙법!"이라고 이론은 막 배우는데, 배우다 보면 어느새 숨이 막힐 수도 있다는 이치입니다. "왜?" 농사를 안 지어 봤으니까요.

　그러니까 농사를 많이 지어본 사람이 가만히 들어보니까 기가 차거든요. "바보들!" 이러면서요. 말로써 농사를 다 지으니 "지랄병하고 있네!" 이러면서 "너희가 내려와서 농사 한번 지어봐라, 얼마나 뼈 빠지는지." 그러니까 결국 무엇이냐면 대자연의 운동을 옛사람들이 문자로 정리하여 놓은 것이다. 이걸 전제해야 하는 겁니다.

　제가 공부 시작한 지가 1980~1981년부터 이쪽의 책들을 조금 조금씩 섭렵하다가 본격적으로 공부한 게 1984~1985년이에요.

　그땐 머리가 팔팔팔 돌아갈 때라서 밑줄 쫙쫙 그으면서 공부했다니까요. 그리고 외우면 좋겠다 싶은 부분은 밤새 외웠어요. 밤새 외우고, 외우고 또 거기에 나와 있는 많은 팔자 분석해 놓은 것을 봤어요. 이렇게 완전 2~3년을 책에 빠져서 살았다 이거에요.

　그래서 내린 결론은 무엇이냐? "아무것도 모르겠다." 이거에요! 이 책 보면 이 말이 맞는 것 같고 저 책보면 저 말이 맞는 것 같고. 다 거짓말은 아닐 건데 왜 이렇게 설명을 해놨고 저렇게도 설명을 해놨을까? 그래서 궁리에 궁리를 하다가 책을 다 불 싸질러 버렸어요. 1987년도 2월에 책을 다 태워 버렸어요.

맥주를 못 먹어본 스승이 맥주를 아무리 설명을 해도 그 제자는 알아먹지 못해요. 그러나 맥주를 먹어 본 사람은?

만일 어린애가 먹고 "아!~쓰다!" 라고 했으면 이것이 거짓말을 한 거예요? 참말 한 거예요? 참말 한 거잖아요. 그리고 맥주 맛을 알 나이가 된 사람이 먹었다면 "캬~ 시원하다!" 했다면 그것도 참말 한 거죠. 거짓말한 게 아니잖아요. 또는 "씁쓸하다." 해도 맞고 "달다, 달아" "쫙쫙 붙는다." 이 말도 맞는 말이죠?

그러니까 표현하는 방식에 따라 다르지만 맥주를 먹어본 사람은 어떤 자유가 있다? 마음대로 표현할 자유가 있다 이거죠. 쓰기도 하고 달 때도 있고 입에 쫙쫙 붙을 때도 있고 목에 걸릴 때도 있다. 모두 맥주 맛을 본 사람의 이야기다 이거예요. 그런데 맥주 맛을 못 보고 그냥 이야기로만 들은 사람이 있다면 맥주 이게 쓰다고 하더라고 노트해 놓는다고요. 그다음 노트에 보니 '달다' 하더라. 그러면 매번 노트하고 공부하고 이론을 따질 때마다 다르잖아요.

그렇다면 내가 원천적으로 알아야 되겠다. 맥주는 도대체 어떻게 생긴 거냐? 보리를 숙성시켜서 정제를 한 것이라 하니, 보리 그려놓고 숙성시키는 방법까지 전 과정을 노트해 놓았으나 그래도 맥주 맛은 알아요? 몰라요? 맥주 맛을 모르는 겁니다.

그래서 맥주 맛을 모르기 때문에 결국 글에 갇혀서 책을 쓰고 그 책을 배우는 것이예요. 그래서 제가 "에라이, 못 쓸 것" 이렇게 하면서 제가 책을 잡아 찢어 버렸다니까요. 잡아 찢고 다 태워 버렸어요. 이렇게 '쓰다', '달다'가 똑같이 나오고 '목에 걸린다'가 나오고

'쫙쫙 붙는다'가 나오고. 이런 반대말이 나오는데 이게 무슨 학문이냐.

그래서 책을 다 불사르고 곰곰이 생각하니까 책을 읽은 세월도 아깝고 머릿속에서 이런저런 생각을 많이 했어요. 그러다가 어느 날 문뜩 떠오르는 말이 무엇이냐? 바로 이거예요.

"문자 이전에 대자연이 있었다!"

그렇다면 나는 대자연을 관찰하겠다. 관찰해서 甲, 乙, 丙, 丁을 내가 새로 만들겠다. 나는 a, b, c, d를 만들란다.

봄, 여름, 가을, 겨울을 나는 그렇게 쓰기 싫으니까 a, b, c, d로 만들겠다 이겁니다.

그래서 내가 새로 한번 이 세상의 변화 원칙을 새로이 써야겠다. 주역을 새로 쓰든 甲, 乙, 丙, 丁을 새로 쓰든, 새로 쓰겠다고 다짐을 하게 됩니다. 그런 마음을 가지고 밤마다 밤하늘의 떠오른 별을 보고 고민을 했습니다.

오늘 하루를 보니까 복잡하지도 않은 겁니다. "하루가 밤과 낮으로 이루어져 있더라. 나팔꽃이 폈다 졌다 한다." 간단한 원리잖아요. 그렇죠? 그러니까 낮에는 해가 떠오르면서 대지의 수증기가 올라가요? 내려와요?

"올라가죠." 대지의 수증기가 올라가고 있죠? 그렇게 하다가 밤이 되면 공기 중에 있는 수증기가 어떻게 돼요? 내려와서 이슬이 맺히죠.

그런데 이슬만 보는 사람은 이 이슬이 어디서 왔을꼬? 엄청 신기한 거잖아요. 이런 노래도 있어요.

'♬고운 빛은 어디에서 왔을까~ 아름다운 꽃송이~ 이렇게 좋은 날에~ ♬' 대체 고운 빛은 어디서 왔느냐 이거죠. 씨 속에 있었다면 씨를 한 번 까보자.

씨를 까면 그 안에 꽃이 있어요? "없어요." 왜 없을까요? 분명히 씨에서 나왔는데, 꽃이 어디서 나왔느냐 이거예요. 어디서 나왔어요? "자연에서 나왔죠." 맞아요, 바로 대자연이라니까요.

'자기가 스스로 지랄병 해서', 스스로 자(自)에 그럴 연(然). 스스로 그러하다, 지가 그냥 지랄병 해서 나온 것이다. 그런데 이 지랄병이 이유 없이 왔더냐? 그건 아니더라 이거죠. 거기엔 뭔가 이유가 있더라. 그 이유가 바로 易學의 어떤 운동법칙을 말하고 있는 것이죠. 그래서 이 대자연을 가지고 오랫동안 관찰을 했어요. 오랫동안 하다가 보니까 뒤에 우리가 배우게 됩니다만 문자로써 木이 있고 金이 있죠. 그렇죠!

제4강

運命學의 원리 2

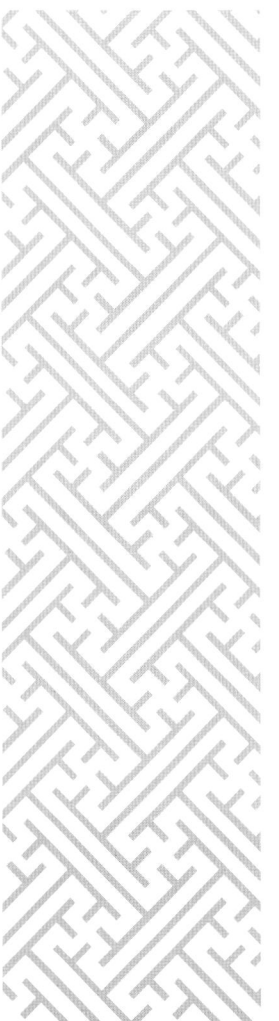

제4강
運命學의 원리 2

일요일부터 시작해서 日, 月, 火, 水, 木, 金, 土 이렇게 있죠.
일(日)과 월(月)의 운동 이렇게 나누어 놓고 보세요.

일(日)과 월(月)의 운동. '해와 달.' 그래서 해와 달이 어떻게 해요? 해와 달(日-月)이 오고 가더라. 그다음에 불은 어떻게 하려고 하고? 밖으로 올라가려고 해요? 수그러 들려고 해요?
"올라가려고 합니다."
물은 어떻게 돼요? 엎질러진 물입니다. 물은 자꾸만 밑으로 내려가려고 하죠. 엎어지려고 하죠. 그래서 火-水가 오고 갑니다. 다음에 木. 나무는 어떻게 하려고 해요? 자꾸 위로 솟으려고 해요? 처박으려고 해요? 솟으려 하잖아요. 金은 무엇이냐면 열매처럼 단단한 것이거든요. 금덩어리가 단단하잖아요. 단단한 놈은 어떻게 내려가려고 해요? 올라가려고 해요?

"내려가려고 합니다."

예. 바로 내려가려고 합니다.

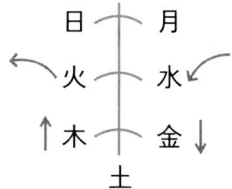

오르려는 놈과 내려가려는 놈 (木-金), 벌어지려는 놈과 오므리려는 놈 (火-水), 환해지려고 하는 놈과 어두워지려고 하는 놈 (日-月). 이놈들이 짝을 다 짓고 있죠. 그리고 그 중간에서 오도 가도 안 하고 있는 놈이 있더라는 것이죠. 중간에 '土'.

그래서 이 木과 金이라고 하는 운동을 공부할 때, 木 이걸 "나무다." 이렇게 배우면 안 됩니다. 저도 처음에는 木, 火, 土, 金, 水 이럴 때 木은 나무! 이러면서 배웠단 말이죠. 金은 쇠 금(金) 이렇게 배우죠. 나무와 쇠 금(金)이 처음에는 다른 줄 알았다니까요. 다른 줄 알았는데, 예를 들어서 어떤 사물이 하나 있다고 칩시다.

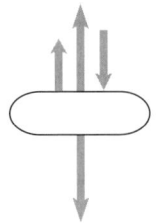

　사물이 하나 있는데, 이놈이 올라가지도 않고, 내려가지도 않고 중간에 엉거주춤 이렇게 있으면 이게 木을 닮았는지 金을 닮았는지 모르겠죠. 그렇죠? 그런데 이 한 놈이 어떻게 한다고요? 주욱~ 오르기도 했다가 메롱~ 하면서 다시 내려가기도 합니다. 추상적으로 하니까 좀 헷갈리시죠? 자, 그러면 얼음을 가지고 이야기를 해봅시다.

　컵에 물이 있습니다. 밑에서 불을 때면 어떻게 됩니까? 물이 어떻게 돼요? 뽀글뽀글하면서 위로 올라갑니다. 위로 올라가면 재료는 원래 물이지만 그 성질은 어떻게 돼요? 위로 막 솟구치니까 김에 데인다? 안 데인다?

　"데인다."

이때는 뭐예요? 재료는 물이지만 그 성질은 뭐예요? "위로 올라가요." 위로 올라가니까 어떤 성질하고 제일 닮았어요? "불" 그렇죠! 불과 같다. 그러니까 김에 데이면 크게 데인다니까요. 바로 불에 데이는 것보다 김에 데이는 것이 더 크게 데여요 왜냐하면 물이 촉매가 되는 거죠. 물이 올라가 바로 붙어버리니까요.

따뜻한 불은 손만 딱 쬐도 됩니다. 중간에 열을 전달하는 촉매가 별로 없으니까요. 물이 불의 성질을 가지고 있다가 식어지고, 식어지다가 뒤에 찬바람 불고 겨울바람 불면 물이 뭐가 돼요? 얼음이 되죠. 얼음이 되었을 때에는 물이 어떻게 돼요? 자꾸 오그라들어요? 펼쳐져요? 오그라드니까 이때 갖는 성질은 어떤 성질? 쪼그라들고 오그라드는 게 '水' 잖아요, 틈만 나면 기어들어가잖아요? 그러니까 水의 성질이에요. 그래서 뭐가 뭐 되고? 김이 얼음 되고, 얼음이 뭐 되고? 김이 됩니다.

자, 올라가는 놈을 火라고 하면 내려오는 놈은 水겠죠. 불은 위로 올라가려 하고 물은 밑으로 내려가려고 합니다. 그놈이 한 곳에서 일어난다? 아니다?

"한 곳에서" 한 곳에서 이루어진다는 거예요. 그래서 이게 무엇이냐면 木이나 金도 둘이 아니더라는 거예요. 둘이 아니고 한 놈 이더라니까요. 우리가 처음에 이 공부를 잘못해가지고, 여러분들은 아예 처음부터 木, 火, 土, 金, 水를 안 배웠으니 더 좋습니다.

"아~ 木이라는 놈이 글자는 다른데, 한 군데에서 왔다 갔다 하더라." 이것이 잘 배운 겁니다.

陽이나 陰이라고 하는 것도 마찬가지입니다. 陰陽은 많이 들어봤잖아요? 남자들이 괜히 여자들을 놀릴 때 남자는 陽에 속하고 여자는 陰에 속하니까 "陽은 움직이고 여자는 가만히 있어!"

이런다고요. 陰의 속성이 안 움직이는 거니까. 맞죠?

　그것만이 陰陽을 말하는 것이 아니다. 陰陽이란 하나의 운동이란 말이죠.

　밖으로 튀어 나가려고 하는 것이 '陽운동' 위로 벌어지려고 하는 것이 '陽운동' 거꾸로 오므라들려는 것이 陰운동 입니다. 쭈그러들려고 하는 것입니다.

　陰陽이라는 게 무엇이냐면 陰陽운동이다. 그래서 이 陰陽운동이 오고 가는 것이더라. 陰陽운동이 오고 가는데 콧구멍에서 숨을 내쉬는 것은 무슨 운동? 밖으로 나가는 거잖아요. 숨이 밖으로 펼쳐진다. 나팔꽃이 쫘악 벌어진다고 했죠. 펼쳐지고 벌어지는 것은 陽운동. 콧구멍에서 숨이 나가는 거니까 '陽운동' 이고 도로 쏙 빨아 마실 때에는 '陰운동' 이죠.

　한 콧구멍에 陰陽이 있는 것이 아니고 한 콧구멍을 통해서 陽운동 陰운동, 陽운동 陰운동 이렇게 陰陽이란 두 몸이 아니더라는 겁니다. 부부라는 것도 마찬가지예요. "나는 남자니까 양이고 너는 여자니까 음이다." 이게 아니에요. 끝없이 주고받고 하면서 서로 동일한 공간에서 陰운동과 陽운동을 서로 밀고 당기고 한다는 거예요. 그러니까 대자연에서 뭘 보고 陰陽을 써놓았느냐면 이렇게 펼쳐지고 오므라들고 나가고 들어오고 이것을 운동으로 표현한 거예요.

　그래서 나가는 것을 陽운동이라고 하자. 그다음에 들어오는 것을 陰운동이라고 하자. 이렇게 문자로 표현했습니다. 그런데 이걸 문자로 표현해놓고 나서 '운동' 이라는 말은 쏙 빼버렸거든요. 그리고 나니까 陽은 튀어나온 놈이고 陰은 기어들어간 놈이다. 이렇게 공부하면서부터 완전 눈이 하나 빠져버리는 것과 같게 됩니다.

　처음에 글자 몇 개 잘못 배워버리면 눈이 두 개 다 없는 채로 공부하는 거나 마찬가지예요. 대신 점자로 공부하는 거예요. 가르치는 것을 보면 가르치는 사람 자신이 점자로 배웠으니 점자로 가르칩니다. 이래서는 안 되는 거예요.

장님이 장님 손을 끌고 다닌다니까요. 그래서 반항하면 "시끄럽다!" 합니다.

그러니까 이 학문이 무엇이냐면 자연의 운동을 가만히 관찰해서 문자의 뜻을 체득해 보면 옛사람이 물려준 문자가 어떤 걸 보고 옮겼구나, 어떤 걸 보고 쓰다고 했구나, 어떤 걸 보고 달다고 했구나! 이걸 알 수 있어요.

그래서 맥주를 쓰다고 말한 사람은 맥주의 그 씁쓸한 맛을 말한 것이다. 그러면 달다고 한 사람은 그 사람이 갈증이 날 때 목에 착 감기듯이 들어가는 그 맛을 보고 말한 것이죠. 그러니 표현의 문자는 수도 없이 많잖아요. 수도 없이 많은 문자로 옮겨지는데 이 말들이 다 거짓말이 아니고 모두 대자연의 모습을 옮겨 놓은 글이더라 이겁니다.

그런데 후학들이 오직 글에만 빠져서 알지 못하더라는 겁니다. 여러분들이 오늘 이 글자 하나 더 배우는 것이 중요하지 않습니다.

'빨리 배워야지. 선생님, 빨리 진도 안 나갑니까?' 이런다고요.

제가 한 십 년 전에 기초반 강의를 해줄 때 '선생님, 우리 그런 거는 바쁜 게 아니고 빨리 글자 배워가지고 팔자 보는 법 가르쳐 주세요. 잘 맞추는 거…' 이런 주문 많이 받았습니다. 그것이 결국 눈 하나 빼고 시작하겠다는 것이죠.

그것이 아니라는 것이죠. 바로 대자연을 생각하라는 것입니다.

오늘 저녁에 甲, 乙, 丙, 丁 이거 안 외워도 됩니다. 가만히 누워서 생각을 해보세요. 어찌하여 해가 뜨고 지고 하는지를 말입니다.

사랑이라는 것이 뭐예요? 길지 않더라. 이거예요. 바보들이 원래

맹세를 하거든요,

"나는 죽을 때까지 그대를 사랑할 것이며…" 특히 제일 꽝! 되기 쉬운 게 사랑의 맹세입니다.

왜 맹세를 하면 안 되느냐? 천지만물이 어떻게 돼요?

봄, 여름, 가을, 겨울이 오고 가듯이 사랑에도 봄이 있고, 여름이 있고, 가을이 있고, 겨울이 있다.

사랑의 봄은 무엇이냐? 둘이서 호기심을 느끼면서 '지지직~' 불꽃이 일어나기 시작할 때 서로 편지 주고받고 "유~후~" 부르는 것. 이게 사랑의 봄입니다.

이렇게 하다가 뒤에 사랑에 뭐가 붙는다? "불이 붙는다." 이거예요. 왜 이제 만났을까? "이리 와 봐라, 빨리 와봐라." 하면서… 쪽쪽 빨고 난리 나죠. 그때는 남들이 보면 "저거 둘이는 미쳤다." 이렇게 되죠.

둘이 사랑의 불이 붙어버렸다. 그렇게 하다가 가을이 되면 뭐예요? 사랑이 서서히 식어지죠. 매일 보는 좋은 얼굴인데 이상하게 감동이 없어지고 이제 "feel"이 자꾸 떨어지는 거예요. 사랑의 에너지가 자꾸 떨어진다. 처음에는 서로 밥숟가락 떠서 먹여주고 하다가 이제는 무엇이냐면 접시에 음식 하나 남았을 때 서로 자기가 먹을 거라고 포크로 찍죠. 이제 너하고 나하고 서서히 자기 입장을 챙긴다는 거예요.

가을이 되면 왜 자기 입장을 챙겨야 되느냐? 가을에는 천지만물이 어떻게 됩니까? 열매를 수확하잖아요. 열매를 수확하면 내 밭에 나온 것은 내가 많이 담아야 하고 남의 밭에 있는 가마니는 남의 밭에서 담아야 됩니다. 맞죠?

그렇게 함으로써 분리를 정확하게 해야 하잖아요. 그래야 계산이 맞잖아요. 사랑에서도 마찬가지라서 이제는 나의 이익을 챙기기 시작해야 하는데 '너는 뭐해줬는데?' 이러면서 포크로 폭 찔러서 바로 자기 입에 들어가 버리는 이런 단계가 옵니다.

그렇게 하다가 찬바람이 불기 시작하면 秋霜, 추상 들어보셨죠? 가을에 서늘하게 내리는 서리. 찬 이슬 내릴 때가 한로(寒露)고, 하얀 이슬이 내릴 때가 백로(白露). 그래서 찬바람까지 쏴~불면 가을 서리가 쏴~악 뿌리잖아요!

그러니까 추상이 내리기 시작하면 쓸쓸함이 됩니다. 그러면서 이제 너랑 호두 쪼개어 먹는 것도 지겹고, 별 감동도 없고, 그러면서 사랑이 거의 식어가는 거죠. 그렇게 하다가 겨울이 되면 둘 다 심퉁한 단계로 들어가요. '뭐! 아니면 말고' 하면서요.

그러니 만물의 운동이 "봄, 여름, 가을, 겨울"의 운동을 거치더라는 것입니다. 인간의 행위에서도 마찬가지예요. "어떤 물건을 하나 사야겠다!", "내가 저 물건을 가지고 싶다!" 이러면서 서서히 호기심을 느끼기 시작해가지고 "갖고 싶다, 갖고 싶다, 갖고 싶다." 이렇게 마음속에 딱 머물러있는 상태. 뜻이 막 올라오는 상태. 이것이 봄의 기운과 같습니다. 봄은 영어로 뭐예요? 스프링(spring). 스프링처럼 탕 튕겨서 올라오는 거죠.

"에이 가져야 되는데, 사야 되는데" 이러면서 그때는 "살 거야!!" 이래가지고 "사버려야지!" 스프링이 탕~ 튕겨 올라올 때 이게 木 운동이고, 봄 운동입니다. 그렇게 하다가 물건을 사기로 마음먹고 밀고 당기고를 하죠. "아~ 좀 깎자, 어쩌자~" 이렇게 하면서 물건을 사기 위한 행위로 들어가요. 이제 가을이 되면 뭐예요? 내 것, 네 것. 나는 돈을 줬고 이 물건은 내 것이고. 이렇게 등 돌리고 가는 상태가 되죠. 그리고 겨울이 되면 집에 갖다놓고 좀 쓰다가 "아이고~ 내가 저걸 뭐 때문에 샀을까?" 이러면서 "저것을 또 치우지도 못하고…"

이런 상태가 겨울에 해당합니다.

　행위에 있어서도 그러하거니와 만물이 무엇이냐면 봄, 여름, 가을, 겨울의 단계를 거치면서 피어났다가 사라집니다. 얼굴에 종기 하나가 만들어지는 것도 어때요? 뭐가 간질간질하면서 있지도 않은 것 같은데 조금씩 느껴지죠. 이때가 붕긋이 솟아오르려는 "뭔가 조짐이 보인다." 종기가 올라오려는 상태죠. 종기가 올라오면 어떻게 돼요? 막 성을 내면서 커지죠. 커져서 막 만들어지는 상태, 이게 여름입니다. 종기의 입장에서 볼 때는 지가(종기가) 최고로 힘쓸 때. 그다음에는 가만히 내버려두면 터져서 빠져나가죠. 고름은 살이 안 되죠. 결국은 가을입니다. 그다음에 원래 상태로 돌아가는 것. 만물이 이러한 운동 속에 이루어져 있습니다. 이것을 문자로 옮겨놓아서 우리가 그것을 쓰고 있는 것입니다.

甲
子

　甲子라는 글자가 있다고 칩시다.

　이 甲木을 어떻게 해석하는지 알 수는 없지만 뭔가 어떤 기운의 시작을 상징하는 기운을 받으면서 태어났습니다.

　이 말이 무슨 말이냐면… 봄에는 풀이 나요? 열매가 달려요?

　'풀' 풀이 나는구나.

　그러면 봄에 태어난 놈은 대충 어떻게 생겼을 것이다? 삐쭉삐쭉하게 생겼을 것이다? 동그랗게 매달려 있을 것이다?

　"삐쭉삐쭉"

　이 삐쭉삐쭉한 것을 닮는다는 것이 이 사람한테도 뭔가의 영향을 줬겠죠. 아!~ 이 사람은 뭔가 "삐쭉삐쭉"하게 올라가는 놈이 자꾸 영향을 주니까 자기의 기질이나 성향에서 뭐가 있을 것이다? 삐쭉삐쭉하게 올라가는 것. 우리말로 '껄떡대는 기운' 껄떡대는 강한 기운을 받고 태어났겠구나. 그러면 이 사람은 껄떡거리는 것을 잘하겠죠.

그다음에 子에 태어났다는 것은, 우리가 상식적으로 생각해 볼 때, 子시에 태어났다. 子는 어떤 시간이다? 해가 반대편에 있어서 가장 어두울 때잖아요. 그러면 한밤중에 태어났으니까 시력이 좋겠다? 안 좋겠다? 시력이 안 좋잖아요, 잘 안 보이잖아요? 잘 안 보이면, 시력이 안 좋을 때는 어떻게 하면서 가요? 더듬으면서 가요? 발로 차면서 가요?

"더듬으면서!"

사람이 자꾸 더듬는 시간이라는 것은 뭘 만드는 시간이다? 더듬는 행위라는 것은 뭘 할 때 그래요? 남녀가 사랑할 때에는 더듬죠? 괜히 멀쩡한 눈도 감잖아요.

이처럼 더듬는 동작이 강하다는 것은 뭔가 자식을 만드는 것. 子 옆에다가 숨 쉴 식(息)자를 쓰면 자식(子息)이란 말이고 자녀를 이렇게 쓰죠. '子女'

이 '子'자라는 것은 가장 어두운 상태, 가장 쭈그러든 상태. 그러니까 정자, 난자, 오미자, 결명자처럼 전부 다 제일 찌그러진 씨의 상태로 있는 것입니다. 그래서 이 사람은 뭔가 씨 만드는 일과 관련된 기운 속에서 태어났다는 것을 알 수 있습니다. 그러면 이 사람은 씨를 잘 만든다? 못 만든다? 자기가 그런 걸 타고났으니까, 씨를 잘 만들어요? 못 만들어요?

"잘 만들어요!"

씨를 잘 만든다 함은 애정적으로 발달하겠다? 안 하겠다? 더듬는 동작이 발달하겠다? 안 하겠다? 그러면 이 사람은 더듬는 동작이나 행위나 환경 속에서 자기 삶이 만들어지겠죠. 이렇게 확장하여 해석하면 그대로 그 사람에게 해당됩니다.

뒤에 가면 배웁니다만 이것을 문자끼리 복잡하게 공부한다니까요. 그렇게 복잡하게 공부를 하다 보니 결국 뒤에 가서는 머리가 터져 버리는 거죠. "아이고! 마 그렇게 어려운 것은 공부하면 안 된다."

자연의 기운을 그냥 그대로 이끌어내서 생각하면 그 사람이 놓여있는 환경, 발달된 인자 그다음에 쉽게 할 수 있는 동작을 알 수 있습니다.

집에 냉장고 문을 열었더니 달걀이 있고 밀가루가 있다. 이 재료로 요리를 한다고 칩시다. 수제비를 만드는 게 좋겠다? 밥을 하는 게 좋겠다?

"수제비"

그러니까 그 사람이 쉽게 할 수 있는 요리는 수제비입니다. 그런 것처럼 이미 그 사람의 팔자에 강화되고 부여된 것이 있다면 그것을 쓸 때 오히려 쉽게 결과를 만들어 낸다는 거죠. 그러니 성공의 비결이라는 것은 다른 게 아니라 팔자에 있는 것을 쓰는 것입니다.

냉장고 안에 있는 것을 꺼내서 요리할 때 빨리하듯이 자신의 삶을 성공으로 빨리 이끌려고 하면 그때, 그때 부여된 것을 잘 활용해야 합니다.

가령 쥐 子 자를 동작으로 쓴다면 엎드린 거겠다? 확 벌어진 거겠다?

"엎드린 것"

그렇죠. 엎드린 것. 쥐가 어떻게 다녀요? 파닥파닥 뛰어다녀요? 엎드려 다녀요?

"엎드려서"

그러니 엎드린 동작으로 한다고 함은 연구 중이다? 영업 중이다?

"연구 중"

그래서 여러분들은 10년 이상 공부한 사람보다 지금 더 빨리 이 공부를 하고 있는 거예요. 가만히 생각을 해보니까 그러하다 이거예요. 그래서 그 사람이 팔자에 있는 것을 쓰느냐 못 쓰느냐가 쉽게 성공하느냐 못하느냐가 되고 그런 것을 우리가 관찰할 수 있게 되면 "당신은 이걸 하는 게 좋겠어." 라고 말할 수 있겠지요.

그러니까 요리하는 사람이 냉장고 문을 열어 보니까 식은 밥이 조금 있고 밀가루가 있고 달걀이 있다면 뭐가 빠르냐?

"수제비가 빠르다."

식은 밥 가지고 요리를 하려면 골치 아프다 그렇죠? 요리를 하는 사람들은 대번에 알겠죠? 요리를 안 하는 사람도 대번에 압니다. 그러니까 팔자를 분석하는 어떤 원리라든지 이런 것들이 바로 이런 융통성을 가지고 접근을 할 때 아무리 복잡한 팔자도 쉽게 분석할 수 있다는 겁니다.

그런데 대부분 다 "에~헴" 하면서 한 개 가르쳐 주면서 "이놈! 이거는 외워야 되는데!" 이런 식으로 공부를 가르쳐 주니까. 제자들의 속마음은 '그러는 선생님은 아십니까?' 이런 마음을 가지고 공부한다는 거죠.

그러다 보니 이 학문은 가르치는 사람도 머리 아프고, 배우는 사람도 머리 아프고 그래요. 그래서 보통 뱅뱅뱅 돕니다. 선생 바꾸고 또 바꾸고. 그래도 결국은 자유를 갖지 못합니다. 왜? 처음에 접근하는 방식이 문자에 이미 빠져버렸으니 글자 속에서 뭔가의 답을 구하려니까 자연을 보지 못하죠. 그래서 자연을 보려고 애를 쓰라는 말입니다.

노랫말 중에 이런 가사가 있습니다. '♬물어보리라 몰아치는 비바람을, 철새에게 물어보리라~♬' 기억이 나십니까?

왜 철새한테 물어보는데요? 철새가 말을 할 줄 아나, 뭘 할 줄 아나? 여기서 철새는 무엇이냐? 자연의 전령입니다. 원래 가사를 쓴 사람의 의도는 따로 있겠지만 우리가 볼 때에는 자연의 전령사에게 물어보고 싶다는 겁니다. 철수가 아니고 철새죠. 철수라고 하면 철수가 엄청나게 많이 아는가 보다 하고 이해를 했을 건데…

그래서 바로 이 자연에게, 자연의 징조를 보여주는 존재가 있다면 내가 그 존재에게 물어보고 싶은 것입니다.

바로 그 원리를 우리가 머릿속에 정리를 해두면 이 運命學의 원리라는 게 그렇게 어려운 원리가 아니에요. 이런 거와 같은 거죠. 콩쥐를 골탕먹이려면 어떻게 하느냐? 봄에 광주리 하나 주면서 "나는 오늘 밤이 너무 먹고 싶다. 가서 밤 좀 따 오너라." 하는 거예요.

착한 콩쥐가 광주리를 들고 산으로 올라갔어요. 밤나무 옆에서 아무리 뒤져도 밤이 있다? 없다?

"없어요."

왜 없을까요?

"봄이니까"

그렇죠. 그다음에 또 콩쥐를 골탕먹이려면 가을에 무엇을 캐오라고 하면 돼요? "칡" 그러니까요. 바로 응용이 되잖아요.

타고난 팔자에 있는 것을 잘 쓴다는 말은 쉽게 그 사람의 성공 방법을 취해온다는 말이에요. 돌산에 사는 사람은 돌로 집을 짓는 게 빠르겠다? 나무로 집을 짓는 게 빠르겠다?

"돌"

그러니까요. 나무가 많은 숲에서 사는 사람은?

"나무로."

그런 것처럼 그 사람 팔자에 뭔가 강화되어 있는 글자가 있다면 그 강화된 글자를 쓰도록 해주면 되겠구나.

그래서 運命學이라는 것이 무엇이냐? 분명히 원인과 결과에 의해서 설명이 되는 것인데 원인을 좋게 효율적으로 만들면 결과는? 자연히 쉽고 좋아진다는 거예요. 그래서 우리가 이 학문을 연구해야 할 이유가 있다.

그래서 원인을 좋게 해 주어서 결과가 바뀐다는 것을 알았다면 운명이란 절대적으로 정해진 것도 아니요. 그렇다고 해서 운명이 없는 것도 아니라는 사실을 알게 됩니다. 이 말이 무슨 말이냐? 어떤 사람은 돌산에 태어났는데 이 사람의 꿈이 뭐다? 나는 멋지게 생긴 통나무집을 짓고 싶다면 이런 꿈을 꾸는 순간 고생 바가지다? 아니다? '바로 고생바가지다'

그러니 그 사람에게 그 옆에 있는 돌로써 돌집을 지으라는 것입니다. 그래서 에스키모 사람들은 뭐로 집을 짓죠?

"얼음"

그 사람들은 머리가 좋아요? 좋지 못한 사람이에요?

"머리가 좋은 사람"

그렇죠. 상식적으로 생각을 해보면 얼음으로 집을 지으면 춥잖아요. 일부러 얼음 만들어서 안에 들어가면 춥잖아요. 그런데 에스키모 사람들은 왜 얼음으로 집을 지을까? 왜냐하면 지천에 널린 게 얼음이니까. 바로 그거예요. 그렇게 해서 더 큰 추위와 바람을 막아냅니다. 그런 것처럼 그 사람의 타고난 팔자에 있는 것을 잘 쓰는 사람. 그것이 善用이라는 것입니다. 착할 선(善)자, 쓸 용(用).

반대말은 무엇이냐? 惡用입니다.
 그래서 이 善用의 방법이 무엇이냐? 바로 그 사람에게 부여된 것을 그대로 잘 사용하는 것입니다. 이것이 運命學의 큰 원리입니다. 우리가 길을 제시할 수도 있고 내가 내 삶에 나름의 자유를 가지는 방법입니다. 그래서 그만큼 재밌는 게 이 학문입니다. 어떤 학문보다 재미있다니까요. 이번 장은 이 정도만 해도 여러분들은 벌써 눈 두 개를 떴다니까요. 거의 도사 문턱에 반(半)을 온 겁니다.

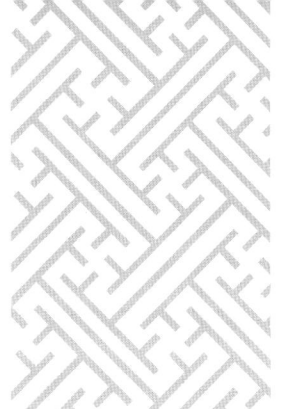

제5강

五行의 의미

제5강
五行의 의미

干支는 문자 체계를 통해서 어떤 기운을 표현하게 된 것입니다.

干支라고 하는 것에 의해서 여러 가지 사물이라든지 사물의 운동, 양상 이런 것들을 분석하는 것이 바로 干支입니다.

대부분 다 命理學을 배울 때는 사주라는 干支를 통해서 운명적인 원리를 따져보는 것이 사주命理라고 하는 것이 되는데 문자 표현이 干支에 의해서 표현이 되었다는 거죠. 이 干支가 무엇이냐? 여러분들이 흔히 아시는 甲, 乙, 丙, 丁, 戊, 己, 庚, 辛, 壬, 癸라고 하는 글자가 바로 干支 체계입니다.

그런데 대부분 책에는 처음에 陰陽을 가르쳐요. 陰陽이라는 말 들어보셨죠? 그다음에 보통 五行을 배우죠.

陰陽은 말 그대로 陰이 있고 陽이 있습니다. 五行은 木, 火, 土, 金, 水가 있습니다.

日 月, 해와 달. 火, 水, 木, 金, 土. 이렇게 해서 일주일이 어떻게 시작이 되요? 日 月 火 水 木 金 土 로 되죠. 그래서 日이 陽에 속하고, 月이 陰에 속하고, 火가 陽에 속하고, 水가 陰, 木이 陽, 金이 陰.

큰 의미로 보면 이렇게 陰陽적으로 주~욱 갈라져서 陽-陰-陽-陰-陽-陰 이런 식으로 우리가 달력에 쓰고 있죠. 천지만물이 오고 가는 것이 陰陽과 五行의 순환성 속에서 이루어지고 있습니다. 이 말이 陰陽五行입니다. 그래서 대체로 처음 배울 때 陰陽五行을 먼저 배우게 됩니다. 먼저 배우는 것은 좋은데 陰陽五行이 표현하는 게 무엇이냐면 큰 자연운동의 보편적인 흐름, 단계 이런 것을 말하는 것입니다. 五行적인 개념은 사물의 운동을 5단계로 나눈 것입니다. 이것을 더 크게, 더 큰 의미로 하니까 두 개로 나눌 수 있는데 이것이 陰陽입니다.

天干 : 甲乙丙... 10개
地干 : 子丑寅... 12개 ↶ 動
　　　　　　　　行
　　　　　　　氣運

그런데 우리가 사주命理에서 쓰는 干支는 이미 몇 개를 부여해 놓았느냐면 甲, 乙, 丙, 丁, 戊, 己, 庚, 辛, 壬, 癸를 뭐라고 해요? 干에다가 항상 먼저 붙여 쓴다고 해서 天干이라고 하죠. 그다음에 땅 地자를 써서 地支다. 子, 丑, 寅, 卯, 辰, 巳, 午, 未, 申, 酉, 戌, 亥.

이렇게 하면 총 몇 개예요? 天干은 10개 地支는 12개. 그러면 이때 12개라고 하는 것이 무엇을 의미하느냐면 五行에서 말하는 行. 즉 행한다는 말도 되고 運한다는 말도 되는데 運한다는 것은 '움직이다', '걸어 나가다' 등 뜻은 여러 가지입니다만 움직인단 말이죠. 그래서 運이 좋다는 말은 뭡니까? 오늘 하루, 어제 하루, 내일 이렇게 다가오는 기운이 가만히 머물러있다? 아니면 자꾸 바뀌면서 간다? 기운이 좋다 나쁘다 할 때 바뀌어 나간다고 하는 동작이 가해져 있는 것이 運입니다. 그렇죠? 그다음에 行도 마찬가지예요. 그러면 붙여 쓰면 뭐예요? 차량運行은 동작이 있어요? 없어요? "동작이 있죠." 이렇게 일종의 동작이 가해져 있는 것이다. 이렇게 움직이는 것에다가 天干 10개, 地支 12개의 '개(个)' 자를 붙여 놓으니 물건처럼 매겨졌단 말이에요. 天干이 10개라는 말은 甲, 乙, 丙, 丁… 이 셀 수 있는 짐승이나 사물이 아니라 甲 다음에는 乙이라는 기운이 오고 또 乙 다음에는 丙이라는 기운이 오고… 이런 식으로 차근차근 바뀌어가는 것을 10단계로 다니도록 분류를 해놓은 것이란 말이죠.

그러니까 두 개로 나눈 陰陽이 더 정밀해요? 10개로 나눈 天干이 더 정밀해요?

10개로 나누어 놓은 것이 더 훨씬 정밀하겠죠.

12개로 나눈 것은요? 더 정밀하게 나누어 놓은 거겠죠?

자연이 움직이는 단계를 달리기로 친다면 처음에 천천히 뛰던 놈을 甲이라고 하고 조금 더 빨리 뛰는 놈을 乙이라 하고 이런 식으로 했을 때 달리기를 陰陽으로 나눈다면 어떻게 됩니까? 처음에 움직이기 시작해 달려서 한참 뛸 때까지가 무슨 운동? '陽의 운동!' 움직이니까 陽이겠죠. 그래서 陽운동이 이루어졌습니다.

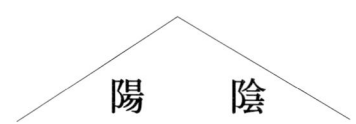

그러다가 속도가 줄어서 정지 상태로 들어가는 운동이 陰운동이 되죠.

이처럼 2단계로 나눈다면 속도가 빨라질 때 속도가 다시 느려질 때 이때를 각각 陽운동이다, 陰운동이다. 이렇게 구분할 수 있겠죠.

天干은 무엇이냐면 이걸 10개로 나누어 놓은 것입니다.

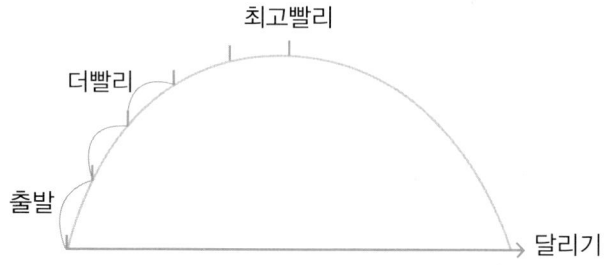

출발할 때, 빨리 갈 때, 더 빨리 갈 때, 최고로 빨리 갈 때 이런 식으로 10개로 나누어 놓았으니까 이것이 훨씬 더 기운의 변화를 정밀하게 분석해 놓은 것이죠. 오르막이 있으면 내리막도 있다. 낮이 있으면 밤도 있다. 튀어나온 놈이 있으면 들어간 놈도 있고 이렇게 큰

만물이 적용될 수 있는 보편적인 자연의 원리로서 陰陽이라는 말이 포괄적인 뜻이 있지만 이것이 사주命理를 보는 논리의 전부는 아니라는 겁니다.

사주命理는 철저히 干支라고 하는 문자 표현에 의해서 이루어지는 것이다.

그래서 이미 자연운동을 10단계로, 12단계로 나누어 놓은 것입니다. 이게 서로 조합이 되어서 나오는 게 무엇이냐면 60干支입니다.

똑같은 쥐띠도 甲子생이 있고 丙子생이 있고, 이런 식으로 각각 天干과 地支의 결합된 모양이 여러 개로 되어 있습니다.

그러면 60干支라고 하는 것은 60行으로 봐도 좋습니다. 60번 만에 자기 자리로 돌아오죠. 그러니 자연의 운동을 60단계로 구분하여 놓은 것입니다. 그러니까 陰陽적인 측면이나 五行적인 측면과 비교했을 때 60行은 얼마나 단계가 정밀한 거예요? 干支는 이처럼 운동의 단계를 정밀하게 구분하여 놓음으로써 사물의 특성을 자세히 분류해 놓은 것입니다. '아! 이것이 무엇에 쓰이고 있다?' 사주命理에서 쓰이고 있구나 하는 것을 머릿속에 정리를 해두셔야 됩니다.

여러 번 말씀을 드리지만 제일 먼저 陰陽이나 五行을 먼저 배운다고 해서 陰陽이나 五行만을 가지고 구분하려고 하면 안 됩니다.

甲, 乙, 丙, 丁, 戊, 己, 庚, 辛, 壬, 癸. 예를 들어 우리가 五行적으로 표현하면 甲과 乙은 둘 다 木에 속하는데 이 木 속에도 甲과 乙 두 글자가 벌써 의미를 달리하는 기운을 표현해 놨다는 겁니다.

똑같은 木도 뭐가 있다? 급수가 있습니다.

인간성도 급수가 있죠? 인간성 좋은 놈이 있고 시원찮은 놈이 있고요. 그런데 일단은 모두 인간으로서 똑같잖아요.

우리가 개를 보면 다 똑같죠? 비슷비슷한데 자기네끼리는 뭐예요?

자기들끼리 급수가 다 다르고, 자기들끼리는 관상보고 "이야~저 개는 얼굴이 이렇다." 이러면서 서로 얼굴을 다 구별하잖아요. 그렇죠?

그런데 멀리서 보면 그냥 개판인 거죠. 개끼리 모이면 그렇죠? 아무리 많이 모아놔도 개판이잖아요? 그러니 포괄적으로 써 놓은 것인 五行이나 陰陽적인 측면으로 분류해 놓은 것이라는 겁니다.

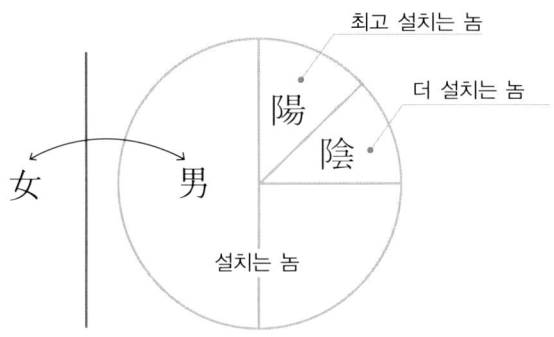

그러니까 陰陽으로서 남자 여자를 구분한다면 陰은 뭐예요? 여인이고 陽은 남자입니다. 대체로 생긴 모양에 있어서 陽氣가 많이 드러난 모양이죠, 그렇죠? 남자들은 陽氣가 많이 드러난 모양이 되고 여인들은 陰氣가 많이 드러난 모양이 되고.

그런데 陽氣, 陰氣의 모양새도 일단 크게 차이가 나고 남녀를 나누어 놓았다고 해서 그 구체성을 부여해놓은 것은 아니죠? 같은 여자들끼리도 보면 "저 아이는 남자다. 남자(남자 같다)" 이러잖아요. 비록 형체나 모양은 陰에 속하더라도 동작이나 행위가 陽氣의 속성이 많이 드러나 있으면 여자이지만 陽氣에 많이 노출되어 있는 모양으로 갑니다. 마찬가지로 남자 가운데서도 조용하고 수줍음 잘 타는 이런 사람은 몸은 남자에 속하지만 陰氣에 많이 노출된 모양이죠.

그러니까 남자들끼리도 모아놓으면 설치는 놈, 덜 설치는 놈 이렇게 구분할 수 있습니다. 다시 설치는 놈 중에서도 진짜로 설치는 놈, 덜 설치는 놈 이렇게 나눌 수 있겠죠.

이런 식으로 陰陽은 큰 무리를 지어보는 방법은 될 수 있어도 아주 구체적인 기운을 다 표현을 하는 데에는 문자로서는 조금 부족한 모양입니다.

이 陰陽을 끝없이 나누면 달리기 잘하는 사람 중에서도 동작이 떨어지는 사람은 또 陰에 속하고 그러니 陰陽은 고정된 것이 아니고 상대적 개념이라는 사실을 기억해야 합니다.

빛   어둠   흙탕물
          그림자

빛이 있으면 뭐가 있죠? 어둠 또는 그림자가 있습니다.

그래서 빛과 그림자인데 어둠도 품질이 있습니다. 어둡기는 어두운데 어슴푸레하게 어두운 게 있고 새까맣게 어두운 것이 있습니다.

흙탕물도 급수가 있습니다. 약간 묽으면서 있는 것 있고 아주 더러운 흙이 많이 들어있는 흙탕물도 있고, 둘 다 흙탕물에 속하는 건 맞잖아요. 흙탕물 중에서도 좀 덜한 놈 있고, 좀 더한 놈 있고, 사물을 구분하여 보는 기준으로써 陰陽이라는 수단을 가지고 접근을 해 볼 수는 있지만 陰陽이라고 하는 것이 각각의 개별성을 처음부터 부여해

놓은 것은 아니다. 그래서 이 陰陽에 의해서 계속 나누어 나갈 수 있겠죠.

흙탕물 중에서도 陰-陽, 빛과 어둠 속에서도 陰-陽..

그러니 천지만물이 얼마나 웃기냐면,

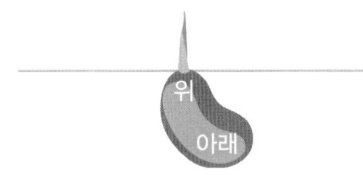

씨앗이 이렇게 위로 싹을 탁 터져서 나오잖아요. 이때 씨앗의 내부온도는 윗부분이 높아요? 아랫부분이 높아요? 그러니까! 이 안에서도 뭐가 있다고요? 이 안에서도 陰陽이 있다는 겁니다.

윗부분이 덥다 이거예요. 그러니 싹이 어디로 터져요? 따뜻한 곳이 잘 벌어져요? 차가운 곳에서 잘 벌어져요? "따뜻한 곳" 그러니 따뜻한 곳에서 잘 비집고 나온다 이거예요.

이야기가 조금 옆으로 새는 건지도 모르겠는데요.

왜 싹이 틀까? 가만히 생각을 해 보세요. 참 신기한 일입니다. 노랫말에도 있어요. '♪알 수 없는 일이야~♪' 하는 가사가 있는데, 누군가 사랑을 노래하는 가사인데

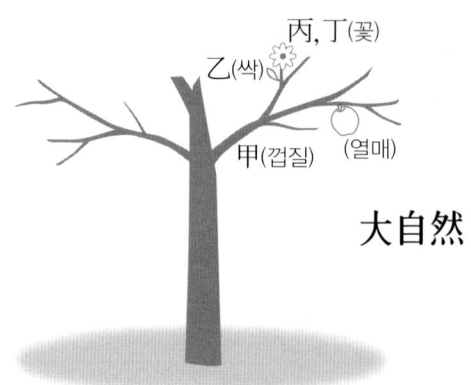

겨울나무 아십니까? '♪나무야~ 나무야~ 겨울나무야~♪'
그 앙상한 가지만 남기고 겨울을 살아가잖아요?

이 껍질을 만지면 딱딱해요. 딱딱한 것이 봄이 되면 어떻게 돼요? 싹이 나죠. 싹은 부드럽죠.

부드러운 놈이 어떻게 딱딱한 것을 찢고 올라와요? 어떤 원리로?

누가 이 딱딱한 껍질을 잎으로 찢었을까요? 딱딱한 껍질이 잎을 오히려 꺾을지는 몰라도 그 부드러운 잎이 어떻게 그 딱딱한 껍질을 찢고 나오느냐?

그러니 이게 참 신기한 일입니다. 그다음에 여름을 지나면서 그 가냘픈 가지가 자라면서 꽃이 피죠. 꽃이 핀 그 자리에는 뭐가 맺히죠? '열매'가 맺힙니다.

이렇게 열매가 맺히는데 도대체 이 열매를 누가 달아놨을까요?

어떤 사람은 "제가 안 그랬는데요." 이러던데…

바로 대자연이 그랬습니다.

대자연이 저렇게 만들었습니다. 그런데 그 대자연은 대체 어떤 단계나 기운으로써 저렇게 만들었을까요? 이것을 크게 보면 자라서 벌어지는 것과 지엽이 펼쳐지고 벌어지는 것이 어떤 운동에 속하겠습니까? '陽운동'에 속하겠죠. 그다음에 더 이상 벌어지지 않고 천천히 굳어지면서 오므리고 단단해지는 이 운동이 '陰운동' 그러니까 크게 보면 陽운동, 陰운동입니다.

그런데 干支 표현이라고 하는 것은 나뭇가지에서 싹을 찢고 나오는 거 있죠? 이 단계의 운동을 하나의 운동으로 이름을 매겨 놨다니깐요. '甲이라고 하자'라고요.

다음에 잎이 커지고 벌어지는 단계를 乙이라고 하고 그다음에 가지가 나온 자리에 꽃이 피어나는 것을 丙이라 하고, 꽃송이를 잡고 있는 상태를 지나 꽃이 활짝 피어있는 상태를 丁이라고 했습니다. 꽃이 만발했다고 표현하잖아요.

이런 식으로 자연의 운동이나 기운이 점차 점차 진행되는 것에 10개씩이나 부여해 놨습니다. 그러니 2개의 단계를 이미 10개의 단계로 바꾸어서 친절하게 옛날 사람들이 글을 만들어 놨습니다. 그러면 20개 하면 안 됩니까? 20개를 해도 됩니다. 30개를 해도 됩니다. 되긴 되는데 대체로 10개 정도로만 분류를 해도 충분히 운동을 구분할 수 있을 정도는 되더라. 그래서 10단계로 충실하게 각각의 어떤 부분에다가 기운적인 변화를 이름 매긴 것이 바로 저 天干과 地支라는 것이지요.

그래서 우리가 사주命理를 배울 때는 陰陽이나 五行이라는 보편적인 자연운동의 개념은 이해하여야 되겠지만 干支 그 자체로써 하나의 단계로 이해하는 것이 중요합니다.

낮과 밤은 이러면 시간개념이에요? 공간개념이에요?

시간개념이죠.

'남과 여' 이러면 공간 개념이죠. 남과 여는 같은 공간에서 생긴 모습이 다른 것이죠. 그런데 밤과 낮은 여기에 가만히 서 있는데 훤해지더니 어두워지더라는 것이 시간개념이잖아요!

```
남과 여  ⇒  공간
밤과 낮  ⇒  시간

    動  ·  靜           五素論
    木     나무 X
    火     불   X
    土     흙   X  ⇐ 거짓말
    金     쇠   X
    水     물   X
```

그래서 남과 여, 밤과 낮에서 남과 여가 공간개념이고 공간적으로 툭 튀어 올라온 놈이 있고 다음에 푹 패인 놈이 있더라. 이것이 공간적인 陰陽의 어떤 모양을 취한 것이고 밤과 낮은 시간적인 모양을 취한 것입니다. 그래서 보통 陰陽을 표현하는 데에는 시간적인 표현이 많습니다.

동정(動靜), 움직임과 정지하는 것. 이것에도 다 뭐가 들어가 있죠? 공간과 시간이 다 섞인 거잖아요!

움직임은 공간도 있어야 하고 시간도 있어야 되잖아요? 그런데 어쨌든 시간이 빠지면 절대 안 되죠. 시간이 있어야 움직이잖아요.

그래서 처음에 陰陽을 배울 때에는 시간 개념, 움직임으로써 이해를 하고 있다가 뒤에 가면 五行을 배우거든요.

五行의 의미

이 五行을 배우면서 선생님들이 뭐라고 가르치는 줄 아십니까? '木' 이렇게 적어놓고 "나무, 외우세요!", "맞아! 나무, 나무…" 그러나 木을 나무로 배우는 순간에 이 공부에서 눈이 하나 멀어진다 이겁니다. 심한 사람은 눈이 완전히 없어져 버려요.

그다음에 제가 '火' 이렇게 써 놓으면 "선생님, 그것도 모르십니까? 불 아닙니까?" 이러죠.

맞아요, 불. '木火土金水'라고 하는 자연의 기운에서 보면 불 맞습니다. 아무리 한자 실력이 짧은 사람도 五行 공부하면 이 정도는 외워요. 천지만물은 木, 火, 土, 金, 水로 이루어져 있다.

이게 무엇이냐면 五行을 일종의 5소(素)처럼 이해를 하더라는 겁니다. "木火土金水 이건 꼭 외워야 됩니다." 하거든요. "여러분 木 火 土 金 水는 꼭 외워야 됩니다. 그래서 뒤에 가면 木이 火를 낳고, 火가 土를 낳고, 土가 金을 낳고, 金이 水를 낳습니다."

그래서 '相生, 낳아주는 관계, 도와주는 관계, 이런 것이 사물과 사물, 기운과 기운 사이에서 발생합니다. 그래서 그것이 인간의 운명에 어떻게 표현이 되느냐…' 이런 식으로 책에 설명되어 있죠.

그러다 보니까 첫날 공부를 하는 사람들은 陰陽을 배우는데 5분도 안 걸릴 것 같고 그것도 모르나 이러면서 '문제 내봐라, 내가 다 맞출 수 있지 陰인지 陽인지' 그렇죠?

그래서 陰陽은 공간과 시간이 대체로 섞여 있으면서 그 개념을 쉽게 정립하는데요. 五行에 들어와서 일종의 5素論처럼 이해해 버림으로써 그때부터 이 공부가 눈이 하나가 없거나 다리가 하나 없는 공부로 간다는 겁니다.

과연 고대인들이 五行이라는 단어를 만들었을 때 그렇게 무식하게 만들었을까? 물론 서양의 자연철학을 보면 만물의 출발은 물에 있다 만물의 출발은 불에 있다. 이런 식으로 원소론적인 개념에서 설명된 것들이 있습니다만 동양에서 말하는 이 五行論이라고 하는 것은 5소(素)가 아닙니다.

木

옛날 사람들이 무엇을 보고 木이라고 옮겼을까? 물론 나무를 보고 그 속성이나 물성이 나무의 상형(象形)이 되었든 문자적인 기운을 표현했든지 간에 아무튼 뭔가 뿌리를 내리고 쭉 솟구치려는 자연의 기운을 따가지고 문자로 옮겼습니다.

다음에 五行을 만들 때 왜 이 글자를 집어넣었느냐?

木이라고 하는 것은 말 그대로 봄의 기상이 가장 두드러지는 것이고 봄의 뜻에 가장 부합하여 자기 고유의 운동이 잘 이루어지는 것이 나무더라. 그래서 木의 기운이나 운동 속성은 봄의 기운과 같더라. 이 봄은 뭐예요? "아지랑이 피어나는 내 고향 언덕!"

아지랑이처럼 어떻게 해요? "위로 솟아나는…" 언제?

"봄에"

그런데 봄의 조화가 어디에서 가장 많이 드러날까요?

1번 돌멩이에 드러난다. 2번 나무에서 드러난다.

"2번 나무!"

그러니까 봄이 가지는 고유의 운동이 木의 기운과 가장 흡사하다 해서 우리가 첫 번째 자연운동의 단계가 木에서부터 시작하는 것입니다.

이때 "木行하면…", 자연운동이 木의 어떤 운동이나 속성을 가지고 움직이면 木은 어떻게 해요? 확 벌어지는 겁니다. 삐죽삐죽 올라오는 거예요, 쭈욱 타고 들어가는 거예요, '올라오는 것' 삐죽삐죽 올라가는 거잖아요.

위로 올라오지 못하게 돌멩이로 막아놔도 어떻게 합니까? 옆으로 올라가죠. 그렇게 위로 솟아오르려는 기운이 주가 되어있는 동작을 무엇이라 한다고요? '木'이라 합니다. 나무라고 하면 그때부터 불량학생으로 등록이 됩니다.

이게 얼마나 중요한 거냐면 '나무 木' 하고 배우는 순간에 우리는 벌써 공부를 반 이상 터득하지 못하는 길로 가는 겁니다. 그래서 木의 운동이란 '木行'입니다.

그다음으로 봄 다음에는 뭐가 옵니까?

火

"여름".

봄 다음에 여름이 오는데 여름의 운동에서 두드러진 것은 어떤 것이죠? 여름에는 만물의 꽃이 피고 확 번성하고 벌어지기 시작하죠. 이렇게 번성하여 벌어지는 성질을 비유한다면 무엇과 같아요? 불과 같죠. 불처럼 확 번지는 것입니다.

계절적으로 여름이 되면 마치 불이 막 번지는 것처럼 더워지면서 벌어지죠. 그러면 火行할 때는 어떻게 될까요? 나뭇가지는 또 어떻게 자라요? 올라가는 게 위주가 될까요? 벌어지는 것이 위주가 될까요?

위로 벌어지면서 벌어지는 끝에 가면 꽃도 펴버리죠. 꽃이 아주 얇잖아요. 꽃이 부침개처럼 두꺼운 거 봤습니까? 대부분 꽃잎은 나무기둥이나 가지에 비해서 두께가 얇습니다. 전부 다 얇게 벌어지잖아요? 이렇게 얇은 상태로 기운이 최대한 펼쳐진 상태! 또 펼치니까 얇아지는 원리와 같잖아요. 그렇게 불기운의 운동이나 동작처럼 만물이 얇아지거나 벌어지는 상태를 五行적으로 火에 해당하고 이것이 火行의 단계라고 하는 겁니다.

다음에 土는 무엇이냐?

五行을 중심으로 공부한 사람들은 계절의 간(間)이고 -계간(季間)이다- 이렇게 표현을 하기도 하고 여러 가지 형태로 표현되어 있습니다만 실제 土의 단계에 가장 뜻이 통하는 것은 '여름에서 가을로 넘어가기 전에' 어떻게 돼요? 나무가 더 자라요? 못 자라요? 신록에서 녹음이 짙어지죠? 연두색 잎이 처음에 나서 세월이 지나면 초록이 되고 더 진한 색이 되죠. 진한 색이 되는 이유는 火가 지나가고 나면 즉 火의 기운이 무르익으면… 예를 들어 삼겹살을 프라이팬 위에 오랫동안 얹어두면 돼지고기 색이 어떻게 됩니까? 처음에는 선홍색이 되다가 슬슬 불을 지피면 타면서 색이 조금씩 변하죠. 그리고 더 놓아두면? "탄다!"

탄다는 거예요. 타버려서 생긴 결과물! 그 색상이 대체로 뭐예요? "검어요!"

진한 것도 되고 검게도 되죠. 타면 시커멓게 되잖아요. 그래서 더운 기운이 많이 무르익었다는 것은 열을 많이 가한 상태잖아요. 그러니 대자연에서 볼 때 뜨겁다 차갑다고 하는 것과 인간이 뜨겁다 차갑다고 표현하는 것이 다르다는 거예요.

인간 기준으로는 덥다 춥다를 나누는 것이고 자연은 봄만 되어도 왜 싹이 꾸물꾸물 올라오는 줄 압니까? 왜 싹이 올라와요? 추우니까? 더우니까?

"더우니까."

그러니 대자연을 기준으로 볼 때는 나무가 대지로부터 싹을 틔워 나오는 이때가 더워지기 시작한 거예요. 더우니까 벗자! 이거예요.

벗고 나가자.

 봄에는 더워진 것이고 여름에는 무엇이냐면 이미 타버린다는 말이에요. 사람은 안 타죠? 여름에 사람이 타지 않는 이유는요? 물론 더워지니까 목은 타죠.

 그런데 왜 몸이 타지 않을까? 몸을 다 태울만한 열량을 자연에서 뿌리지 않기 때문이지요.

 식물은 어때요? 일종의 타버리는 작용이 오면서 나뭇잎 색이 어떻게 돼요? 짙고 어두워진다는 거죠.

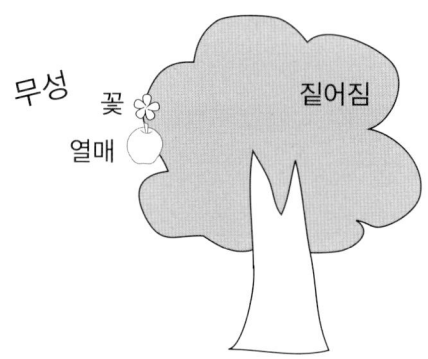

 이게 지금 자연 공부 시간인지 무슨 시간인지 구분이 안 되죠?
 이렇게 어느 정도 타 버리고 더 이상은 성장도 안 되고 있는 상태! 아시겠죠?
 타 버리면 대사가 잘 돼요? 안 돼요?
 "잘 안 되겠죠."
 그러니까 식물의 씨앗이 있다 칩시다. 식물의 씨앗을 냉장고에 보관한 것과 태워버린 것 두 가지를 심었을 때 태워버린 건 싹이 터요? 안 터요? 태운 건 싹이 안 튼다. 타 버렸다는 것은 외부와 유기대사를 하지 않는다. 유기적인 대사를 하지 않기 때문에 더 이상 크지 못하고 머물러 있는 겁니다.

土

土行의 단계는 잎의 색이 짙어지고 더 이상 크지도 않고 또 떨어지지도 않은 채로 나무에 매달려 있는 상태. 그리고 그 꽃이 핀 자리는 어떻게 돼요? 꽃잎이 떨어진 자리에 열매가 조그마하게 매달려 있는 상태가 되죠.

이렇게 만물이 꽃도 조금 남아 있고 열매도 조그마하게 매달려 있고 잎도 벌어져 있고 '무성(茂盛)' 하다고 하죠? 만물이 무성하다.

만물이 무성한 단계에서 줄지도 않고 늘지도 않는 그 단계가 바로 土운동이다. 여름에서 가을로 넘어갈 때 자연이 자라요? 멈춰요? "멈추죠."

더 자라지도 못하고 떨어지지도 못하고 여름에서 가을로 넘어가는 중간 단계가 五行적으로 土行의 단계가 됩니다.

金

자, 그다음에 그런 계절을 마치고 나면 여름 다음에 뭐가 오죠? 가을이 오죠. 드디어 '가을엔 떠나지 말아요!' 와 같은 노랫말이 나옵니다. 차라리 하얀 겨울에 가버리라고 하죠?

가을을 보려면 '10월의 마지막 밤' 이런 걸 생각하면 됩니다.

가을의 쓸쓸한 정서! 결국, 가을이 되면 해가 점점 짧아지죠? 해가 짧아지고 수분의 승강작용이 잘 돼요? 안 돼요?

여름에는 비가 자주 와요. 가을에는 자주 오지 않잖아요. 가을에 비 내리면 사고 나잖아요. '가을비 우산 쓰고' 무언가 분위기가 잡히잖아요.

'여름비 우산 속' 이런 건 애들 동요에나 나오는 거고요.

가을에는 비가 자주 안 오죠. 그 말은 무슨 말인가 하면 가을은 자연에서 보면 땅바닥에 있던 사물들의 승강(昇降, 오르고 내리는) 작용이 잘 안 된다는 겁니다.

왜냐면 차갑게 굳어지니까. 땅바닥에 있는 것들이 차갑게 굳어지면서 수분이라든지 그러한 승강의 작용이 잘 이루어지지 않음으로써 나무의 잎들이 이제 마르기 시작한다. 나뭇잎이 마르기 시작하면서 떨어질 때. 그래서 가을은 영어로 뭐예요? fall. 떨어지는 계절입니다.

그러면 봄은 영어로? spring. 스프링처럼 통 튕겨 올라옵니다. 반발력에 의해서 뭔가 솟구쳐 오르죠. 봄은 spring이고 가을은 fall입니다.

그래서 이 떨어지는 작용이 진행되니까 낙엽이 어떻게 돼요? '낙엽이 우수수 떨어질 때~', '오동잎 한잎 두잎 떨어지는 가을 밤에~' 오동잎이 빨리지는 이유는 잎이 크니까 빨리 마르겠죠.

빨리 마르는 건 아시죠? 우리가 뜨거운 뚝배기 음식을 먹을 때 어떻게 해야 빨리 식혀 먹을 수 있어요?

1번 뚝배기를 젓는다. 2번 앞 접시를 달라고 해서 얇은 그릇에 붓는다.

"2번"

뚝배기에 맛있는 삼계탕이 있습니다. 이 삼계탕을 빨리 먹으려면 접시를 하나 더 달라고 해서 거기에 펼친다. 펼치면 빨리 마릅니다. 어떤 기운에 빨리 그리고 많이 노출된다는 말이죠? 그래서 차가운 기운에 많이 노출되니까 마르고 굳는 기운이 빨리 진행되니 오동잎이 빨리 떨어지는 겁니다.

이 오동잎 떨어질 때 드디어 "가을인 줄 알았다." 이거예요.

이 잎이 떨어지고 나니 그 사이에 뭐가 달려 있어요? 밤나무에 밤송이가 달리는데 도대체 누가 달아놨는지 모르지만 밤송이가 맺히는 것을 보니 참 신기하죠.

어? 지난봄에 아무것도 없었는데 거기에 어느새 밤송이가 달립니다. 이 밤송이를 도대체 누가 달아놨느냐?

그것도 대자연이 달아 놓은 것인데…

이렇게 딱딱하게 굳어지는 것들이 나무에 맺히더라. 사과도 맺히고 오곡백과가 여기에 맺히죠? 이렇게 '결실' 맺을 결(結) 열매 實, 결실(結實). 결실하여 굳어지고 딱딱한 기운이 무엇을 말하더라? 바로 이 金을 말하는 것이더라. 이겁니다.

金은 다른 사물에 비해 딱딱하잖아요! 그래서 자연의 기운에 대체로 응하는 것은 金, 石, 돌멩이라든지, 열매, 그다음에 쇳덩어리는 그 성질이 단단하고 굳습니다.

그래서 천지만물이 가을바람을 만나면서 金行하고 金行은 최고로 가치 있는 것이 왔다 갔다 하는 것이다. 그래서 가을에는 거지도 급수가 있습니다. 보릿고개는 봄에 있었죠.

봄에 먹을 게 어디에 있어요? 그래서 봄 거지와 가을 거지는 급수가 다르다니까요. 가을 거지는 남의 집 대문 차고 들어가면서 좀 달라고 하잖아요? 봄이 되면 어떻게 해요?

"♪작년에 왔던 각설이 죽지도 않고~♪" 노래 부르고 들어가야 되죠. 그래서 가을에는 가치 있는 것 즉 작은 공간에 가치 있는 것이 많이 담겨있는 상태가 바로 金의 기운이 드러난 것이다.

五行상 '金=쇳덩어리'라고 배우는 순간에 눈 하나 빼야 됩니다.

한자로 돈을 뭐라고 그래요? 금전(金錢)이잖아요. 작은 공간에 많은 가치를 담은 것이 열매잖아요. 참~고놈 뭐하다? '實 하다' 이 實하다는 것이 영양가가 있다는 것이죠.

바로 金이란 그 자체가 영양가로 모여진… 다시 말하면 가치 있는 것으로 비좁은 공간에 모여 있는 모양입니다. 아시겠죠?

가을의 기운이 지나고 나면 가을에 맺혀있던 사과도 감도 배도 밤도 어떻게 됩니까? 결국은 떨어지죠. 결국 떨어져서 땅바닥에 뒹굴게 됩니다.

水

계절로는 가을 다음에 겨울이 오고 이때 겨울의 춥고 어두운 기운을 뭐라고 합니까? 五行적으로 표현한 것이 水行입니다. 이 水라고 하는 것은 물을 말하는 것이 아니고 대체로 사물에서는 물성이나 속성이 水와 비슷하다는 거예요. 뒤에 가서 우리가 五行을 배울 때 木은 청색에 속하고… 이처럼 색깔로서 그 속성을 구분하는 걸 배워요. 색깔로써 그 속성을 구분할 때 火는 무슨 색 같아요?

"빨간색" 대체로 붉은색에 가깝겠죠.

흙은 대체로 그 중재의 색인 노란색으로 보고 金은 대체로 흰색, 水는 검은색으로 봅니다.

뒤에 가면 "선생님, 물이 왜 검은색입니까?" 이렇게 저한테 물어요. "아, 이 학생은 첫날 수업을 빠졌구나…"

물이 검은색을 상징한다는 것은? 원래 물 자체는 색깔이 없습니다. 그런데 그걸 억지로 설명을 한다면 물이 층층이 있으면 '시커멓다' 이렇게 배우면 안 됩니다. 이것이 물이 아닙니다.

五行에서 말하는 이 水는 자연에 있는 물을 말하는 것이 아닙니다. 다만 자연에 드러난 사물 중에서 물이 비교적 水의 속성을 많이 보여주고 드러내 주는 인자라는 것입니다. 그래서 이 水라고 하는 것은 어둠, 밤, 겨울 이렇게 이해를 하라는 거죠. 겨울처럼 차갑고 어둡고 엉기어 있는 기운입니다.

물은 가만히 내버려두면 그 속성이 자꾸 밑으로 파고 들어가려 하죠. 그런 것처럼 겨울에는 천지만물이 다 어떻게 돼요? 모기가 어디에 가 있어요? 모기가 다 죽고 없어져요? 어딘가에 있는 거예요? 도대체 어디에 있을까?

"물속에"

물속에요? 물속은 얼어버리는데요?

어딘가에 모기가 존재하는 양식이 있잖아요. 그렇죠?

대체로 마른 흙이라든지 이런 데서 어떤 상태로? 씨앗의 상태로? 알의 상태로?

식물이면 씨고 동물이면 알로써 어딘가에 붙어 있을 것이다. 천지만물이 벌어지지 못하고 갇혀 있는 상태, 이런 상태의 기운이 바로 水의 기운입니다.

그래서 木, 火, 土, 金, 水라고 하는 것은 자연의 운동이나 순환성을 문자로 표현한 것인데 옛사람들이 물려주기를 木, 火, 土, 金, 水만 물려주었으니 "아~맞다. 세상에는 나무도 있고, 불도 있고, 흙도 있고, 쇠도 있고, 물도 있는가 보다." 이렇게 공부를 한단 말이에요.

그렇게 공부를 하다 보니까 '자연의 기운'이나 '운동 방향' 이것을 놓치고 공부가 헷갈리게 되는 겁니다. 이처럼 五行의 뜻도 그러한데 天干이나 地支에서 말하는 이 干支라고 하는 것은 이것을 더 정밀하게 하나하나 나누어 놓은 것입니다.

그러므로 甲과 乙을 木으로 묶어놓고 "아~저게 木이지. 나무야, 나무…" 이렇게 외우지 말라니까요. 나무라고 배우는 순간에 벌써 눈이 없어져 버립니다.

그런 식으로 몇 개만 공부하면 나머지 눈이 다 없어집니다. 장님이 장님을 붙들고 인생이야기를 하고 있는 것과 같이 '야야~ 세상에는 말이다. 五行이 있는데… 陰陽이 있는데…' 이렇게 이해하면 안 됩니다.

木이란 것은 자연 상태에서 움직이는 무엇인가를 말하고자 하는데 그 사이에 甲과 乙로 또다시 운동 단계를 구분할 수 있다고 이해하셔야 합니다.

木의 운동을 봄에 일어나는 자연운동이라고 했죠? 그래서 이 '甲'이 초봄이겠어요? '乙'이 초봄이겠어요?

'甲'입니다.

이걸 알았다는 건 정말 대단한 겁니다.

10년을 공부하고도 甲, 乙, 丙, 丁 글자를 보면서 자유가 없는 이유가 무엇이냐면 바로 甲을 보는 순간에 초봄이라는 생각을 못 하는 겁니다.

초봄! 早春입니다. 조춘에는 싹이 어떻게 자랍니까?

처음부터 획 이렇게 자랍니까? 아니면 삐질삐질 올라오는 게 강해요?

"삐질삐질"

상추처럼 올라오자마자 휘딱 뒤집어져요? 천지만물의 식물들이 솟아 올라오는 성질이 강하죠.

'아~, 그러면 木의 운동이라고 하는 것이 위로 올라오는 것인데 주로

찢고 올라오거나 대지를 가르고 올라오는 운동이 강한 놈이 甲이구나!'
저러한 성질을 가지고 있는 놈은 성질이 어떨 것 같아요? 곧겠다? 삐질하겠다?

"곧겠다!"

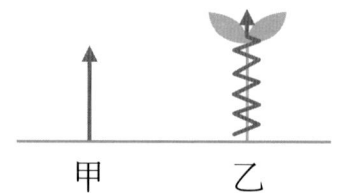

융통성이 있겠다? 없겠다?

"부족하겠죠!"

어느 한 방향으로 쭈욱 뻗으려면 빳빳하게 올라온다는 것 자체가 자기의 의지라든지 생각을 잘 바꾸지 않는다는 것과 연결되겠죠.

그다음에 乙은 어때요? 어느 정도 올라오다 보면 좌우로 조금 벌어지죠? 좌우로 마구 벌어지는 것이 아니고 다소곳이 벌어집니다.

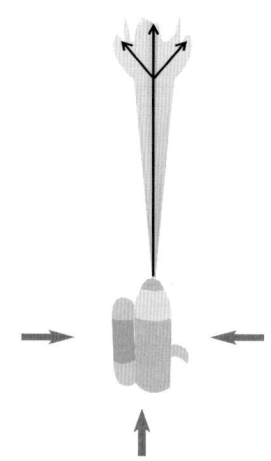

처음에 뚫고 올라올 때는 바깥의 가두는 기운 때문에 -예를 들어서 물총을 누르면 어떻게 돼요? 처음에는 한 방향으로 나가다가 어느 정도 가다가 압력이 떨어지면 퍼지잖아요. 오르기는 오르는데 힘이 조금 약하면서 조금 벌어지는 상태.

그래서 압력을 주고 陽氣가 펼쳐지면서 압력을 해소시키는 공간으로 나왔는데 압력이 서서히 해체되는 단계라는 말입니다. 그러니까 乙은 성질은 부드럽겠죠.

甲 → 巨木
　　　死木

책에는 乙이 뭐라고 나오느냐면 '초목' 甲木은 '巨木, 死木'이라고 쓰여 있습니다. 巨木과 死木은 뭡니까? 죽은 나무는 휘어진다? 부러진다?

"부러진다."

왜? 빳빳하니까요.

어느 한 방향으로 꼿꼿하게 솟으려 하니까 부러지잖아요. 그래서 그 속성이 사목과 같고. 그다음에 큰 나무가 되려면 빳빳해야 되요? 부드러워야 되요? "빳빳해야 됩니다." 그러니까 빳빳하게 올라가려고 하는 이 기상이 거목과 같습니다.

그래서 책에서는 이런 나무에 비유해 놓았을 뿐인데, 이것을 '甲'으로 설명한 것이라고 착각하면 안 됩니다.

甲이라는 것은 巨木을 말하는 것도 아니요, 死木을 말하는 것도 아닙니다. 빳빳하게 어느 한 방향으로 솟아오르려는 기운이 바로

甲의 기운입니다.

 그래서 초春에는 천지만물이 다 상향(上向)으로 쭈욱 올라오는 모양이 됩니다.

 이것이 무엇이냐면 干支란 것은 이런 자연의 변화 양상을 문자의 표현으로 옮긴 것이라는 겁니다. 자연운동을 干支 표현으로 옮겨놓으면서 갑자기 甲, 乙, 丙, 丁이란 문자로 쓰니까 "어~ 어지럽다." 하면서 "그만, 그만. 글자는 그만해…" 이러면서요. 이걸 문자로서 외우다 보니까 뒤에 가서는 머리가 터져버리는 겁니다.

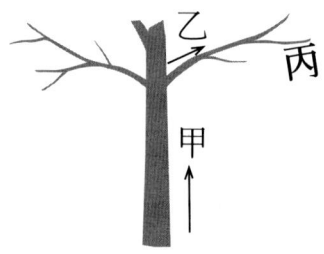

 자, 그러면 잘 보세요. 甲, 乙, 丙, 丁, 戊, 己, 庚, 辛, 壬, 癸 일단 天干만 해 봅시다.

 저렇게 나무에게 드러난 모양을 취한 것인데, 쭈욱 한 방향으로 밀고 나가는 것이 무엇과 같다? '甲'과 같다고 했죠.

 그다음에 올라가면서 조금씩 흐물흐물해지면서 위로 올라가는 힘은 있지만 압력이 한 방향으로 가지 못하고 더운 기운을 향해 쭈욱 벌어져 버리는 상태. 이것을 '乙'이라고 합니다.

 天干의 단계를 두 개씩 묶어서 볼 때,

 丙丁은 무엇에 속하겠다?

 "火!" 火에 속하니까 계절로는 여름이고 丙은 초여름입니다.

초여름에는 드디어 제대로 꽃들이 피어나죠?

꽃이 제대로 피기 시작해서 가지에 꽃이 모양을 갖출 때예요.
丙이라는 글자의 모양이 가지에 꽃이 핀 것과 같죠. 丙자도 저절로 외워지죠?
꽃이 이렇게 벌어져 있습니다. 이 단계가 丙의 단계에 해당합니다.
다음 丁은 五行적으로 火에 속하면서 여름이 무르익으면 어떻게 돼요? 꽃이 활짝 펴 가지고 최대한 꽃이 핀 상태예요.
꽃이 지기 전에 최고로 예쁜 꽃과 꽃향기를 펼쳐내는 것. 그래서 우리가 저 丁 자를 뭐라고 하냐면 '장정 丁' 자 라고 하죠. '입영 장정 여러분' 이런 말을 하죠. 사람으로 치면 어깨가 쫙 벌어진 상태. 이제는 길이 성장을 마치고 어깨가 벌어지기 시작한 상태로 여름이 무르익은 상태에 해당합니다.
丁의 마지막 부분부터 뭐가 이루어지느냐면 이때 벌, 나비가 날아들어요. 그렇죠? 이때 '아싸 호랑나비!' 가 나와요. 호랑나비가 나오면서 계절로는 여름의 끝 부분이 되죠.

木	火	土	金	水
甲乙	丙丁	戊己	庚辛	壬癸

여름의 끝 부분에 이루어지는 것이 '戊' 자 라고 하는 것인데 여름의 끝 부분에 가까운 것이거든요. 이때는 대체로 무엇이 일어나느냐 하면 '陰陽交合'이 일어납니다.

陰陽交合이 무엇이냐면 자연기운으로 치면 다 컸다는 겁니다. 이 戊 자는 여름의 끝 부분에 가서 무성하게 다 큰 겁니다.

"오~이놈 다 컸네. 장가가도 되겠네!" 하잖아요?

그렇게 다 커버리고 무성하여서 陰陽交合이 이루어진 상태에 해당합니다.

그래서 陰陽交合이 이루어지는 이때 벌, 나비가 날아들어서 전부 꽃잎에 수정을 시켜주잖아요. 그래서 열매가 그 자리에 조그마하게 맺히게 됩니다.

물론 丙, 丁부터 원래 까부는 꽃들은 덜 핀 게 수정이 되기도 합니다. 어떤 것들은 좀 빨리 되는 게 있고 어떤 것들은 늦게 되는 놈도 있어요. 늦는 놈들을 위해서 늦여름 찬스판까지 주었다 이거예요. 꽃이 최대한 피도록 해서 확실하게 陰陽交合이 이루어 지면서 늦여름에 뭐가 맺히죠?

"열매가 맺히고"

己에 이르면 여름의 끝 부분. 가을 앞. 가을 바로 앞에 이르면서 陰이 일어납니다.

陰이 일어나면서 꽃은 다 떨어지고 그 자리에 가지가 위로 쭉 뻗는 게 아니고 축 늘어져요. 늘어져서 열매가 맺히죠. 그래서 더 이상 오르지도 못하고 내려가지도 않는 상태.

그것이 '己'입니다.

庚은 무엇이냐면 초가을에는 오곡백과가 단단하게 무르익죠.

나뭇가지가 조금 더 처지면서 열매가 단단하게 굳어지는 상태가 庚에 해당합니다. 그래서 金의 기운으로 천지만물이 이루어지면서 딱딱하고 굳어집니다. 내려오려고 하죠.

辛에 이르면 늦가을이 됩니다. 가을 중에서도 뒤에 있으니 늦가을이잖아요.

늦가을에는 뭐가 내리고? '서리'가 내리죠. 서리가 무엇이냐면 秋霜입니다.

'추상과 같은 명령을 내리고' 라는 표현이 있지요. 가을 서리처럼 아주 엄하고 살벌한 것이 추상입니다.

그래서 추상이 내리면서 잎은 다 떨어지고 열매도 떨어지기 시작합니다.

열매가 떨어지기 시작하여서 분리와 이탈이 이루어지는 것이 바로 이 辛입니다.

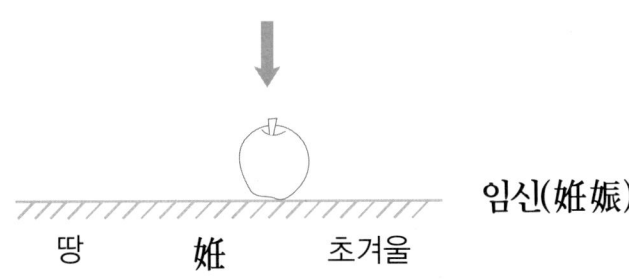

그다음에 壬이라고 하는 것은 땅에 떨어져가지고 밖에서 우리가 주워 먹지 않는 한 갇혀 있잖아요. 웅크려져 있고 갇혀 있어요.
그 상태가 壬이다. 壬자에 계집 女자를 붙여서 '아이 밸 姙'
그래서 씨앗의 상태로 내년 봄을 기다리면서 갇혀 있는 상태!
그게 초겨울입니다. 만물이 드러나지 못하고 있는 상태죠.

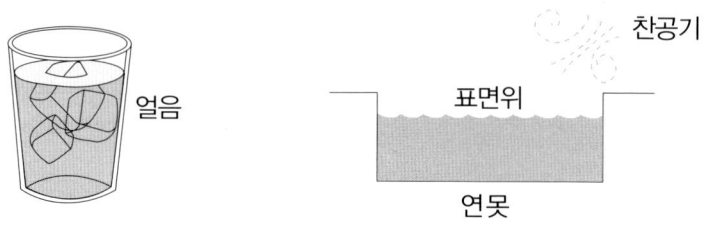

그다음인 癸는 늦겨울입니다.
늦겨울이 되면 어떻게 돼요? 눈이 내리고 밭으로 흘러내려 가면서 다시 싹이 터 나가기 위해서 웅크리죠.
얼음이 되면 부피가 커져요? 줄어들어요?
부피가 커지니까 물에서 뜨죠. 비중이 물보다 약하니까요!
얼음은 어디서 얼죠? 1번 바닥부터 언다. 2번 위에 표면부터 언다.
"2번이죠."
위의 찬 공기에 노출되기 때문에 표면부터 얼죠.
물이 비중이 높아서 밑으로 가라앉습니다. 4°C를 기준으로 해서 이제는 陰氣가 다해서 陽氣가 벌어진 상태가 됩니다.
얼음을 얼리면 알 수 있잖아요. 물보다 쫙 벌어져 있잖아요. 이것이 '癸'의 상태입니다. 봄을 준비하고 있는 상태죠. 陰이 다 하고 陽으로 넘어가기 시작하는 상태에 해당합니다.

이제 甲, 乙, 丙, 丁, 戊, 己, 庚, 辛, 壬, 癸를 이런 기운으로 이해했다면 여러분은 거의 도사 수업에 들어간 겁니다.

처음 배울 때 '乙'이 뭐라고 하더라?

木이라 하기도 하고 陰이라고도 하고 이렇던데… 아, 맞다! 늦은 봄에 물찬 제비가 살랑살랑 움직이듯이 아지랑이처럼 피어올라서 벌어지는 이런 기운을 보고 '乙'이라 하더라.

이런 성질을 닮은 놈은 성질이 어떻겠다고요?

"유순하다. 부드럽다. 조화적이다." 아시겠죠?

그러면 초봄에 올라오는 甲과 같은 놈은 성질이 뻣뻣하다? 융통성이 있다? 없다?

자기 고집을 그대로 밀고 나가고 큰일을 해내기도 하지만 융통성이 없으면 부러진다고 설명할 수 있으면 됩니다.

그래서 이 자연의 기운대로 원리를 이해 해 두면, 아~ 庚을 만나면… '에고 이걸 해석을 어떻게 할까?' 이렇게 생각하지 마시고 '아! 그래 초가을이야 '만물이 굳어져 결실한다', '딱딱하다' 그다음에 '열매를 충실하게 맺어가는 것이다' 그래서 이런 인간은 영양가 중심이다? 일을 벌이는 것 중심이다?

"영양가!"

여러분들은 거의 한방에 도사님 문턱에 바로 갔습니다.

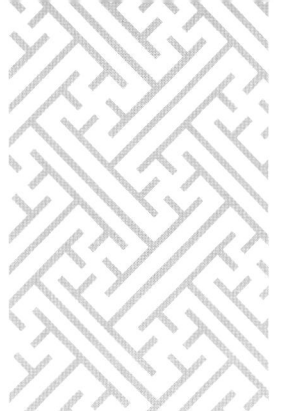

제6강

干支의 개념 1

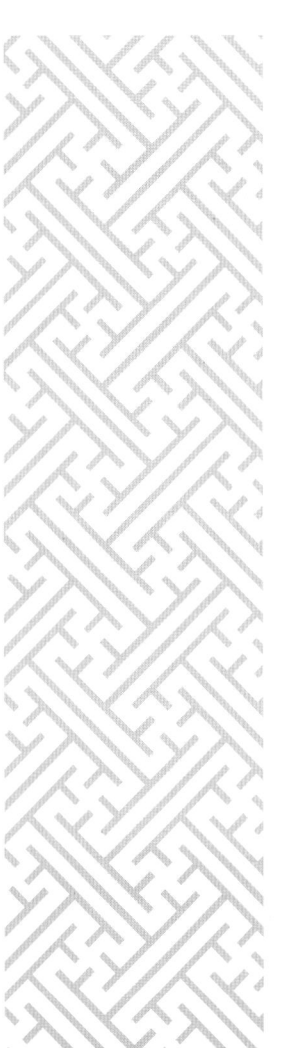

제6강
干支의 개념 1

지난 시간에 干支의 원리를 설명했었죠.
甲, 乙, 丙, 丁, 戊, 己, 庚, 辛, 壬, 癸.

甲, 乙, 丙, 丁, 戊, 己, 庚, 辛, 壬, 癸를 우리는 문자로서 이해하는 것이 아니라 자연의 기운을 문자로 옮겨놓은 것이므로 甲을 볼 때 항상 五行적으로 木이라고 보지 말고 초봄의 기운에 솟구쳐 오르는 기운을 甲이라 한다고 보시라는 겁니다.
그래서 天干이라고 하는 글자도 자연의 기운을 설명한다고 했습니다.
다시 요약해 보겠습니다.
여러분들은 陰陽을 먼저 배울 필요도 없고 五行을 먼저 배울 필요도 없습니다. 바로 이 甲, 乙, 丙, 丁, 戊, 己, 庚, 辛, 壬, 癸부터 먼저 배우자는 것이죠.
甲은 뭐와 같고? 早春. 초봄과 같아서 솟구쳐 오르려고 하고 한 방향으로 꿋꿋하게 밀고 나가는 힘이 바로 甲입니다.
乙은 무엇이냐면 봄이 흐드러지게 무르익었다. '晚春' 무르익어서 이제는 천지만물이 위로 솟구치면서 서서히 흐물흐물 벌어지는 운동을 하려는 것입니다.

丙은 초여름과 같아서 꽃이 만발하고 만물의 지엽이 전부 벌어져 있는 상태입니다.

丁은 그것이 활짝, 환하게 피어난 상태가 丁의 기운입니다.

戊는 그것이 벌어질 때로 다 벌어져서 무성해 버려 이제 더 이상 발산하거나 드러나거나 위로 올라가지 못하고 머물러있는 상태로 이때 보통 陰陽交合이 이루어진다고 했습니다.

己에 이르면 벌어졌던 잎들이 더 펼쳐지지 못할 뿐만 아니라 조금씩 수그러드는 상태인데 빨리 수그러드는 상태가 아닙니다. 이때는 빨리 수그러지지 않는 상태가 뭐와 같으냐면 옛날에 장작으로 가마니 솥에 밥을 할 때 아궁이에 있는 장작을 빼더라도 어느 정도는 끓죠. 그러고 나서 조금 있다가 뜸을 들이죠? 뜸을 들이는 이유는요? "익히기 위해서" 완전하게 안쪽까지 익히기 위해서 더운 열기를 가두어 두는 겁니다. 밥솥에 열기를 가두어두고 찝니다.

그래서 늦여름에서 가을로 넘어갈 때 '찜통더위'가 있잖아요.

사람의 몸에서 찐다는 기준과 자연이 찐다는 기준과는 다릅니다.

자연이 찌는 것은 우리 인체의 36°를 중심으로 찌는 것이 아니라 대기 중에 있는 여름의 더운 열기 이것을 이용해서 식물들을 찐단 말이죠.

단번에 열량을 가한다고 해서 쪄지는 게 아니잖아요.

단번에 열량이 많이 가해지는 환경은 비가 안 오고 말라 타들어가서 가뭄이 든 상태로 이때는 열량이 너무 많아져 식물들이 제대로 쪄지지 않죠?

　떡을 찔 때 어떻게 해요? 찜통 채반 위에 구멍을 뽕뽕 뚫어놓고 수증기를 가해서 그 위에다가 찐빵이나 만두를 찌죠. 이렇게 해야 쪄지잖아요.
　자연도 마찬가지로 쪄야지만 맛있는 사과가 맺히고 맛있는 배가 열립니다.
　그렇게 찌는 동안에 크지도 않고 안으로 익어 들어가고 맛이 들어가는 상태가 己의 단계입니다.
　庚이 되면 어떻게 돼요? 호두껍데기를 생각하세요. 호두껍데기처럼 단단하고 딱딱한 기운이 만들어지면서 만물이 굳어지는 것과 같은 것입니다.
　辛에 이르면 늦은 가을이라고 했죠? 늦은 가을이 되어서 가을에 서리가 내리는 것과 같습니다. 가을 서리는 베어버리는 기운이니까 사물에 비유한다면 칼과 같다는 거죠. 그러니 나뭇잎을 사람 손으로 일일이 딴다는 생각을 해 보세요.
　얼마나 귀찮은 일이에요? 그런데 대자연은 한 번에 산에 있는 그 나뭇잎들을 다 따버리잖아요. 그러니까 대자연은 거의 예술가예요.
　사과 하나를 열매 맺게 하는 것도 비가 왔다가 맑았다가 다시 해가지고 달이 뜨고 모두 이런 과정을 거치고 가을에 잎을 다 떨어지게 만들고. 그래서 만추(晩秋)에 내리는 秋霜과 같은 기운이 바로 辛입니다.

壬은 이제 나무에 매달려 있지 못하고 땅에 떨어져서 뒹굴다가 구석에 처박혀 있는 이런 상태입니다. 이럴 때 말 그대로 임신이라고 했죠. '姙' 뭔가 어느 한구석에서 새로운 것을 잉태하고 임신되어 있는 상태로 그 활동은 밖으로 드러난다? 안 드러난다? 안으로, 내부적으로 갇혀있다.

癸는 차가운 기운이 더하고 더하여져서 이제는 만물이 그 자체로 陰이 다하여 陽氣로 넘어가는 상태입니다.

눈(雪)은 몇 각형입니까? '백설표' 라는 상표 있죠? '흰 눈표' 죠.

눈은 육각형 구도. 즉 陰氣가 강해졌을 때, 결국 陰이 더 이상 진행될 수 없어서 펼쳐진 상태입니다. 겨울에 수도관이 얼면 터져버리죠. 陰의 기운이 다 하면 오히려 팽창합니다. 그것을 실험해 보시려면 페트병에 물을 가득 담아 냉동실에 넣어보세요. 그걸 통째로 얼려보면, '陰氣가 오면 쭈그러든다' 고 했는데 陰氣가 아주 강해지니까 어떻게 된다고요?

오히려 페트병 궁둥이가 톡 튀어나와있다. 이거죠.

"이상하다? 물은 이만큼 밖에 안 넣었는데 페트병은 커져 있더라."

그렇게 해서 陰이 다하고 陽이 시작되는 첫 단계가 癸입니다. 그러나 제대로 뚫고 올라온다? 못 올라온다? 뚫고 못 올라오죠.

甲에 이르러야 다시 뚫고 올라오는 작용이 이루어지면서 '봄, 봄, 봄, 봄, 봄이 왔어요~' 이런 식으로 시작되는 겁니다.

이렇게 해서 자연의 운동을 10단계로 나누어 놓았다는 것을 알아야 합니다.

오늘의 주제는 地支입니다.

子, 丑, 寅, 卯, 辰, 巳, 午 ,未, 申, 酉, 戌, 亥

이렇게 子, 丑, 寅, 卯, 辰, 巳, 午 ,未, 申, 酉, 戌, 亥가 땅바닥에 펼쳐져 있는데요.

'甲 乙 丙 丁 …. 壬 癸' 이것이 天干이고 하늘에 펼쳐지는 여러 가지 기운이라고 한다면 '子, 丑, 寅, 卯, 辰, 巳, 午 ,未, 申, 酉, 戌, 亥' 이것은 地支라고 해서 땅 地자가 붙었으니 이것은 땅에 이루어지는 뜻과 모양을 드러내는 것입니다.

그러니 하늘에서(天干에서) 뜻을 뿌렸는데 땅이 얼어있다면? 그것이 이루어지는 시간이 언제입니까? 곧바로 봄이 되나요?

立春이 지나고 봄 방학을 합니까? 立春 전에 봄 방학을 합니까?

"입춘 지나고" 그렇죠.

왜 입춘이 지나고 나서야 봄 방학을 합니까? 봄이 왔는데도 학교를 못 가고 봄 방학을 하는 이유가 무엇이냐면… "추워서", 꽃샘추위도 있죠? 즉 하늘에서는 봄을 뿌려 놓았으나 땅은 아직 얼어있어서 하늘에 있는 뜻이 땅에 내려오려면 상당한 시간이 흘러야 됩니다.

그러니 큰물을 데우면…

지구를 구성하는 것 가운데 가장 많은 양을 차지하는 게 뭡니까?

표면만 보더라도 뭐가요?

"물이잖아요." 물이 많이 담겨있다는 것은 불을 갖다 대면 바로 끓어요? 끓는데 시간이 좀 걸려요? "걸려요."

이렇게 시간 왜곡이 발생하죠.

그래서 하늘은 봄을 뿌렸으나 땅은 아직 얼어있으니 – 춘래불사춘(春來不似春) 이런 말 들어봤습니까?

봄은 왔으나 봄 같지가 않더라. 하늘에는 벌써 해가 길어지고 봄이 되었다고 알리는데 땅은 아직도 얼어있더라.

그래서 하늘에서 뿌려진 기운이 땅에 펼쳐진 모양을 기운적으로 나누다 보니 하늘에서는 10개가 되고 땅에서는 12개가 되는데요.

10개가 되고 12개가 되는 자세한 설명은 중급반에서 합니다.

하늘과 땅의 기운은 뭔가 왜곡이 있구나 하는 점만 아시면 됩니다.

주역 만 구절의 이치가 결국은 다음 글과 통하는 겁니다.

명심보감에 나오는 말로

'적선지가(積善之家)에 필유여경(必有餘慶)이라~ : 선을 쌓는 집에 반드시 좋은 일이 이르고~' 이렇게 해놨어요.

그다음에 '악을 쌓는 집에 반드시 재앙이 이르니라~'. '필유여앙(必有餘殃)'이라는 말이 나와요.

선을 쌓는 집안에는 금새 그것이 이르지는 않더라도 반드시 경사가 이르게 되고 악을 쌓는 집안에는 그것이 바로 오지 않더라도 반드시 재앙에 이른다는 이런 말이 나옵니다. 바로 오지 않는다는 것이지요.

하늘에 뿌려진 기운이 바로 땅에 이루어지는 것이 아닙니다.

그래서 하늘에 뿌려진 기운과 땅에 뿌려진 모양은 차이가 있더라는 것입니다.

그 이유는 기본적으로 땅은 흙과 물로 구성되어져 있는데 이 흙과 물이 덥혀 지는데 시간이 필요합니다. 그래서 시간 왜곡이 있는 것입니다.

덥혀놓은 물에 불을 빼면 금방 식는다? 천천히 식는다? 그것도 바로 시간 왜곡입니다.

그래서 초가을이 되었는데도 즉 立秋가 지났는데도 立秋 뒤에 뭐가 있는지 압니까? 末伏입니다. 바로 末伏이 뒤에 있더라는 것이죠.

그러니까 덥다고 하다가 立秋가 되고 이제 좀 시원하려나 했더니 그래도 더운 기운이 남아있는 그것이 末伏입니다.

이처럼 立秋 뒤에도 末伏이 있듯이 실제로 지상에서 실현되는 여러 가지 기운들은 형태가 더 많고 시간 왜곡이 있다는 것을 일단 머릿속에 정리를 해두셔도 됩니다.

甲, 乙, 丙, 丁, 戊, 己, 庚, 辛, 壬, 癸
子, 丑, 寅, 卯, 辰, 巳, 午, 未, 申, 酉, 戌, 亥

원래 땅바닥의 줄은 子가 먼저 섰는데… (子는 冬至를 상징하는 기운이에요) 하루에 子시가 되면 어떻게 됩니까? 해가 자기가 서 있는 곳으로부터 가장 먼 곳에 있죠.

지구 위에 철수가 서 있다고 가정을 해 봅시다.

해가 머리 위에 있으면 이걸 正午라고 하죠. 午시의 한가운데.

해가 제일 반대로 가 있을 때는 子正입니다.

자정은 지구가 태양의 가장 반대편으로 가 있을 때를 말합니다.

일 년으로 치면 이 子라고 하는 것이 冬至를 의미하는 달이거든요, 동짓달.

동짓달에 해가 가장 짧고 동지를 넘어서면서부터 해가 점점 길어지죠. 해가 점점 길어지는데 동짓달을 넘기고 바로 날씨가 따뜻해지나요? 아니면 더 춥습니까?

"춥잖아요." 엄동설한이 또 남아있죠. 그래서 해는 길어지지만 땅에는 아직 겨울이 남아 있습니다.

그래서 地支는 무엇이냐면 시간 왜곡에 의해서 지상에 실현되는 계절의 순서가 다릅니다. 분명히 해는 동짓달부터 길어졌지만 땅은 어디서부터? 범(寅)에 이르러야 옵니다.

그래서 이 범이 봄의 시작을 말하고 이것을 正月로 칩니다. 1월이죠.

다음에 卯는 자동으로 2월이 되겠죠. 辰은 3월, 巳는 4월, 午는 5월, 未는 6월….

그리고 오히려 동지 때까지 겨울은 점점 더 깊어져 가죠. 子는 11월, 섣달(丑)은 12월.

그래서 寅에 이르러서 다시 봄이 시작되거든요. 봄이 시작되어서 입춘! 이때 지상에서 무엇이 시작되죠? 甲과 乙이 五行적으로 木, 火, 土, 金, 水중에 木이었죠?

그러니 계절의 시작, 봄의 시작이 이루어지는데, 땅에서는 子부터 봄이 시작되는 것이 아니라 寅부터 입춘이 시작되는 것입니다.

그래서 춘 정월(寅), 춘이월(卯), 춘삼월(辰) 이렇게 되는 겁니다.

꽃 피는 춘 삼월, 아시겠죠?

이렇게 세 개씩 나누고 나니 '巳, 午, 未' 중 巳월에 뭐가 있겠다? 立夏가 있겠구나. 그리고 '申, 酉, 戌' 중 申월에 立秋가 있고, 立秋 다음에 '亥, 子, 丑' 중 亥월에 立冬.

이렇게 12地支로서 이제 마감되는 겁니다.

자 그래서 寅, 卯, 辰, 巳, 午, 未,… 이런 것들을 五行적으로 자꾸 고민하지 말라는 겁니다.

이미 五行은 5개로 나누어 놓은 것이고, 地支는 12개니까 12行입니다.

12행이면 자연의 기운을 五行보다 세밀하게 분류해 놓은 것인데 '寅, 卯는 '木'이래요. 巳, 午, 未는 '火'래요…' 이렇게 배우는 순간 꽝이 되어버립니다.

寅월의 기상과 卯월의 기상은 다릅니다. 甲과 乙의 기상이 다르다고 했죠? 寅과 卯도 일단 글자가 다르고 글자가 다르다는 것은 뜻도 다를 것입니다.

그리고 뜻이 다르다면 분명히 운명에 적용하는 모양이나 형태도 다를 것이다.

그래서 이 글자 자체로써 공부해야 합니다.

자체로써 寅, 卯, 辰. 巳, 午, 未. 申, 酉, 戌. 亥, 子, 丑이다…

계절로 치면 춘하추동이 순환하고 있는 모양인데 寅과 卯는 대충 보니까 봄의 처음과 한중간인 것 같죠.

그래서 寅은 봄의 시작, 辰은 봄이 무르익은 계절이겠구나.

봄의 시작이고 봄의 끝입니다.

巳는 여름의 시작이고 未는 여름의 끝입니다.

申은 가을의 시작이고 戌은 가을의 끝입니다.

이런 식으로 이해가 되겠죠!

이처럼 干支란 것이 기운적인 것을 문자로 옮겨 놓은 것이라는 것을 알았다면 干支에 대한 거부감을 가질 필요가 없습니다.

甲, 乙, 丙, 丁, 戊, 己, 庚, 辛, 壬, 癸를 보고 머리 아파할 것이 아니라, "봄 여름 가을 겨울을 문자적으로 표현한 것이구나!" 그다음에 "子, 丑, 寅, 卯, 辰, 巳, 午, 未, 申, 酉, 戌, 亥 이것도 봄, 여름, 가을, 겨울을 문자로 표현한 것이구나!" 그렇게 우리가 편의상 분류해 놓은 것이라고 이해해 두시면 됩니다. 그래서 뱀 巳자를 이해할 때 저것을 五行적으로 배울 때 단순히 "불에 속한다." 이렇게 이해해버리면 뱀의 뜻을 잊어버립니다.

뱀(巳)과 말(午)은 뭔가 용도가 다르기 때문에 글자를 달리하여 두었을 것입니다. 그렇다면 팔자 해석에서도 다른 의미를 줘야할 것입니다. 아시겠죠?

자, 寅부터 시작한다는 것을 알았다면, 정월, 이월, 삼월… 여기서부터는 순서대로 세어나가기만 하면 됩니다.

이렇게 해서 각각 地支는 12개, 天干은 10개로 기운적인 표현이 이루어져 있습니다. 그리고 이것이 서로 조합에 의하여 표현된 것이 干과 支입니다.

干과 支의 조합에 의한 것을 운명이라든지 또는 여러 분야에 적용해 보는 술법이 干支입니다.

그래서 이 子, 丑, 寅, 卯, 辰, 巳, 午 ,未, 申, 酉, 戌, 亥의 의미를 차근차근 알면 팔자의 해석에서 그 사람이 타고난 운명을 알 수가 있는 겁니다.

예를 들어서 팔자에 뱀 巳자가 있다는 것은? 뱀이란 동물의 상징성을 대강 알고 있죠?

뱀은 독이 있다? 없다?

"독이 있어요!"

독이 있어서 물면 죽는다? 죽지 않는다?

"죽어요." 그래서 팔자에 뱀이 들어있는 사람은 뭔가 무시무시한 물건을 다루면서 살겠다? 아니면 그런 것과 상관없이 살겠다?

그렇죠. 무시무시한 물건을 다루면서 살 겁니다.

그러면 현대사회에서 무시무시한 물건이 무엇이냐? 사람을 살릴 수도 있고 죽일 수도 있다는 것은 권력성이 있다는 것이죠. 권력성 또는 무서운 물건입니다. 무서운 물건을 다루면서 살겠구나.

권력성이라는 것은 '행정', '입법', '사법', 다음에 '금융'

요즘은 사람 살리고 죽이는 게 이 금융입니다. 옛날에도 그랬지만 현대사회에서도 이 돈을 다룬다는 것은 사람의 목숨을 빼앗기도 하고 살리기도 합니다.

그다음에 '언론 방송' 이런 것도 사람을 살리기도 하고 죽이기도 하는 무기가 되죠.

그다음에 무서운 물건은 뭐가 있겠습니까? 뱀은 어떻게 생겼어요? 길쭉하게 생겼어요? 다리가 나와서 사각형으로 생겼어요?

"길게 생겼다." 그래서 '칼'로 봐도 좋고요. 긴데 발이 있다? 없다? 발도 없이 멀리 날아다니는 것은? "비행기!" 그리고 신속히 멀리 날아다니는 것은? 전기, 전자, 통신, 자동차. '인명(人命)은 재차(在車) 하고~' 지상에서는 인명(人命)은 재차(在車)입니다.

팔자 내에 巳자가 있는 사람은 이렇게 무서운 물건을 다루는 분야의 일과 인연이 있겠다? 없겠다?

"있겠다."라고 보시면 됩니다.

팔자 안에 뱀 巳자가 하나 있다는 것만으로도 무언가 그 사람이 운명적인 특성을 가지고 있구나 하는 것을 알 수 있다는 거죠.

예를 들어서 용(辰)이 있다고 칩시다.

용은 지상에 존재하는 모양이에요? 상징의 동물이에요?

상징의 동물이죠. 그래서 꿈이 많다? 적다?

"꿈이 많다."

그다음에 용은 자기 자체로 존재하는 동물의 모양을 따왔어요? 나머지 동물들을 모두 모아서 따왔어요?

이것저것 모아서 따 왔으니까 종합적이다? 단편적이다?

"종합과 관련이 있구나!" 이렇게 어떤 地支의 드러난 모양을 가지고 그 사람의 운명적인 특질을 알게 된다는 겁니다.

그러면 이렇게 해석하는 방법이 도대체 '五行論法에 맞는 이야기입니까?' 이런 말을 합니다.

책보고 공부한 사람들은요 "선생님 질문 있습니다. 책에는 그렇게 안 나오는데요? 책에는 그냥 寅卯辰이 木이다, 巳午未가 火고. 그러니까 팔자에 불이 많으면 너무 불이 치열해지면 안 되니 물이 오면 좋고… 이렇게 되어 있는데요."라고 묻습니다.

일반적인 五行적 강약을 맞춰주는 이론이 잘못된 논리가 아니고 맞는 논리예요. 그런데 똑같은 火라고 하더라도 글자가 다르다고 하면 그 의미가 다르다는 것입니다. 이것을 자꾸 놓치고 공부를 해 버려서 뒷날에 五行에 의한 논리에만 자꾸 빠져 사주 각각의 개별적인 차이점을 구별하지 못하는 수가 많더라는 점입니다.

어떤 사람이 지상에 딱 떨어졌어요. - 이 지상을 놀이공원이라고 칩시다.- 놀이 공원에 왔는데 지상에는 子, 丑, 寅, 卯, 辰, 巳, 午, 未, 申, 酉, 戌, 亥가 다 있어요. 그중에 어떤 놀이기구를 타볼까 하다가 하필이면 청룡열차를 탄 겁니다. 청룡열차를 타고 가다 보면 '으악!' 소리가 나온다? 조용하다?

이 '으악!' 소리를 내는 것은 자신의 인격에서 나온 거예요? 청룡열차 때문에 나온 거예요? 청룡열차에서 왔잖아요? 그렇죠?

그래서 그 사람의 삶의 특질을 규정 지우는 것은 어떤 개인의 유별난 특성으로써 인격에 있는 것이 아니라 그 사람이 떨어져 있는 별, 그 사람이 딛고 노는 놀이동산의 놀이기구 때문인 것입니다.

예를 들어서 놀이공원 가서 앉았는데, 앉고 나서 500원을 넣어보니 토실토실 아기 돼지라면 "아~ 심심해 미치겠네!…"

"심심해 미치겠네!"하는 것도 결국은 어디서 나오느냐?

자기가 주저앉은 그 땅의 모양새(地支)에서 오는 것이다.

그래서 운명을 접근할 때 그 사람이 타고난 고유의 인격적인 기질은 있지만 그것 때문에 이 세상을 자기가 뒤바꾸는 것이 아니라 환경적인 형식이 오히려 기질에 더 많은 영향을 주게 됩니다.

"덥다, 덥다."하는 놈을 냉동 창고에 데리고 들어가서 "자, 이래도 덥나?"하면 어떻게 돼요? "아~시원하다!" 그렇죠. 처음에는 시원하다고 하다가 뒤에는 추워죽겠다고 하잖아요.

"너 조금 전에 뭐라고 했어?", "조금 전에는 더웠는데 지금은 춥다니까!"

그런 것처럼 바로 환경적인 형식이 사람의 기질을 구속하고 그 사람의 기질도 제한합니다.

조금 추운 곳에 있다가 일광욕을 나왔다고 칩시다.

바닷가에서 한참 찬물 속에 있다가 모래밭에 나온 사람과 그냥 물에 안 들어가고 몸을 멋있게 태우려고 오일만 바르고 누워 있는 사람.

찬물 속에 한참 놀다가 나온 사람이 옆에 눕고 나도 누워있고.

그러면 똑같이 비슷한 환경 속에 노출되어 있는 것 맞죠? 거기에서 시간이 흐르면 어떻게 됩니까? 누가 빨리 뜨겁다는 것을 느껴요?

오일만 바른 사람이 먼저 뜨겁다고 느끼잖아요.

그러나 찬물에 한참 들어갔다가 누워있는 사람도 어떻게 돼요?

이제 뜨거워 못 있겠다고 일어나잖아요. 그 반응이라든지 결과물이 빠르고 늦고의 차이만 있을 뿐이지 결국 프라이팬 위에 위대한 계란은 없다 이거예요.

자신이 아무리 대단한 달걀로 태어났다고 해도 열 받은 프라이팬에 올려놓고 깨서 던져두면 "치아아~악!"고 익게 마련입니다. 열 받은 프라이팬은 그렇고 열이 덜 받은 프라이팬은 "칙~"하다가 "지지지직"하죠.

그러니 이 프라이팬이라고 하는 환경에 의해서 무엇이냐면 계란이나 봉황 알이나 거북이 알이나 청둥오리알이나… 전부 깨서 떨어뜨리면 칙~하고 익는다는 겁니다.

알이 큰놈은 조금 천천히 익을 것이고 작은놈은 빨리 익는 시간 차이만 있을 뿐이지 그 사람들이 연출하게 되고 어떤 삶의 형식으로 갖추는 것들은 환경에 의해서 형성됩니다.

또 하나 예를 들어볼까요? 농촌에서 공부도 어리버리하게 하는 아들에게 아버지가 "그냥 너는 농사지어라!" 해서 그 아들은 아버지 농사나 거들다가 군대에 갔어요.

군대 가서 이등병 때 고생고생해서 뒷날에 병장이 됐어요. 병장이 되고 나니 자기 밑에 후임병이 생기잖아요. 그래서 그 많은 후임병을 전부다 '차렷! 열중쉬어!' 시키면서 '충성!' 잘한다고요.

아무리 공부 잘하고 똑똑한 놈도 군대 훈련소 넣어서 작대기 하나인 훈련병이 되면 밥 먹는 것도 훈련병이고, 생각하는 것도 훈련병이고 하는 짓도 훈련병입니다. 이런 환경적인 형식이나 양식이 무엇을 지배하고? 양식이 의식을 지배하거나 제한한다는 것입니다.

뚱뚱한 놈이나 빼빼한 놈이나, 늙은 놈이나 젊은 놈이나, 속된 말로 놈이나 년이나 절벽 끝에서 밀면 뭐라고 해요? "살려 주세요~" 아니면 "으악!"이잖아요. 그렇죠?

여러분들은 이 사실 하나만 알아도 인간교육의 의미를 알게 됩니다.

인간의 인격은 타고난 것이 아니라 환경이나 큰 틀에 의해 영향을 받는 것입니다. 그러니 파란 하늘을 보고 자란 인류는 전부 파란 하늘을 그리게 되어 있습니다.

예를 들어 빨간 하늘을 보고 자란 행성에서 온 외계인이 있다면 하늘을 그릴 때 빨갛게 그릴 것입니다. 그게 정상입니다.

그렇게 환경적인 형식에 의하여 양식이 인간의 의식을 지배합니다. 그래서 아무리 멍청한 친구도 군대에 가서 병장 달면 병장처럼 의젓함이 생기는 것처럼 그 사람에게 붙여주는 地支가 계급장입니다.

너는 범(寅)을 데리고 살면 범과 같은 기개나 기질을 가지게 됩니다. 처음에는 그것이 내 것이 아니라고 느낄 수도 있어요. 그런데 범하고 오랫동안 놀다보면 뭘 닮고? 범을 닮는다. 그러니 흉보면서 배웁니다. 이것이 자연의 큰 원리입니다. 결국 어느 날에는 자신이 범인 것처럼 착각한다니까요.

옛날에 호가호위(狐假虎威) 알죠? 호가호위(狐假虎威)에 보면 여우가 호랑이보고 '네가 산중에 왕이 아니고 내가 산중에 왕이다' 하니 호랑이가 기가 차서는 그걸 증명해보라고 하죠.

'그러면 너하고 나하고 같이 가볼래?' 같이 가서 보니까 정말로 여우가 나타나니 다 도망가고 사라져 버리거든요. 사실은 여우가 호랑이의 힘을 빌린 거잖아요?

그런 것처럼 인간에게 돈이 있으면 사람이 의젓해지고 여유가 생겨요.

밥 먹는 것도 부자 짓이고 하는 짓도 부자 짓이라. 그래서 다른 사람들이 보고 '어떻게 해서 부자가 되었을까?' 이러면 옆에서 '야야~ 시끄럽다, 돈이 인격이다!' 이런다고요.

이처럼 그 사람에게 부여된 조건이나 환경에 의해서 그 사람의 삶이 결국은 제한이 된다 이거에요. '돈이 인격'이라는 말, 아시겠죠?

그래서 운명을 바꾼다는 것은 환경이나 조건을 개선하는 것입니다. '조건을 개선하라' 이건 어떻게 보면 불가의 깨달음으로 가는 방법 속에도 있는 것입니다. '무소의 뿔처럼 혼자서 가라.' 이런 말도 나오죠.

이것저것 환경이 나의 수행이나 깨달음에 도움이 되지 않는다면 혼자서라도 가라. 그래서 조건을 개선하라. 이것이 큰 의미에서 운명을 개척하는 방법인데 이게 잘 안 됩니다.

왜 잘 안 되느냐?

속세에서 살아간다는 것은 나름대로 다 장점이 있거든요.

범(寅)은 말 그대로 산중에 왕입니다. 산중호걸!

그래서 이 범을 다룰 때까지는 자기가 기운이 약할 때에는 힘이 들지만 세월이 흐르면 결국은 범(寅)의 능력을 배우게 됩니다. 그다음에 토끼(卯)는 비록 범과 같이 강한 이빨은 없지만 깡충깡충 뛰는 재주가 있죠. 깡충깡충 뛰고 움직이는 재주로서 삶의 수단을 만듭니다.

용(辰)도 마찬가지이며 12地支 모든 글자는 유용성, 쓸모가 있습니다. 이 세상에 쓸모없는 것이 없다니까요.

쓸모없다는 게 무엇이냐면 이런 경우예요.

교실에 선생님이 어느 학생보고 청소 좀 해라고 합니다. 학생이 청소하다가 뒤에 "질문 있습니다!"하면서 질문을 합니다. "그러면 쓰레기통은 어디에다 버립니까?" 다른 데 있는 것은 다 모았는데 쓰레기통은 어디에 버리느냐 이거예요. 그러니 쓰레기통도 결국은 있어야 되잖아요.

"이놈아, 쓰레기통을 왜 버리는데?"

이런 것처럼 12地支 가운데 쓸모없는 것이 없고 유용성이 없는 것이 없습니다. 다 유용성을 가지고 있기 때문에 우리가 그 글자를 잘 善用해야 한다는 것이죠. 말 그대로 선용. 반대말은 惡用이죠. 이 차이만 있을 뿐이지 이 세상에서 쓸모없는 기운은 없습니다. 다 쓸모가 있어서 이 세상에 나왔습니다.

그래서 이 글자들을 어떻게 사용하느냐? 그 사람에게 어떻게 연결이 되느냐? 이것이 운명의 형식을 지우는 수단이 되고 또 그게 다 유용하다 보니까 조건을 개선하려 하지 않습니다. 운명을 바꾼다고 하는 것은 저렇게 이미 그 사람에게 부여된 큰 형식을 뒤바꾸는 것인데 그게 잘 안되더라. 왜? "다 쓸모가 있으니까."

자, 그래서 運命學이라고 하는 것이 그 사람의 삶을 특징 지우게 되는 수단이 되는 것입니다. 그리고 잘 맞는 겁니다. '어떻게 알았지? 내가 종합공부한 걸…(辰)'

영어책 중에서도 종합을 공부했다. 이거예요.

"종합(綜合)자 들어간 것을 어떻게 알았지?"

왜? 그대가 가지고 있는 무기는 무엇이므로? 辰이라는 종합무기이므로, 종합세트이므로 그렇다는 겁니다.

뒷날에 배웁니다만 원숭이 申자라고 하는 것이 가을의 金 기운을 상징하기도 하는 초가을이거든요. 벌어진 것을 오므라들게 하며 또 결실작용도 합니다.
 사람이 결실작용을 한다는 것은 무엇과 같아요? 생식행위예요.
오므라들고 결실을 보고 씨앗을 맺는 거잖아요.
 부부가, 1+1이 무엇이 된다고요? 3이 되죠.
 남+여가 만나는 것은 2(남, 여)+1(자식)이죠. 이것이 생물로 치면 결실하는 행위, 씨앗을 맺는 행위, 다음으로 종족을 보존하는 행위죠.
 그래서 이 원숭이 신(申)자를 종족을 보존하는 행위나 동작이 가해지는 인자로도 봅니다.
 그래서 이런 글자가 들어가 있으면 남들보다 그런 기운이 강화되어 있다는 뜻이고 그것이 강하게 영향을 주는 모양이냐, 약하게 영향을 주는 모양이냐 이것만 차이가 있습니다. 어쨌든 이런 글자가 있으면 이 사람이 뭔가 애정을 이루어 나가는 곳에 있어서 번잡스러워지겠다? 단조롭겠다?
 "申이 이런 기운이 강하니 애정사가 많이 발생할 수 있잖아요."
 내가 결실을 시킬 수 있는 기운이 있으니까. 내가 몸이 여자라고 칩시다.
 남자들이 보니 '이야~저 여자는 종자를 보존하는 기운이 강하니' 연애를 해봐야지? 안 해봐야지?
 "해봐야지"
 그러니까 남들이 나한테 연애를 건다? 안 건다?
 "연애를 겁니다."
 그러니 내가 일반적인 애정 관계를 만들려고 할 때 그것이 자꾸 번잡스러워집니다. 나만 봤다 하면 작업을 거니 그것도 복입니다.
 처음에는 그게 번잡스럽다고 하다가도 뒤에 가서는 '그래, 맞다. 나는 끗발이 있는 년이다…'

그러다 보니 애정에 고충이 자꾸 발생합니다. 이런 원숭이띠에 해당한다는 것도 그렇거니와 강약의 차이만 있을 뿐이지 태어난 달에 있거나 또 태어난 날에 이런 기운이 있다 하더라도 애정의 인자로서 간섭하는 것이 쉽게 발생합니다.

뒷날에 가서 확장을 해보시겠지만 申이라는 글자가 일종의 옷과 같습니다.

이런 옷을 입고 있으니 상대방에게 주는 기운이나 자극이 그런 동작이나 행위를 많이 가하려고 하는 곳으로 가겠죠?

그러니 한마디로 申 이런 글자가 있으면 옷을 아무렇게나 입고 가도 상대방이 이상하게 끌리는 겁니다. 기운적으로 그러하다 보니 자꾸 끌리고 자꾸 작업이 들어오고 그런 식으로 干支의 모양을 이해해도 좋다는 겁니다.

실제 사주를 정하는 방법을 배우고 난 뒤에 위와 같은 식으로 각 글자의 의미나 실제 적용하는 것들을 알아갈 텐데요.

'그러면 나는 어떤 글자가 있나? 알아봐야지'

'혹시 원숭이(申) 걸렸나?' 이러면서…

원숭이(申)는 원숭이대로 그렇고 다 글자마다 그런 게 있어요.

원숭이(申)라든지 쥐(子)라든지. 쥐(子)라는게 무엇이냐면 생긴 모양이 어때요?

'아들 子' 자죠.

그다음에 자식(子息)할 때 이 쥐 자(子)자죠.

그다음에 오미자(五味子), 결명자(決明子)와 같은 약재들에 붙어 있는 글자죠. 그게 무엇이냐면 다 이 '子'예요.

子는 씨앗의 상태, 결실하여 씨앗이나 종자가 보존되어 있는 상태를 말하거든요.

오늘은 이런 걸 어떻게 적용해 보는구나, 어떻게 원리가 확장되는구나, 이 정도로 아시면 되겠습니다.

그러니 이렇게 子는 겨울의 가운데 놓여있으면서 계절적으로 동지입니다. 동지에는 陰이 가장 많고, 밤이 가장 길고, 陽이 가장 작을 때죠. 하루 중에 子시가 되면 해가 어디에 가 있다고요? 가장 멀리 있죠.

가장 멀리 있다면 내가 있는 곳이 가장 어떻게 된다고요? 어둡잖아요.

어두울 때는 동작이 어떻게 돼요? 더듬는다? 뛰어다닌다?

인간이 자꾸 더듬는다는 뜻은 무슨 행위를 한다는 거예요?

그렇죠. 애정행위 아니면 도둑질이거든요.

그래서 무엇이냐면 여자들이 남자들을 보고 도둑놈이라고 해요. 더듬으니까.

이렇게 더듬는 동작, 그다음에 눈이 잘 떠진다? 안 떠진다?

"눈을 뜨나 안 뜨나 컴컴하니 눈이 게슴츠레해진다." 눈을 게슴츠레하게 떠서 몸을 더듬는다 함은 뭔가 자식을 보존하는 동작이나 행위가 많이 발생될 수 있는 환경이다.

이런 글자가 팔자에 있다는 뜻은 애정행위에 있어서 번거로움이 있다는 것입니다.

나의 팔자에 쥐(子)가 하나만 있다고 합시다. 그러면 상대방이 쥐(子)를 만난 거니까 子시를 만난 거잖아요.

상대방의 눈이 가물가물 해지면서 자꾸 나한테 다가오게 되는 것이고 내가 상대방에 주는 기운은 밤중에 주는 기운이잖아요. 밤중의 기운이라는 것은 상대방이 자꾸 내 몸을 더듬게 되니 이런 것이 애정의 왜곡, 이런 것들이 발생하게 하죠.

또 좋은 의미로는 원숭이(申), 쥐(子)가 있다는 것은 자식생산의 인자가 대체로 다산(多産)의 개념이다? 소산(小産)의 개념이다?

"다산의 인자로 작용합니다."

그래서 오히려 식구가 많이 늘어날 수 있는, 가족의 생산력이라고 하는 측면에서는 긍정적입니다.

반대로 子와 거리가 먼 데 있는 글자, 반대의 글자가 많으면 자식을 만들 때 쉽게 만들지 못합니다.

아이들이 자야지 뭔가 작업이 되지 뭔 작업을 하려면 불 켜고 옆집에서 두드리고 이러니 이 동작이 잘 안 해집니다. 아시겠죠?

이런 원리로 어떤 사람의 운명이 차근차근 분석되는 과정으로 나타납니다.

오늘의 수업 목표는 이런 글자로써 땅에서는 春夏秋冬이 오고 갑니다.

다음에 甲, 乙, 丙, 丁, 戊, 己, 庚, 辛, 壬, 癸로서 五行적으로 春夏秋冬이 연결되는구나. 戊와 己는 여름과 가을의 중간으로 보면 됩니다.

옛날 책에 보면 길 장(長)자를 써서 '장하(長夏)'라는 말을 썼어요. 긴 여름의 기운이 남아있는 것으로 한참 더워지고 무성해지고 푹푹 찌는 이 단계를 하나의 계절로 표현한 것입니다.

그렇게 해서 庚, 辛으로 넘어가면 가을이 되죠. 가을에 속하고 만물이 딱딱해지고 굳어지니까 金의 기운이 됩니다.

그다음에 壬, 癸는 계절적으로 겨울에 속하고 춥고 어둡죠. 어두워지는 기운을 좇아서 壬, 癸라고 하는 글자로 표현하였습니다.

차고 추워지는 기운의 시작을 壬이라고 했고 그다음에 추위가 무르익어서 이제 만물이 다시 팽창으로 돌아서는 전환단계까지 오는 것이 癸입니다.

이렇게 天干을 머릿속에 정리해두시면 어떤 응용문제가 나오더라도 다 해결이 됩니다.

그다음에 地支는 뭐예요? 해의 길이는 子부터 시작하지만 즉 동지부터 해가 길어지지만 지상에 봄의 기운이 이루어지는 것은 寅에 이루어집니다. 그래서 寅을 정월로 삼고 卯(2월), 辰(3월), 巳(4월), 午(5월), 未(6월),…丑(12월). 이렇게 12기운으로 나누어서 표현하였습니다.

각 계절마다 시작과 말까지 3개로 4계절씩 모두 12개가 됩니다.

子, 丑, 寅, 卯, 辰, 巳, 午, 未, 申, 酉, 戌, 亥 이것은 안 외우면 안 됩니다. 이건 꼭 외워야 됩니다.

이 글자들을 중심으로 해석하게 되는데 여기에서 글자들끼리의 관계가 확장됩니다. 사주해석이 다른 것이 아니고 이 글자들끼리의 관계가 확장되어서 나온 것을 해석해 주는 것이 四柱命理學이라고 보시면 됩니다.

예를 들어서 팔자에 뱀(巳)이 있는데 또 태어난 시간에 돼지(亥)가 있다고 칩시다.

뱀과 돼지가 출현했죠.

이럴 때 이 뱀과 돼지의 작용을 뒤에 배웁니다만 충(冲)이라는 별이 됩니다.

돼지와 뱀이 서로 冲을 할 때에는 서로 양보를 안 하려고 합니다. 양보를 안 하려는 기운이 있으면 싸움꾼이 되잖아요.

돼지와 뱀은 서로 6칸 떨어져 있거든요.

巳는 초여름이고 亥는 초겨울이고 정반대 편에 있다는 말이죠.

"그러니 뭔가 기운이 반대구나."

뱀이 얼마나 성질이 급하면 발도 없는 게 돌아다니잖아요?

돼지는 어때요? 돼지는 잠자는 돼지가 어울린다? 아니면 뱀처럼 막 싸돌아다니는 돼지가 어울린다? 동작이 반대죠. 그런 동작이 반대인 기운이 심화되어 있는 두 글자가 다 팔자에 나란히 있다면 서로 밀고 당기기를 합니다.

여름이야! 겨울이야! 하면서 치고받고 하는 글자가 있는 사람은 싸움 구경을 많이 한다? 안 한다? 싸우니까 구경을 많이 하게 되잖아요.

그러니까 내가 놀러 왔는데 하필 떨어진 곳이 링 옆에 떨어진 겁니다. 보아하니 치고받고 치고받고 합니다.

거기서 자기는 뭘 터득한다고요? 링의 생존양식은 때려 패야 되는구나!

그래서 그런 것이 있는 사람은 투쟁성이 있겠죠.

그게 바로 팔자 해석의 방법이 되는 겁니다.

현대사회에서는 이런 투쟁성이 있는 것이 나쁜 것이 아닙니다. 적당한 투쟁성이 있어야 경쟁 관계에서는 좋은데요.

그런데 여인이 투쟁성이 좋으면 서방님하고 어떻게 한다? 서방님이 누르면 반드시? 대적한다, 보복한다. 이거죠. 그러니 결국 冲이 있으면 부부간의 화합의 요소가 약하다고 할 수 있습니다.

어떤 글자끼리는 4칸 떨어진 게 있어요. '辰과 申'

여기에서는 슴이라는 것이 발생합니다. '슴이 맞다'는 말을 종종 하지요?

이 슴이 맞다라고 하는 것이 무엇이냐면 서로가 서로의 조화력이나 목표 이런 것이 비슷해서 서로 합심(合心)이 잘 된다는 겁니다.

마음이 잘 합해지는 것이니까 이렇게 슴이 있는 사람은 뭘 하려고 한다?

어떤 사람이 리어카를 끌고 가는데 한 사람은 앞에서 끌고 뒤에서는 밀고 있더라는 겁니다.

그래서 자기가 삶의 양식을 보니 저렇게 일이란 밀어주고 끌어줘야 이루어지는 것이다. 그러니 자기의 해결양식도 합을 좋아하는 겁니다.

그래서 화합력이 좋다는 거죠.

상대적으로 冲이 있는 것은 -글자끼리 6칸 떨어진 것을 冲이라고 설명하는데- 링 옆에 살았기 때문에 옆에서 '야, 오늘 너 이런 거 해볼래?' 하면 "너나 해라!" 혹은 "내기할래?"와 같은 반응이 되겠지요.

일종의 호쟁(好爭), 투쟁성과 같은 식으로 그 사람의 생존양식이 만들어진다는 것입니다.

이처럼 글자끼리의 관계들을 보고 해석을 해 나가는 것이니까 이 地支라고 하는 것이 기본적으로 그 사람이 삶의 수단으로 삼는 틀이고 또 그 틀은 주변에 있는 글자들의 간섭으로 조건 속에서 놀게 됩니다.

링 위에 올라간 뱀(巳)과 돼지(亥)는? 서로 호쟁적이죠.

그래서 이 사람은 뱀(巳)을 쓰기는 쓰는데 나르는 뱀(巳)이다? 똬리를 틀고 있는 뱀이다?

그렇죠. 동작 빠른 뱀을 타고 다닌다는 뜻은 이 사람이 비행기를 타고 다니는 직업이거나 아니면? 전기 만지는 사람이다.

아니면 방송인이거나. 순간적으로 먼 곳으로 던지잖아요. 자기의 것을 '놓을 방(放)', '보낼 송(送)'.

이런 식으로 이 뱀도 각종 뱀이 되는 겁니다.

뱀도 비단뱀, 살모사 오만 가지가 다 있죠? 그런 것처럼 글자들이 서로 간섭하면서 뱀의 형식이나 모양이 바뀝니다.

그러면 그것을 닮은꼴대로 사람이 살아간다니까요.

물뱀하고 많이 놀면 결국은 물뱀하고 어울려 살고… 이런 식입니다.

자, 그래서 팔자해석이 이렇게 되는데 오늘은 그 정도까지 확장을 안 하더라도 봄, 여름, 가을, 겨울을 12개로 구분해 봅니다.

그리고 그 순서는 寅卯辰, 巳午未, 申酉戌, 亥子丑 이렇게 정월부터 세어 나갑니다.

이 정도까지만 머리에 두시고 뒤에 이것이 조합이 된 것을 가지고 차근차근 진도를 나가면 됩니다.

제7강

天干의 의미

제7강
天干의 의미

지난 시간에 이 학문은 '五行學'이 아니라는 이야기를 했습니다. 五行學이 아니라 무슨 학문이라고 했어요?

이 학문은 무엇을 기본적인 문자나 수단으로 삼아요?

"자연"

문자가 자연에서 나왔다 이거죠. 자연에서 옮겨 놓은 글자들 즉 변화의 모든 패턴이나 양상으로 써놓은 것이 干支죠.

그래서 天干地支라고 하는 문자 표현을 통해서 이 학문이 이루어지고, 궁극적으로 이 학문은 干支學입니다.

그러니 이 干支學이라고 하는 것을 머릿속에 두고 이 공부를 하지 않으면 안 됩니다. 대부분 처음으로 四柱八字 공부를 할 때 주로 뭘 배우느냐면 陰陽을 먼저 배웁니다.

보통 첫 페이지 보면 '陰陽說' 또는 '太極說'이라고 해서 '太極에서 陰陽이 나와서 천지만물이 陰이 생기고 陽이 생겼다~' 보통 이런 이야기부터 시작됩니다.

그다음에 五行에서 천지만물이 오고 가는 데 木, 火, 土, 金, 水로 되어 있다고 배웁니다.

여기서부터 보통 헷갈려요.
　五行의 개념을 처음부터 제대로 정립하지 못한 상태에서 그다음에 배우는 것이 무엇이냐면 十干 十二支를 배워요. 이것을 하나의 사물, 재료, 요소 이런 것으로 배운다 이거죠. 그게 잘못되어 있는 것입니다.
　지난 시간에 강조한 것처럼 陰陽이라는 개념도… 陰陽이라는 것이 남자와 여자를 말하는 것이 아니라 운동을 말하는 것이죠.
　"운동" 그래요. 운동을 말한다는 것이죠.
　흔히 '陰은 여인에 속하고 남자는 陽에 속한다!' 이것이 아니라 천지만물은 陰陽운동을 한다는 것입니다.
　천지만물의 살아있는 것은 陰陽운동을 한다는 것인데 무엇이냐면 우리가 숨을 내쉴 때 콧구멍 하나로 숨을 내쉬었다가 그다음에는 들이마셔요. 그래서 어떤 방향으로 튀어 나가는 것을 陽운동이라고 한다면 도로 주워담고 들이마시는 것을 陰운동이라고 한다는 거죠.
　콧구멍에 陰陽이 있는 것이 아니라 운동의 방향에 의하여 그것을 陰적이라고 말하기도 하고 陽적이라고 말하기도 하는 것입니다.
　그래서 천지만물이 운동하는 것은 어떤 陰陽의 운동법칙?
　"튀어 나가고 들어오고, 벌어졌다가 오므라드는" 그리하여 극단으로 치우쳐지지 않음으로써 생명력을 유지 하는 것이 陰陽 입니다.
　자, 그다음에 五行이라고 하는 것은 陰陽을 조금 더 정밀하게 나눈 단계라고 했죠. 공을 던질 때 처음에는 어떻게 합니까?
　처음에는 던져지는 단계가 있고, 두 번째 이것이 더 빨리 뻗어져 나가는 단계, 세 번째 더 뻗어져 나가지 못하고 포물선을 그리며 꺾이는 단계, 네 번째 떨어지는 단계, 다섯 번째 땅으로 완전히 떨어진 단계.
　이렇게 陰陽의 단계를 세분한 것이 五行이 되었습니다.
　그런데 이 학문에서는 干支를 씁니다.

이 학문을 五行으로써 이해하려고 하는 것은 이미 정밀하게 나누어진 것을 두리뭉실하게 묶어버리는 오류를 범하는 것입니다.

10天干이 벌써 10단계로써 10行이고 12地支는 12단계로써 12行이죠. 이 두 글자들끼리 조합하여 나온 것이 60干支입니다.

60干支가 발생하면서 60行을 이미 써놓은 것입니다.

60단계로 뭔가 미세하게 튀어 나갔다가 들어 왔다가 이렇게 하면서 순환하고 있다는 겁니다. 그래서 자연운동을 정밀하게 이미 나누어 놓은 것이 바로 干支學이다.

사주에서는 어떤 것을 취용해서 쓰느냐? 주로 干支라고 하는 것의 모양새를 가지고 해석하는 것입니다.

이렇게 개념 정리를 잘해 두시는 것이 여러 종류의 텍스트를 읽어 나가실 때 도움이 됩니다.

지금은 十干, 十二支의 속성을 익히는 정도를 목표로 삼고 공부를 해 나가도록 하겠습니다.

천지만물은 10단계(十干)로 나누어져서 분화 운동을 하게 되는데 그게 甲, 乙, 丙, 丁, 戊, 己, 庚, 辛, 壬, 癸입니다.

보통 텍스트에는 어떻게 나와 있느냐면 '甲乙은 木에 속하고 丙丁은 火에, 戊己는 土에 속하고 庚辛은 金에 속하고 壬癸는 水에 속한다.' 라고 되어 있어요.

그리고 표를 만들어 두고 외워야 된다고 되어 있습니다. 물론 이건 순서대로만 외우면 되니까 웬만하면 외울 수 있죠. 이 표를 보는 순간부터 공부가 약간 삐딱하게 되는 겁니다.

이미 10단계로 나누어 놓은 것을 묶어버림으로써 '甲乙이 木이구나' 그렇게 외우는 순간에 공부가 까막눈 공부로 갑니다.

木, 火, 土, 金, 水라는 표현이 틀린 표현이 아니지만 甲, 乙, 丙, 丁,

戊…의 기본적인 속성이나 운동방향을 보자는 겁니다.

이 甲이나 乙은 계절로는 어디에 속하느냐?

보통 봄에 배속합니다. 봄에 천지만물이 어떻게 되죠? 천지만물이 솟아오른다? 숨는다?

"솟아오른다!"

솟아오르는 운동이 활발히 이루어지는 특성을 가진 계절이 봄인데 五行적으로는 대체로 木의 속성과 같다는 겁니다.

겨울이 되면 씨앗이 딱 갇혀서 펼쳐지지 못하고 싹을 못 틔우죠. 그렇게 있던 놈이 어떻게 됩니까?

어느 약한 부위를 좇아서 뚫고 올라옵니다.

이렇게 솟아오르려는 운동이 뭘 말하느냐면 木行의 운동을 말하는 것입니다. 그래서 이렇게 봄에 배속이 되는데 그러면 이 甲은 乙보다 앞에 있으니까 봄이라도 초봄 같다? 늦은 봄 같다?

"초봄"

초봄으로 기억을 해두세요.

甲木은 무엇이냐? 木인지 뭔지는 잘 모르겠지만 초봄의 기운이라고 하더라. 초봄의 기운이 갖는 속성은 한 방향으로 쭉 밀고 나오려는 운동입니다. 이렇게 함으로써 甲이라고 하는 글자의 속성을 이해해 두시라는 겁니다.

물총을 쏘면 어떻게 됩니까? 직진성을 가져요? 옆으로 퍼져요?

물총 같은 것은 어느 한 구멍을 향해서 압력을 주니까 직진으로 나가죠.

그래서 직진성을 가지고 솟아오르려는 운동을 하는 것이 바로 이 甲이구나. 이렇게 일단 머릿속에 정리를 하시면 됩니다.

甲은 초봄의 기상입니다. 뭐든지 일단은 올라서고 올라갑니다.

甲이 초봄이라고 한다면 乙은 무엇일까요?

"늦은 봄"

晩春이죠. 만춘에는 위로 삐쭉하게 올라오기만 해요? 옆으로 좀 벌어져요?

초목이 올라오다가 계속 올라가려는 게 아니고 옆으로 슬쩍 벌어지는 운동이 만들어지기 시작합니다.

그러니 지엽(枝葉)이 서서히 옆으로 갈라지는 운동이 乙의 운동입니다.

甲일 때는 초봄이라 아직 춥잖아요. 추우니까 원래 모든 사물이 陰氣(陰氣라고 하는 것은 밖에서 잡아 가두는 기운이라는 말이에요. 춥고 웅크리게 하는 기운인데)가 밖으로 조성이 되어 있으니까 약한 곳을 찾아 쭉 뚫고 올라갈 수밖에 없잖아요.

그런데 乙에는 陰氣가 서서히 약화 됩니다.

봄이 무르익으면 겨울은 더 멀어지잖아요.

겨울이 점점 멀어지고 봄이 완연해지니까 초목이 이제는 옆으로 벌어지려고 하죠. 이런 운동을 말한 것이 乙입니다.

그다음에 丙.

계절적으로 이건 무엇일 것 같아요?

"여름입니다. 여름"

丙은 초여름의 기운과 같아서 지엽들이 좀 벌어진 상태에서 활발하게 벌어진 모양을 취하는데 이때 무엇이냐면 초여름의 기운에 의해서 꽃들이 활짝활짝 벌어지죠. 꽃들이 활~짝 예쁘게 벌어집니다. 다른 사물에 비교할 때 그 두께가 얇아요? 두꺼워요?

"얇다."

이렇게 얇아지는 것은 결국에 陽氣를 좇아서 陰氣가 들린 모양이라서 그렇습니다.
그래서 이 丙의 글자를 자세히 보니 이 모양이 어떻게 생겼어요?

이렇게 하니까 丙 자가 딱 이해가 되죠?
그래서 丙은 불을 말하는 것이 아니라 초여름의 기상을 말하는 것이고 꽃이 예쁘게 벌어진 상태를 말합니다.
자, 그다음에 丁을 봅시다.
丙은 초여름이고 丁은 여름이 무성하여진 것이니 늦여름으로 들어간 것입니다. 이 丁자가 무엇이냐면 장정(壯丁)할 때 丁자이거든요. '입영 장정 여러분' 할 때. 어깨가 딱 벌어져서 이제는 몸의 틀이 짜여진 모양입니다.
그래서 사람으로 치면 甲, 乙 이때를 뭐라고 해요? '靑年'이라고 하죠. 봄의 색은 어떤 색이라고요? 푸른색이 됩니다.
천지만물이 陰氣에 갇혔다가 처음으로 陽氣를 얻으면서 이루어지는 색이 초록이에요.
그다음에 여름에 오면 붉어지죠. 또 불의 색이 붉어지고 환해진 것입니다.
그래서 甲乙은 청년(靑年)이요, 丙丁은 장년(長年)이라고 하죠. 장정(壯丁)이 되잖아요. 모양이 갖추어진 상태. 보통 중·고등

학교까지는 어깨가 다 안 벌어지고, 丙丁 이때 어깨가 벌어지기 시작해서 세상의 일을 도모하기 시작할 나이가 되었을 때가 이 장정의 단계입니다.

자, 여름에는 이미 어느 정도 꿈이 사라지고 세상살이를 시작할 나이가 되었고 무슨 나무인지는 잘 몰랐으나 무엇을 보아서 그 나무를 안다? "꽃을 보아 그 나무를 안다." 그래서 꽃을 보아서 그 나무의 속성이 이루어지죠.

丁, 이때부터는 무엇을 할 수 있느냐? 보통 꽃을 활짝 피우면 벌 나비가 날아들어요.

벌 나비가 날아들어서 이때부터 陰陽交合이 서서히 시작되는 초기 단계가 됩니다. 陰陽交合이라고 하는 것이, 남자 여자가 사랑을 해서 보듬고 하는 게 陰陽交合이 아니고 자연운동에서 이미 陽氣가 펼쳐지고 어느 정도 무성해지니까 이때부터 벌써 陰氣가 준비를 하는 것이거든요.

陰氣가 준비를 해서 꽃 핀 자리에 뭐가 맺힙니까? "열매" 꽃 핀 자리에 열매가 맺힙니다.

그 열매는 단단하다? 부드럽다?

"열매는 단단하잖아요!"

초봄에는 물렁물렁하죠. 그런데 시간이 흐르면 결국 열매가 단단해 집니다.

단단한 기운이 무엇이냐면 金의 기운으로 가을로 표현이 된다는 말이죠.

그래서 이 丁은 예쁜 것입니다. 팔자에 대체로 丁이 있으면 어떨 것이다?

이때는 五行적으로 환하고 예쁠 때죠. 그래서 상모가 미려(美麗)

해지는 인자로도 이 丁을 취급합니다.

여름 다음에 뭐로 넘어가죠? 가을로 넘어갑니다.

그런데 여름과 가을 사이에 지루한 여름, 이걸 보통 옛글에는 길장(長)자를 써서 장하(長夏)라고 써놨습니다.

여름의 기운이 좀 남겨져서 뿌려져 있는 것인데 이때 戊라고 하는 더운 기운이 丁의 끝 부분(*일 년으로 치자면 보통 하지 무렵으로 하지가 양력으로 6월 22일 정도에 해당합니다.)부터 발생합니다.

夏至가 지나고도 날이 더워요? 바로 추워져요?

"더 덥잖아요."

이때 지상에 이루어져서 만물이 어떤 상태? 무성한 상태가 됩니다.

戊에, 풀 초(草) 두 글자를 붙이면 무슨 글자입니까? 무성할 무(茂)자잖아요.

더운 기운에 의해서 무성하게 자랐다는 것입니다. 무성하게 자라서 陽의 극단, 즉 陽氣가 아주 강하게 펼쳐져 있는 모양이 이 戊자입니다. 그것이 지상에 실현이 된 거예요.

그래서 이것은 여름의 무성함입니다. 이때부터 녹음(綠陰)이 생기죠. 녹음이 생기는 이유는, 봄에는 나뭇잎들이 노란색이 좀 섞이면서 환한 초록색이잖아요. 그런데 이 단계에 이르면 -여름이 무르익으면- 녹음이 짙어집니다. 짙어진다는 것은 자세히 보면 검은 색소가 생기는 거예요. 검어지는 것은 무엇이냐면 火氣에 의하여 탔기 때문에 생긴 겁니다.

돼지고기를 굽는 것도 태우는 것이 되지만, 이 대자연의 평균적인 陽운동, 陰운동으로 볼 때는 식물을 기준으로 했을 때 식물은 성질이 좀 차갑거든요. 뿌리는 성질이 좀 덥고. 위로 올라오는 놈들은 지가(식물) 차가우니까 위로 따뜻한 곳으로 오는데 더운 열기에 의해서 어떻게 됩니까? 햇빛을 볼 때에는 자꾸 그쪽으로 가지만 사막에 가면 어떻게 돼요? 말라서 타버리잖아요. 타는 것입니다. 그래서 수분이 어느 정도 있으면서 타는 것이 녹음이 짙어지는 것이거든요.

그런 상태의 계절적인 기운이 바로 戊입니다.

그래서 무성함으로 이루어진 것, 장하(長夏)의 계절 속에 있는 것인데 戊에서 더운 여름의 기운은 가장 강해졌다가 己 때부터는 더운 기운이 서서히 약화되는데 이때 己는 무엇이냐면 찜통입니다. 찜통더위 아시죠?

가마솥에 밥을 한다고 치면 장작을 때잖아요.

그러면 처음에는 안 끓다가 뒤에 끓기 시작하고, 뒤에 밥이 완전히 익도록 끓잖아요. 끓고 나서 수분이 없어질 때쯤이면 장작을 빼버려요. 장작을 빼도 어떻습니까? 밥은 계속 익죠.

우리가 밥을 하고 나서 뜸을 들이잖아요.

뜸을 들이는 이유가 뭘까요? "속을 익히기 위해서" 그렇죠. 속까지 그 열기가 들어가지죠.

자연으로 하는 요리법으로 친다면 戊, 이때 과육이 무성해집니다.

풋사과의 안은 안 익었잖아요. 모양은 이미 다 갖췄는데 베어 먹어 보면 맛이 안 들었다죠.

맛이 안 든 상태가 戊까지라고 보시면 됩니다. 맛이 들기 시작할 때가 己에 해당하는 겁니다. 지리지리한 늦여름에 매미가 "맴맴맴!" 하면서 사과는 익어갑니다. 그게 머릿속으로 그려집니까? 그때 하늘과 땅에 뿌려져서 이루어지는 기운이 己입니다.

그래서 단맛이 서서히 내부적으로 쌓이기 시작하는 것이 己의 작용력입니다.

이렇게 찜통더위를 통해서 이제 찐 다음에, 사과 맛을 익힌 다음에.

이미 해는 언제부터 짧아지느냐면 丁하고 戊 사이에 이미 해는 짧아졌는데 해가 짧아지고도 지상에는 열기가 많이 남아 있어요.

지상에는 열기가 많이 남아서 어디까지? 庚까지 이어집니다.

이 庚은 가을은 가을인데 초가을입니다.

초가을에 들어오는 게 立秋죠.

立秋의 기운이 들어왔는데 그래도 더위의 기운이 남아 있죠. 立秋의 기운이 남아 있어 末伏이 뒤에 기다리잖아요.

立秋 이후에 末伏이 오고 초가을로 넘어갑니다. 이때 과실들이 어떤 단계를 거쳐요? 껍질이 단단해지고 매달고 있는 가지도 딱딱하고 굳어지고 마르게 되죠.

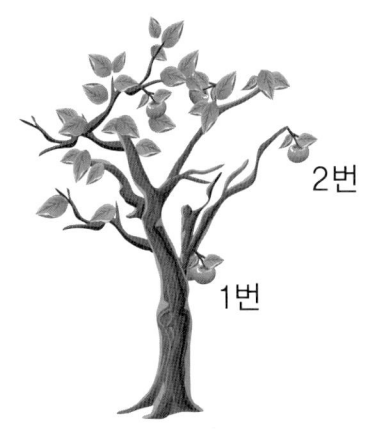

감나무에 감이 열렸습니다. 감나무에 감이 열리려면 나무에 그림처럼 매달려야 안 떨어지잖아요? 그런데 감이 열린 가지는 뭐예요?

1번 올라가는 기둥에 매달려있어요? 아니면 2번 가지 끝에 매달려요?

"2번이죠. 가지 끝에 매달리죠."

이게 얼마나 예술이냐 이거예요! 마른 가지에 다시 조그마한 가지를 뻗어나게 해서 언제? 봄의 유혹으로 조금씩 삐져나왔잖아요.

여름의 유혹으로 잎이 나와서 잎이 벌어지고 그다음 그 자리에 꽃이 피고 꽃이 핀 자리에 수정이 이루어지고 그다음에 수정이 이루어진 자리에 파란 땡감이 있더니 그게 무럭무럭 자라서 己의 단계에 이르니까 맛도 단맛이 나더라가 됩니다.

그다음부터는 어떻게 돼요? 딱딱하고 굳어지기 시작하죠.

이해가 되시죠? 그렇게 해서 가지도 굳어지고 감도 열매도 굳어지죠? 이제는 천지만물을 딱딱하고 굳게 만드는 것. 마르게 함으로써 건조를 시켜냅니다. 건조를 시킴으로써 이제 결실을 맺죠. 그래서 가을에는 맺을 결(結), 열매 실(實). 무언가를 맺어줍니다.

그래서 열매를 맺어주는 그런 작용이 庚에 있습니다.

그래서 '庚은 金인데, 陽에 속한다.' 이런 식으로 외우지 말라는 겁니다. 이렇게 외우지 말고 초가을에 천지만물이 펼쳐져서 뭔가 수정하고 발화하고 수정해 놓은 것을 이제는 제대로 굳히고 갈무리 하는 것이라고 이해하십시오.

庚하고 辛은 속성이 많이 달라요. 庚이 초가을인줄 알았으면 辛은 결실의 가을입니다.

그래서 결실이 될 때 벼농사를 짓는 곳에 무슨 물결? '황금물결' 누런 금(金)입니다. 황금물결이 마구 칩니다. 그래서 實과 金, 가장 작은 곳에다가 뭔가 다져 넣어 놓은 것이 金입니다.

'그놈 참 토실토실하다'는 표현은 뭔가 단단하게 다져 놓은 게 토실토실한 모양이란 말이죠. 그러니 實하다. 반대말은? 허(虛)하다는 말이고 甲, 乙, 丙, 丁, 戊, 己, 庚, 辛, 壬, 癸에서 허한 놈, 퍼석하고 벌어지는 놈은 '甲, 乙, 丙' 여기에 해당됩니다.

그래서 이런 사람들의 기질이나 속성은 무슨 일을 잘 벌이는 것을 좋아하지만 마무리를 잘 못 짓습니다. 이게 정리가 안 되는 겁니다.

벌리고 또 벌리고, 자기가 가지고 있는 고유의 기질적인 운동이니까.

거기에 응해서 태어난 사람들은 뭔가 만들고 기획하고 계획하고 일을 만드는 것은 잘하는데 상대적으로 정리 정돈은 잘 못합니다.

거꾸로 庚, 辛은 뭐라고요? 크지도 않은 놈을 잡아먹으려 한다. 크지도 않은 놈을 팍 잡아먹으려고 하니까 '빨리 마무리 내버리자', '빨리빨리 끝내자' 이거예요.

그래서 연애를 할 때에도 뭐예요? 甲, 乙, 丙, 丁 이런 글자가 많은 사람들이 예를 들어 여인을 유혹한다고 칩시다. 열심히 작업해서 정작 엉기면 감당이 안 됩니다.

庚, 辛 이런 글자가 있는 팔자들은 '그렇게 할 거 뭐 있나? 빨리빨리 진도 나가자' 이것이 金의 속성입니다.

벌어진 것을 주워담으려는 운동, 그래서 결실하게 하는 것이 庚입니다.

庚보다 한 단계 더 진보해 버린 것이 辛이죠.

天干 辛자. 어디서 많이 본 글자죠?

"신(辛) 라면"

예~그렇죠. 라면 봉지에 보면 '辛' 이렇게 써놨습니다.

"매운맛, 뜨거운 맛을 보여 준다."고 매운맛이라고 하는 것이 참 고초(苦草)스러운 거예요. 그래서 신고 할 때에도, '辛苦' 고통이잖아요. 모진 고통을 겪는다, 이게 모질다는 뜻도 됩니다. '뜨거운 맛, 매운 맛을 보여줄게' 할 때 이 辛이 만추(晩秋)입니다.

늦은 가을입니다. 늦은 가을에 서리가 내리죠.

그래서 추상(秋霜), '秋霜之氣', '秋霜과 같은 엄명을 내리다.'

가을서리가 내리니까 어떤 작용이 이루어져요?

이제 나뭇가지에 맺힌 열매와 잎들이 떨어집니다.

고초엽락(苦草葉落)한다. 풀이 마르고 이제는 잎이 떨어집니다. 苦草葉落의 아픔이 辛에서 옵니다.

가을서리 내리니까 잎이 마르고 그다음에 이 열매도 어떻게 한다고요? 떨어지기 쉬운 모양이 되죠.

그래서 가을은 '폴(fall)' 입니다. 천지만물이 더 자라지 못하고 떨어집니다.

봄은 튕겨져 나오니까 스프링(spring)이잖아요.

그래서 밑으로 떨어져 버리는 작용이 이루어짐으로써 이 辛에 해당하는 것은, 텍스트에서는 '칼' 이다 '보석' 이다. 이렇게 이야기를 하는데 칼이나 보석이 아니라 이렇게 秋霜처럼 차갑고 끊는 기운을 의미합니다.

그래서 끊어버리는 것은… 이 잎을 누가 땄느냐? 이 잎을 누가 땄어요?

"자연이"

그렇죠, 자연이 땄다 이겁니다.

그래서 '별들에게 물어봐' 자연이 그랬다는 거죠. 자연이 그만큼 요리를 잘합니다.

이 많은 낙엽을 누가 다 땄느냐? 나무에 있는 잎들을 그 나무가 상하지 않고 사람의 손으로 잎을 다 딴다고 생각을 해 보세요.

사람의 손으로 하려면 몇 날 밤, 며칠이 걸려도 안 되는 것들을 그 과수원에 많은 나뭇잎들을 秋霜으로써 가을 서리 한번 뿌려서 꽁꽁 마르고 하니까 똑 떨어져 버리죠. 그래서 늦은 가을에 내린 서리와 같은 기운이 바로 辛입니다.

우리가 흔히 나이로 아홉수, 아홉수 하죠? 아홉수 하는 이유가 만물이 어떤 진행 단계에서 한 살, 두 살, 세 살, 넷, 다섯, 여섯, 일곱,

여덟에 이르면 뭔가 끊어지고 새롭게 가게 되죠.
 그래서 도토리도 늦가을에서 초겨울로 들어갈 때에는 어떻게 돼요?
 "떨어진다."
 '♬떼굴떼굴 도토리가 어디서 왔나~ 깊은 산 속 골짜기에서 굴러서 왔다~♬' 아이들 동요에도 있습니다.
 辛! 이것이 나이로 치면 8살이겠죠?
 아홉수에 변수가 잘 발생하는 이유는 무엇이냐면 만물의 진행 단계에서 8번째(辛)와 9번째(壬) 사이를 넘어갈 때 변화가 크더라는 것입니다.
 이 도토리가 어디에 매달려 있었어요? 처음에는 가지부터 출발해서 그 터를 떠나지 않죠. 그 몸체와 같이 자라나서 꽃도 피고 그 자리에서 열매도 맺죠. 그런데 이제는 여덟(辛)에서 아홉(壬)으로 넘어갈 때가 되니까 떨어져 버리더라는 겁니다.
 그래서 뭔가 분리, 이탈의 작용, 궤도 수정의 작용 이런 것들이 발생하기 쉬운 운동이 오더라는 것입니다.
 그래서 보통 흔히 나이 여덟 살, 아홉 살. 아홉 수, 열 수 할 때 이때 매달려 있던 도토리가 땅에서 떼굴떼굴 구르거나 어느 눈 섞인 흙에 파묻혀서 기다려야 합니다.
 이런 동작 단계로 들어가야 되므로 보통 아홉 수 이야기를 많이 하는 겁니다.
 그래서 보통 태어나면서 나이를 먹으니까, 甲년 11월생은 辛년 11월이 되어야 겨우 7살이 되죠. 실제 만 나이로 壬년 11월이 되어야 만 8살이 되면서 비로소 아홉수에 들어갑니다.
 甲년 1월에 태어난 사람은 어떻게 됩니까?
 壬년 1월에 만 8살 되자마자 바로 여덟 수(辛)에서 아홉 수(壬)로 들어가죠.(甲년 11월생은 아홉수인 壬년을 2달 겪고 癸년으로 넘어가니 아홉수의 영향을 적게 받을 것이고, 甲년 1월생은 아홉수째인 壬년을 12달 겪어야 하니 아홉수의 영향을 더 많이 받을 것입니다.)

그러니까 흔히 아홉수라고 하는 이 나이에 걸려서 변화가 많이 드러나기 때문에 우리가 흔히 아홉수, 아홉수 이렇게 이야기를 합니다.

보통 易學을 공부하는 사람들은 아홉수 그런 거 다 필요 없다 이런다고요.

五行이나 잘 연구하면 된다고 합니다.

실제로는 그것이 아니고 천지만물이 다 이렇게 여덟 번째의 운동을 마치고 나면 아홉 번째에는 궤도의 수정이나 이탈의 동작이 많이 가해지기 때문에 이 시기에 변화가 많이 발생한다는 겁니다.

그래서 辛을 보면 뭘 떠올려라? '아~ 늦은 가을이다', '秋霜이다' 이날에 태어났다면 그 생각이 예리하겠다? 어리버리하겠다?

"예리하겠다, 정밀하겠다."

일을 마구 벌이는 걸 좋아하겠다? 그 반대다?

"반대다!"

그러니 정밀하고 세밀하고 아주 계산적인 인자가 강한 것이 이 辛의 작용이라는 것입니다.

그다음에 壬은 초겨울에 들어가죠.

초겨울에 이루어지는 운동이 뭐예요? 이제는 더 이상 활동을 펼쳐내지 못하고 갇혀 있는 겁니다. 보통 글자의 어원적으로 보면 지상에 陽氣 일점(一點)을 갖고 있는 모양이거든요.

그다음에 여기에 계집 여(女)자를 붙이면 '임신하다'고 할 때

회임(懷妊)한 거죠. 품어서 임신하고 있는 모양입니다.

임신하고 있는 것은 팍 벌릴 수 있다? 없다?

"안 되잖아요!" 그러면 애 떨어지잖아요. 딱 보듬고 있어야 됩니다.

그래서 어떤 기운을 자기가 보듬고 껴안고 뜻을 숨겨서 엎드려 있는 상태가 壬자의 뜻입니다.

壬자는 8과 9가 넘어감으로써 이날에 태어난 속성을 가진 사람은…
예를 들어서 壬 날 태어난 사람들의 특성을 봅시다.

甲, 乙, 丙, 丁, 戊, 己, 庚, 辛 이놈들은 똑같은 나무에 주렁주렁 매달려 있는 기운들과 같았죠. 그런데 저 혼자만 톡 튕겨 나가서 땅에 떨어져 가지고 있죠.

甲, 乙, 丙, 丁은 나무 안에서 작용하고 있잖아요.

그런데 壬은 뭐예요? 저 혼자만 똑 떨어져 나가서, 혼자서 '나는 나만의 세상을 새로 이루리라' 이렇게 합니다.

그러니 壬일에 태어난 사람들은 보통 그 집안에 가 보면 '가문에 없는 자식'입니다.

예를 들어서 형제들 다 공직에 있고, 교직에 있고, 아주 안정적인 직장에 다니는데 저 혼자 나가서 사업한다고 삐리삐리 하고 있는 겁니다.

　이런 것이 壬일의 속성입니다. 시집, 장가가서 다 고만고만하게 가정을 이루고 사는데 저 혼자만 이혼한다고 지랄하고 가문에 없는 자식이라더니… 그렇죠?

　그런 속성이나 운동이 잘 이루어지는 것도 바로 이런 壬의 글자입니다.

　텍스트에도 아주 깊이 공부를 하다가 보면 壬이 그런 가문에 없는 짓을 한다고 간혹 나옵니다.

　아주 좋은 텍스트에 나오는데 그 이유를 아무리 생각해도 모르겠다 이거예요.

　'왜 이렇지? 왜 이런 해석을 할 수 있지?'

　그러던 중에 甲, 乙, 丙, 丁, 戊, 己, 庚, 辛, 壬, 癸를 '아~ 이런 자연의 기운을 표시하는 것이구나!' 라고 깨닫고 보니까 '맞네, 저 혼자 떨어져 나가서 저 혼자 웅크리고 있는 놈이니까' 이해가 되더란 말입니다.

　다른 사람들은 밥상 앞에 이리로 보고 앉아 있는데 저 혼자만 등 돌리고 앉아 있는 겁니다.

　이게 壬자의 기상입니다. 그런데 저 혼자 꿍쳐 있을 수밖에 없다는 말은 남들하고 차별화된 가치 있는 물건을 쥐고 있든지 남들이 보지 못한 세계를 봤다는 말이죠.

　그렇기 때문에 壬(웅크리고 뭔가 지킬 것이 있다는 것)은 이 세상에 가치 있는 것을 모으는 힘이 강하다는 것도 됩니다.

　그래서 이 壬이라는 글자는 보듬고 숨기는 작용이기 때문에 대체로 재물을 이루는 데에는 좋다는 거예요.

예를 들어서 壬자가 天干에 2개, 3개가 거듭하여 있으면 부자가 될 인자가 많다고 보는 거죠.

그다음에 壬자는 계절적으로는 겨울이고 하루의 시간으로 본다면 밤이잖아요. 그래서 陰의 길이가 긴 밤에는 앞이 잘 안 보이니까 더듬잖아요.

그래서 더듬는 행위를 잘한다는 말은 자녀 생산이나 애정의 인자도 됩니다.

뭔가 잡았다고 하면 당겨야 된다. 이거죠. 잡으면 당겨야 되는 힘으로 작용을 하는 거죠. 그러니 아기들이 뭘 떨어뜨리면 쥐려고 하잖아요. 그래서 어두운 상태에서 뭔가 잡아야 되잖아요. 그래서 잡는 행위, 집는 행위 이런 것인데 이런 것들이 많이 발달 되어있는 사람들 가운데 이 壬이 있습니다.

그래서 간혹 도둑놈으로 오해받잖아요.

자꾸 남의 다리를 잡는다든지 남의 물건을 잡으면 이 잡는 동작이 강화되어 있기 때문에 도둑놈으로 오해받고 보통 평상시 성격에서는 좀 음험하다고 오해를 많이 받습니다.

이렇게 텍스트에서는 결과물만 나와 있습니다.

결과물만 가지고 이야기를 하니까 도대체 이게 뭐 부자가 될 가능성이 많다고 해놓고 갑자기 음험하다고 해놓고 또 가문에 없는 놈이다. 써놓고…

그 뜻이 연결이 안 되잖아요. 그런데 그 계절과 기운에 의해 이루어지는 동작, 행동, 양상 이런 것을 이해해 두면 실제 운명적으로 해석하는데 얼마든지 응용이 가능합니다.

이것을 무지막지하게 외워가지고 운명 감정을 하려고 하면 안 됩니다.

이런 기운으로 이 사람에게는 적용이 되고 있구나. 이런 기운 때문에 이런 행동이 강화되고… 이런 식으로 서서히 확장성을 가질 수 있어야 된다는 거죠.

초겨울에 壬자가 그런 작용이 있다는 것을 봤습니다.

이 辛에서 壬으로 넘어갈 때는 이미 겨울이 짙어지고 壬에 보통 冬至가 걸려요. 계절적으로 冬至에 걸려서 冬至를 넘어서부터 해는 길어지기 시작하나 지상(땅)의 환경은 冬至가 지나도 여전히 춥습니다.

癸는 완전히 늦은 겨울입니다.

이 추운 겨울에 이제는 쥐고 있다가 -壬은 막 주워 담잖아요- 줍다가 얼어버리는, 그래서 쩍 벌어져 버립니다.

壬은 빗물이 찹찹하게 얼어가는 상태라면 癸는 더 춥게 하니까 물이 얼면서 부피가 커져버리는 거예요. 그다음에 하늘에서 내리는 빗물이 쩍 얼면서 벌어지죠.

빗방울로 있는 것이 아니라 눈 마크로 쫙 벌어집니다.

이것이 무엇이냐면 陰氣가 다해가지고 陰氣의 끝 부분에 가서 도리어 陽운동이 발생하는 겁니다.

너무 꽉 누르니까 쫙 하고 벌어진다, 너무 춥게 하니까 벌어진다. 그런 상태의 운동을 가지고 있으므로 癸는 늦겨울을 상징합니다. 눈〔설(雪)〕이다 이거예요.

눈 모양을 조금 베껴 놓은 것이 癸의 모양이 됩니다. 壬하고 癸는 성격이 좀 다르겠죠.

壬이 조금 음험하다 한다면 癸는 음험하다? 깨끗하다? 이미 무엇이냐면 쥔 게 아니고 벌어진 것이니까.

그러나 다른 글자들에 비해서 아직 陽氣가 드러난 것이 아니니까 자기 뜻을 밖으로 세상에 확 드러낸 모양은 아니지만 '나만 깨끗하면 되지' 한다고요.

그래서 이날 태어난 사람들의 속성이라는 것은 깨끗함, 정직함 이런 것을 많이 주장하게 되는 것이 이런 글자의 작용 때문에 이루어집니다.

물론 木, 火, 土, 金, 水는 뒷날에 텍스트에 많이 설명되어 있기 때문에 그냥 이 순서대로 외워버리면 되지만 본래의 그 뜻을 이렇게 잘 정리를 해두시라는 겁니다.

자, 이런 것들이 팔자 해석에 어떻게 연결이 되느냐면 만약 어떤 사람이 庚일 날 태어났다면 어떤 작용?

책에는 陽에 속하는 金이니까 '大金이다' 이렇게 표현을 합니다.

실제로 陽에 속해서 대(大)자를 붙여 놓은 것이고 초가을의 기운을 만나 만물이 결실하여 응고하는 운동이니까 이런 사람들은 실력을 행사하고자 합니다. 실제 세상을 바꾸는 행동적이고 실제적인 것들을 추구하려는 운동이나 동작을 가집니다.

庚과 辛이 주로 實을 추구하려고 한다면 丙, 丁은 명분을 추구하려고 하겠죠?

丙은 명분을 추구해서 뭔가 이치에 맞아야 하고 여러 사람이 수긍할 수 있어야 하고… 이런 논리나 사회성이 강화되겠죠. 庚, 辛이 있는 사람은 상대적으로 실리를 추구하는 형으로서 행동하게 됩니다.

자, 그래서 우리가 十干이라고 하는 것을 이해하는 데 있어서 이렇게 기운적으로 한번 잘 정리를 해둘 필요가 있다는 것입니다.

각각 계절적인 배속은 어떻게 되느냐? 春, 夏, 秋, 冬이죠.

춘하추동이 五行적으로 어디 어디에 해당하고 뒷날에 가면 五行 배속에 있어서 방위로도 따지니 방위 정도는 알아 두세요.

木-동(東), 火-남(南), 土-중앙(中央), 金-서(西), 水-북(北)

火가 남쪽에 배속되는 이유는? 대체로 볕이 많이 들고 陽氣에 많이 노출되니 이곳이 남쪽이죠.

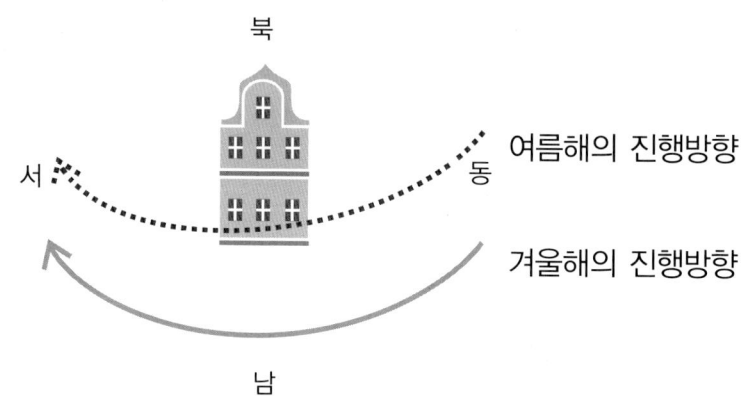

건물이 하나 있다고 칩시다.

해가 뜨고 지는 것이 어떻습니까? 동에서 해가 뜨고 서쪽으로 가죠.

그래서 남쪽에는 항상 더운 기운이나 밝은 기운이 모여들고 북쪽은 상대적으로 어둡고 추운 기운이 있어 여름에도 그늘이 지죠.

겨울에 해가 어떻게 지느냐면 삐딱하게 누워서 해가 져요.

그래서 겨울에는 해가 건물의 안쪽까지 비춰 들어가죠. 그러면 북쪽에는 더 많은 그림자가 생기겠죠.

여름에는 어떻게 되죠? 위에서 바로 비춰서 가니까. 북쪽에도 그림자가 줄어들겠죠. 그러니 여름에는 북쪽도 햇볕의 해택을 보죠. 쥐구멍에도 볕들 날이 있다. 그만큼 여름이 되면 불기운이 강화되고 陽氣가 지상에 골고루 펼쳐지는 기운으로 작용을 합니다.

방향으로는 대체로 남쪽이 겨울에도 밝고 더운 기운이 많이 비치게 됩니다. 그다음으로 가운데는 중앙이 되죠. 戊, 己가 중앙이 되어서 어느 한 쪽으로 많이 치우쳐 있지 않고. 五行적인 대세로 볼 때에는 陽氣가 대체로 많이 펼쳐진 것이 되는데 陰氣도 적당히 陽氣도 적당히 있는 거죠.

그다음에 庚과 辛.
가을은 해가 떨어지면서 비치는 곳이니까 서쪽에 해당합니다.
그다음에 壬, 癸. 북쪽은 차갑고 어두운 기운이 오랫동안 차지하게 되므로 그 방향을 따진다면 북쪽이 됩니다.
이런 논리로 보면 각 五行이라든지 干支의 배속이 쭉~욱 이루어집니다. 그래서 이런 표를 보시더라도 저런 원리로 곰곰이 생각을 해보시라는 겁니다.
왜 청색이라고 했을까? 색상으로는 木을 청색으로 배치해 놨거든요. 그러니까 산을 가만히 보니 겨울에는 밤이 길어서 거뭇거뭇한 시간이 많죠. 바짝 말라서 타버린 시간이 많아요.
그런데 봄이 되니 어떤 색이 나오더라? 압력을 뚫고 나오는 색깔이 초록이더라. 푸른색이 많더라는 겁니다.
그다음에 어린이의 눈을 보세요.
하얀 부분 있죠. 그게 어떻다고요? 아주 어린 아이의 눈을 보면 아주 파랗다고요. 희다 못해 파래요.
그다음에 눈(눈동자)이 뻘게지는 세월이 옵니다.
이게 이제 세상에 욕심이 생기는 단계거든요. 그래서 만물이 자기의 운동을 생각할 때 드디어 자기의 본래 색이 드러나는데 그 색상의 증거가 붉은색입니다.
뭔가 자기가 욕심이 생기면 눈이 뻘게지기 시작합니다. 눈에 불이 붙는다고 하잖아요. 불붙은 색깔.

그다음 여름에는 천지만물이, 울긋불긋해서 '붉다' 라는 상징성으로 많이 이야기를 하게 되는 것도 이 더운 기운에 반응하는 속성들을 이야기하는 것이죠.

그다음에 戊, 己는 누런색입니다. 대지의 색과 같다고 해서 대체로 황색을 대표합니다.

그리고 가을은 흰색으로 대체로 가을이 되면 서리의 색이 하얀색이죠. 가을의 색깔이 원래 '소(素, 희다)'에 가깝다고 보면 돼요. 누군가가 돌아가시거나 이별을 했을 때 입는 옷이 소복(素服)이잖아요.

잃어버렸다, 상실하였다, 끝났다 이런 뜻이거든요. 새로 받아들일 준비를 할 수 있다 이런 말도 됩니다.

그래서 도로의 흰색 선은 밟아도 된다? 안 된다?

"된다."

예. 밟고 다녀도 된다는 거죠. 상실의 색깔이면서 담담히 침범을 허용합니다. 그래서 여인을 꼬시려면 흰색 옷을 입은 여자를 꼬셔야 해요.

동양학이 무엇이냐면 비유취상(比喩取象)이거든요.

비유취상(比喩取象) 한다는 것은 뭔가 그 사물이 가지고 있는 것을 색으로써, 상으로써, 상태로써 그것을 취해 와서 어떤 상황으로 진행되고 있다는 것을 유추한다는 것이죠.

일종의 징조! 징조가 일어나는 것을 봤을 때 왜 저 여인이 오늘 하얀 옷을 입었을까? 왜 머리카락을 잘라 버렸을까? 그게 무엇이냐면 그 동작이나 행위 또 이루어진 모양을 보고 거기서 뭔가 징조를 취해오는 일이라는 것입니다.

그것이 일반적이고 여러 편에 쓰이는 방법이에요.

그래서 四柱八字라는 것은 무엇이냐? 일종의 비유취상(比喩取象)이라는 말입니다.

왜 이놈이 하필 이런 글자가 하늘과 땅에 뿌려져 있을 때 태어났을까?

그렇다면 이것은 필시 이것을 닮은 놈이 나올 것이니 그걸 가지고 점을 쳐나가는 겁니다.

그러니까 봄에는 쑥이 나고 가을에는 밤이 열리더라는 겁니다.

밤이 열리는 계절에 태어난 놈은 밤 열리는 기운과 닮은꼴이 많이 있다는 겁니다. 그때는 쑥이 나는 계절은 아니라는 것이죠.

그래서 그런 기운에 얽매어 놨으니 징조가 밤송이 같은 놈이구나. 이걸 아는 거죠, 글자가 이루어진 체계를 통해서. 또 가을의 기운에 해당하는 색상은 백색이라고 본다는 겁니다.

그다음에 겨울은 검은색에 해당합니다.

'水는 五行적으로 물 아닙니까?' 저한테 이렇게 도로 물어봅니다.

水가 물을 말하는 게 아니라고 했죠.

대부분 다 여기서 연결고리가 약해요. '물이 검은색이라고?' 이러면서.

그러다가 '일단 외우자' 해서 외운단 말이에요.

水가 물을 말하는 것이 아니라 水의 속성이 비교적 많이 드러나 있는 속성이 물이라는 겁니다. 그런 의미에서 물을 말하는 것이지 五行에서 말하는 水를 물이라 말하는 것이 아닙니다.

이 水라는 것은 어둡고 추운 기운, 차갑고 엉기는 기운 이런 것을 말합니다.

이 水의 뜻은 결국에 뭐가 된다고요?

"검다."

그렇죠.

겨울이 되면 밤이 길고 낮이 짧고 그래서 천지만물이 다 거뭇거뭇한 모양, 거뭇거뭇한 시간이 많더라는 거죠.

그래서 그런 것을 취해와가지고 청(靑), 적(赤), 황(黃), 백(白), 흑(黑)이다.

뒤에 어떤 텍스트를 보시더라도 五行 배속표에 보면 방위, 색상 등등 여러 가지가 다 배속이 되어 있는데 그 원리를 어렵게 생각 하지 마시고 제가 오늘 강조 해 드린 것을 떠올리시라는 겁니다.

甲을 생각할 때 木으로 생각하지 마시고 초봄의 기상으로 생각하시라. 그래서 甲일에 태어난 사람은 뻣뻣하겠다? 융통성이 많겠다?

"뻣뻣하겠다."

왜? 이게 木이지만 木이라는 자체가 갖는 성질은 곡직(曲直)이에요.

구부러지기도 하고 위로 솟아오르기도 하고 뻣뻣하게 올라가기도 하고. 곡직지성(曲直之性)을 가지고 있기는 한데 甲은 무엇이냐? 자기가 뜻을 한번 내세우면 그게 맞든 틀리든 자기 뜻을 잘 굽히지 않습니다.

따라서 어떤 결과물을 만들지 못했을 때에도 자기가 쉽게 하는 동작은 뭐예요? 뭔가 닫혀 있던 것을 뚫고 나가는 것이니까 '그 이야기 이제 그만하고 새로 이야기하자' 이처럼 새로이 자기 뜻을 쭉 밀고 나가는 사람들 있죠?

그런 걸 잘 쓰는 사람이 甲木의 속성입니다.

그러면 乙木은 무엇이냐? 乙木은 초목이 예쁘게 싹을 틔우는 과정이에요. 그러니 그 성격이 유순하다? 뻣뻣하다?

"유순하다."

똑같은 木이지만 그래서 사실 차이가 큽니다. 이걸 똑같이 木으로 묶어서 생각하지 마세요.

그러니까 乙은 유순하면서 조화력이 있는데 반대로 庚과 辛은 무엇을 한다? 실제로 가서 엎어버려야 된다, 실행해야 한다는 의미라면 乙木은 뭐예요? 실행(實行)이 아니라면 뭘까?

"말도 못하나? 이건 말(言)이다. 말!"

"아, 乙은 말과 관계가 많이 되어 있구나!" 그래서 乙일에 태어난 사람은 말로 먹고사는 세월이 옵니다.

과외수업이라도 해보든지 학교 선생님이라도 해보든지 어쨌든 간에 말로 먹고사는 세월이 온다는 겁니다.

그러한 동작이나 행위가 강화되어 있다는 것입니다.

그래서 그런 사람들을 우리가 간단간단하게 점을 볼 때, 乙을 보는 순간 "아이고~ 말로 많이 먹고살았네!" "예~맞습니다. 제가 과외수업을 한 거 아니겠습니까!"

그러한 속성을 취해 와서 그런 거예요.

자, 확장에 파생하는 것은 우리가 사주해석을 할 때 해보기로 하고, 일단은 계절로써 이 기운을 잘 이해하시기 바랍니다.

제8강

12地支의 의미

제8강
12地支의 의미

 어떻게 보면 사주 해석의 약 80% 정도가 地支에 대한 이해에서 시작된다고 보시면 됩니다.
 10天干이라고 하는 干의 모양새가 갖는 기운이나 영향과 12地支가 갖는 기운의 영향에서 실제 실생활에 이루어지는 일들 대부분이 12地支라는 글자로 이루어지는 조화나 관계에 의해서 설정이 되는 것입니다.
 그래서 여기에 대한 이해가 팔자 해석에서 열쇠가 되는데요. 12地支 정도는 아시죠? 모르시면 이제 외우면 되는데, 이것도 웬만하면 한 이틀이면 외웁니다.
 자, 자연운동이라고 하는 것이 어떻게 이루어지고 있다고요?
 子, 丑, 寅, 卯, 辰, 巳, 午, 未, 申, 酉, 戌, 亥라고 하는 干支나 글자들의 움직임에 의해서 조화가 이루어지는데 亥, 子, 丑이라고 하는 것이 계절적으로는 겨울에 속하고 겨울이 끝나고 나면 寅부터 다시 봄이 됩니다. 그런데 왜 天干은 甲, 乙부터 봄의 시작으로 해놓고, 왜 地支는 子, 丑부터 시작해놓았을까요?
 이 子에 뭐가 섞여 있느냐면 冬至가 있습니다.

冬至 아시죠? 그러니 겨울에 확실하게 이르렀다는 것은 해 길이가 가장 짧아지고 밤 길이가 가장 길어지더라는 거죠.

冬至를 넘어서기 시작하면 – 이 子月에 동지가 있는데– 이때부터 해 길이가 길어지기 시작하죠.

그런 것 때문에 陽氣가 펼쳐지기 시작하는 것이 子에서부터 시작됩니다.

그런데 冬至 지나고 섣달 지나죠? 동지섣달이 다 지날 때까지 땅은 얼어있고 굳어 있죠.

그래서 제대로 겨울이 끝나고 봄이 시작되지 않더라. 이거예요.

그래서 자연의 기운적인 측면에서 子는 陽氣가 늘어나는 첫 번째 단계에 있는 것은 분명한데 이 지구 위에 실질적인 계절은 아직도 춥고 어둡더라는 거예요.

따라서 봄이 어디에서 열리냐면 寅에 이르러서인데 이 寅에 이르는 것은 달로는 正月로 씁니다.

그래서 '春 正月' 이잖아요!

또 卯가 2월이 되고, 辰이 3월이 되고… 자동으로 亥가 10월이 되고 子는 11월, 丑은 12월이 되겠죠.

그래서 음력 11월에 다시 冬至가 들어있고 이것과 제일 반대편에 있는 글자가 地支로는 午고 음력으로는 5월이 되죠.

음력 오뉴월 염천이라는 말 합니다.

오뉴월 염천인 午월 중에 夏至가 있어 해 길이가 가장 길어지고 밤 길이가 짧아지더라. 이거죠.

그래서 낮 길이, 밤 길이를 생각한다면 子부터 기운이 표현되는 것은 맞지만 지상에 실현되는 것은 正月달부터 봄이 실현됩니다. 아시겠죠?

그다음에 우리가 한꺼번에 무리를 지어서 왕창 이해하는 방법은 寅, 卯, 辰이 계절적으로 봄에 속하는데 寅, 卯를 五行적으로 '木'이다고 이렇게 두고 혼자서 계절의 끝 부분에 있는 놈들(辰, 未, 戌, 丑)이 있어요. 봄 계절에 끝 부분에 있는 놈이 辰입니다. 이것이 土에 속하거든요.

土의 의미라고 하는 것은 五行이나 相生相剋을 배울 때 제가 개념을 가르쳐 드릴 테니까 지금은 '土구나' 정도로만 아시면 됩니다.

巳, 午, 未가 무리를 지어서 여름에 속합니다. 여름이 五行적으로 어디에 속했더라? 火에 속하고 끝 부분에 있는 놈 未는 土에 속합니다.

申, 酉, 戌은 음력 7월, 8월, 9월이죠.

음력 7월, 8월, 9월은 가을에 속하고 申, 酉는 五行적으로 金에 속합니다. 가을은 딱딱하게 굳어지는 결실의 계절이라고 했죠. 金의 기운이 강화되어있습니다. 그다음에 맨 마지막에 있는 놈 戌은 土에 속합니다.

亥, 子, 丑은 겨울이 석 달 동안 차지하고 있는 이 기운이 五行적으로는 水에 속하고 그다음에 끝에 있는 놈 丑은 土에 속합니다.

이 土라고 하는 것은 여러 가지 개념으로써 정립이 됩니다만 相生相剋에서 이 '土'라고 하는 것은 어떤 기운을 닫아주고 열어주는 중매자로서, 크게 봐서는 陽운동과 陰운동의 중매자거든요.

그리고 地支에 내려와서는 이 土의 작용이 陽, 陰을 열고 닫고 하는 기운이 아니라 어떤 기운이 더 이상 넘어가지 못하도록 하는 겁니다.

그래서 어떤 기운은 닫아주고 다음 계절이 열릴 수 있도록 하는 역할을 합니다.

뒤에 공부가 좀 더 진행되면 아시겠지만, 이 辰은 춘삼월인데 춘삼월에 이루어지는 뭔가 土의 작용이 있는데 辰은 봄의 끝자락에 있죠? 봄의 끝자락에 뭔가 장치를 하고 나니까 그다음 계절이 뭐가 와요? 여름이 오죠.

그러면 여름이 오는 것을 확실하게 해주려면 무엇을 종결시켜야 되요?

"봄"

봄을 종결시키고 계절적으로 여름의 반대 계절은 뭐예요?

"겨울!"

겨울이죠. 겨울이 여름까지 넘어오면 안 되니까 겨울이 못 넘어오도록 막는 작용을 하는 겁니다.

그래서 봄바람에 무엇 녹듯?

"눈 녹듯".

이렇게 해서 겨울이 서서히 사라지잖아요.

겨울을 상징하는 것이 눈이라면, 봄바람에 눈을 녹이는데 이제는 뭐예요?

밤낮으로 눈이 내리지 않고 얼음이 얼지 않도록 겨울을 완전히 마감시키는 작용을 하는 것이 이 봄에 와 있다는 것이죠.

그다음에 여름의 끝 부분에는 그다음 가을을 열어줘야 되잖아요. 그러면 가을에 봄바람이 불면 안 되잖아요? 가을에 봄바람이 불지 않도록 하기 위하여 봄을 완벽하게 그다음 계절의 끝 부분에서 닫아주게 되어 있다는 거죠.

가을에 열매를 맺고 있는데 싹이 다시 나는 거 봤어요? 그러면 어떻게 돼요? 자연의 질서가 완전히 엉망이 되겠죠.

그래서 열매를 맺을 때에는 열매 맺을 수 있도록 싹이 더 밖으로 벌어지지 않도록 완벽하게 닫아주는 역할을 하는데 그 작용을 여름의 끝 부분에서 이미 해 주고 있더라.

마찬가지로 가을의 끝(戌)에 여름이 침범하지 않도록, 가을의 끝에 여름의 기운이 겨울까지 넘겨지지 않도록 완벽하게 닫아주는 작용을 하는 것이 있더라는 겁니다.

陽 ｜土｜ 陰　　陰 ｜土｜ 陽

어떤 기운을 닫아주고 다음 기운을 열어주는 작용을 하는 이것을 일종의 '土用'이라고 합니다. 土의 쓰임새다, 土의 작용이라고 보는 것입니다.

이처럼 土의 작용이 각 계절의 끝 부분에 놓여서 작용하게 되더라는 거죠. 뒤에 가면 이것을 地支 배속으로써 五行적으로 바꿨을 때에는 이렇게 바꿔 씁니다.

辰은 봄에 있지만 土로

未는 여름에 속하지만 土로

戌은 가을에 있지만 土로

丑은 겨울에 있지만 土로

丑은 겨울에 있지만 봄을 열어야 되잖아요. 봄을 열어야 되니 무엇을 확실히 닫아줘야 되요?

"가을!"

그렇죠. 가을이 봄까지 넘어가지 못하도록 가을의 단단한 기운을 허물어 주는 것입니다.

가을에 떨어진 감을 그냥 주워 먹지도 않고 놔두면 동지를 지나고 섣달이 지나고 얼었다가 풀렸다가 얼었다가 풀렸다가 그렇게 섣달에 가보면 봄 되기 전에 시커먼 감 봤습니까? 색깔이 시커멓게 해가지고. 이 공부를 하려면 실제로 농사를 한번 지어봐야 됩니다. 일 년 농사를 한번 지으면요, 자연의 기운이 오고 가고 오고 가고 하는 것을 완벽하게 알게 됩니다. 이런 地支에 대해서도 알게 됩니다.

丑, 이때 가면 어떻게 되느냐면, 섣달에 등산 안 해 보셨죠?

이 공부에서 득도를 하려면 어떻게 해야 되는지 압니까? 어떤 마음으로 해야 되느냐?

노랫말 중에 이런 것이 있습니다. '물어보리라 몰아치는 비바람을 철새에게 물어보리라~'.

조용필 아저씨가 부른 노래죠. 물어보리라 몰아치는 비바람을 철새한테 물어보리라. 이게 사실은 詩心하고 같은 겁니다.

이 詩心의 옆집에 뭐가 있느냐?

詩心보다 조금 더 궁리하는 것이 道心이거든요. 道 닦는 마음입니다. 왜? 왜 그럴까? 왜?…

그래서 깨달음으로 가는 것이고, 詩라고 하는 것은 뭐예요?

道心을 갖게까지 하는… 인간 한계까지만 표현해도 되고 인간 한계 속에서 우리가 볼 수 있는 세계. 이것을 표현한 것이 詩입니다.

시에는 군이 구원의 메시지가 없어도 좋아요. '아~가을이여 또 낙엽이 진단 말인가?'

그런데 道心은 까닭을 알아야 됩니다. 道心은 무엇이냐면 '추풍이 그랬다 말하리라'.

그러면 이게 가을바람에 원인이 있었다는 것을 알았다는 말인데 道心의 詩는 거기까지 가야 되고 이 도인의 마음을 가지고 세상을 봐야 된다고요.

'죽은 시인의 사회', 이런 거 들어봤습니까? 영화 제목인데 그러니까 詩心을 잃어버렸다는 게 무엇이냐면, 詩에는 대자연이 너무나 많아요. 제가 詩 전문가는 아니지만 詩의 대상이라는 것은 무궁무진해서 인간에서 대자연까지 모두 관찰 대상으로 삼는 것은 똑같죠.

그런데 道心은 무엇이냐면 '까닭' 입니다.

까닭은 모르더라도 詩라고 하는 것은 인간과 자연이 보여주는 모든 세계를 함축해서 표현해도 詩가 되고 그다음에 나름의 결론으로 이끌어 나가도 詩가 됩니다.

그렇게 이 詩의 마음을 가지고 세상을 물어야 된다는 겁니다. 그런데 전부 다 먹고사는 문제에 매여가지고 뭐 눈에는 뭐만 보인다고요?

관심이 무엇이냐면 돈이나 부귀영화 이런 거에만 관심이 있는 거예요. 물론 이 부귀의 인자를 잘 관찰하는 그 자체도 득도로 갑니다. 왜냐면 그것도 자연의 한 부분이니까요. 자연의 부분을 확고하게 "나는 돈의 이치를 깨달았다!" 이 사람은 자연의 이치를 일부분 깨달았든지, 전체로 통하는 일이관지(一以貫之)로 깨달았든 하나의 이치로써 꿰뚫을 수 있습니다.

그러면 돈에 대해서 연구를 했는데, 결론은 무엇이냐?

"마음대로 안 된다."

마음대로 안 된다는 것을 결론으로 친다면 이것도 하나의 돈을 통해서 터득한 이치라는 말이에요. 그렇다면 내가 여인을 사랑하는 일도 내 마음대로 안 될 것이고 그다음에 어떤 일을 이루는 것도 내 마음대로 되지 않을 것이라는 겁니다.

이렇게 뭔가 하나의 이치로써 전체를 꿰뚫을 수 있는 힘이 발생하는데 이 道 닦는 마음으로 가려면 詩心 하고도 비슷해야 됩니다.

그래서 우리가 등산할 때 날씨를 보는 사람도 있을 것이고 산을 보는 사람도 있을 것이고 자기 기분을 보는 사람도 있을 것인데… 본다고 하는 것은 굉장히 중요합니다.

그러니 易學에서도 마찬가지로 리더(또는 가이드)가 어떤 측면으로써 易學을 어떻게 접근시키느냐가 하나의 선입견을 줘버리는 거예요. 큰 선입견을 주거든요.

옛날 훈장식 서당에 가면 무조건 외우라고 합니다.

"子, 丑, 寅, 卯… 외워라. 寅, 卯는 木이다. 알았지?" 이렇게 해서 이 글자가 가지고 있는 측면만을 강요하거나 가르치면 그 생각에 딱 갇혀버린다는 거죠.

생각에 갇히는 순간부터 상당 세월 동안 똑같은 산을 다녀도 자기가 보는 것은 가이드가 보라고 하는 어떤 것만 보게 된다는 겁니다.

그런데 자기가 가지고 있는 마음이나 상태에 따라서 산은 계속 변할 수 있죠. 산은 그 산인데 올라갈 때마다 다릅니다. 왜냐하면 마음이 열려있기 때문이에요. 그 마음으로 이 공부를 해나가야지만 자기 나름대로 이치를 정립하게 됩니다.

그러니까 어른들끼리 보면서 "이야~ 경치 좋다! 한잔 먹자." 이렇게 해서 가는 사람도 있을 것이고 또 어린애 중에는 모든 게 새로워서 산을 다 제각각 관찰했을 것입니다.

등산을 마치고 내려와서 "그대가 무엇을 보았는가?" 물어보니까 "단풍이 멋지더라!" 이러거든요? 자기가 본 것은 단풍이다. 이 말이에요. 산 전부를 본 것이 아니잖아요.

대자연이라는 것은 그처럼 자기가 눈을 여는 만큼만 이 자연이 보여진다는 거예요.

그러니까 이 학문의 이치도 마찬가지라는 겁니다.

이 학문의 이치를 가르쳐 주는 선생이 처음에 선입견을 심어줍니다. 하나의 생각이 못 바뀐 채로 한 10년씩 공부하면요. 제가 이론적으로 설명을 하잖아요? 그런데 이 분은 생각이 완전히 굳은 상태이니까 유연성이 없어서 결국 뒤에 가면 모르겠다고 하시거든요.

"응? 그게 무슨 말이냐고? 그런 식의 해석은 나는 납득이 안 된다!"

그러다 보면 저는 속만 태우다가 "아이고, 그렇게 살아라!"

왜냐면 굳은 '耆'니까, 굳은 '耆'는 그렇게 살아야 합니다. 그 굳은 耆를 움직이려면 폭탄 때리든지 해야 굳은 耆가 움직이잖아요. 그런 식이니까 도저히 힘들어서 안 되는 거죠.

그러니까 제가 이 글자들의 어떤 작용이나 관계를 설명하는 것에 있어서도 오히려 어린이 마음으로 산을 올라가면 여기에 토끼 닮은 바위도 본다니까요.

그런데 토끼 닮은 바위를 못 본 가이드가 이 산에는 "멋진 바위가 하나가 있다, 이 바위가 멋집니다." 하면서 "고개 돌려!" 하는 순간에 토끼 닮은 바위는 사라져버리는 거예요. 본인은 인식하지 못했으니까.

그런 것처럼 이 글자들도 '이게 木입니다' 고 고정시키는 순간부터 여러분들의 생각이 거기에 딱 꽂혀서 더 이상 발전하지 못한다는 겁니다. 또 그 습성이 그대로 따라다닙니다.

그래서 그 습성 때문에 제가 죽다가 살았잖아요, 속이 터져서요. 그게 1984년도부터 본격적으로 이 공부를 해가지고 3년을 거의 미친놈처럼 책을 읽었어요. 그때는 머리도 반짝반짝하니까 모조리 외우는 거예요. 이해 안 되면 외우고 밑줄 쫙 그으면서 외우고 또 외우고 이러면서, 설명을 해보라고 한다면 만 가지 설명을 하겠는데 그래도 하나로 엮을 만한 논리가 없더라는 거죠.

처음에 子, 丑, 寅, 卯 배울 때 잘 배워두어야 된다는 말입니다.

그래서 제가 책을 불살라 버렸어요. 불살라 버리고 차라리 모래톱에 앉아서 별들에게 물어보리라 하는 마음으로 보니 제가 실제로 그렇게 해가지고 뚜껑을 열었다니까요! 뚜껑을 열어보니까 옛사람이 남긴

말의 '木'이 나무가 아니고 '火'가 불이 아니였다는 걸 알았어요!

　그래서 제가 1987년도 7월에 뚜껑을 열고나서 너무나 큰 희열에 차서 잠을 못 잤어요. 왜 희열에 찼느냐면 까닭을 몰랐다가 까닭을 알고 나니 거기서 오는 자유라는 것이 있다는 거죠. 잃어버린 열쇠를 찾은 것처럼요.

　그래서 이걸 뭔가 손에 쥐어주고 싶은데 듣는 사람들은 또 책을 보고 와서 '선생님~' 이러면서 책 습관 있잖아요? 거기에 갇혀있는 거에요.

　그래서 제가 처음부터 아예 이 공부 안 가르치고 싶다니까요. 책에 있어서 제가 할수 없이 쓰기는 쓰는데 "에이, 이러면 간단한데 선생님, 木/火/金/水 이렇게 해서 사이마다 土, 土, 土 이렇게 붙이면 간단하잖아요~"

　제가 이렇게 이야기하는 건 복잡해 보이고 이건 간단하잖아요?

　그러니까 이걸 빨리 배워가지고, 어떻게 써먹는지를 빨리 배워야지 이렇게 생각한다고요. 절대 그게 학문을 크게 터득하는 것이 아닙니다.

　예를 들어 '자(子)' 라고 하는 것은 그냥 '겨울(이 겨울이라고 하는 개념도 설명이 충실하지도 않지만)에 속한다' 이렇게 해놓고 '水' 라고 써놨어요.

　그러면 이 春夏秋冬은 거저먹는 것이니까 그렇다 치고. 이 子를 보는 순간에 '水'에 빠져버린다고요. 이게 골병드는 길입니다.

　그러니 왜 子라는 글자를 두고 왜 水라는 글자를 또 뒀을까? 글자의 의미가 다르니까 글자를 다르게 두죠. 의미가 똑같으면 하나만 두겠죠.

　비슷한 말이라고 하는 것은 많이 있을 수 있는데 원래 의미가 달랐기 때문에 다른 말을 썼습니다.

'거무튀튀하다' 하고 '검다' 하고 다르니까요.

그런데 우리는 '거무튀튀하다'나 '검다'나 똑같이 검은 것이라고 생각하는 겁니다. 이렇게 묶어 버림으로써 '거무튀튀'에서 오는 그 원래적인 의미를 우리는 잃어버리는 거죠.

그래서 이것을 잃지 않기 위해서 제가 이 부분을 가지고 시간을 많이 할애해서 물고 늘어지고 있는 것이니까요. 이 부분을 잘 생각해 보세요.

이런 글자들을 곰곰이 생각해 보면 분명히 이 글자들은 자연에 있는 운동을 보고 옮겨놓은 것인데 도대체 어디에서 발견을 할 것이냐? 농사를 한 번 지어보면 확 안다니까요.

아까 이 소 丑자 할 때 겨울에 등산 안 해봤냐는 말은 그겁니다.

겨울에 논바닥 있죠! 추수를 다 마쳐버린 논바닥을 걸으면 무슨 소리가 나는 줄 압니까? 뽀득뽀득 소리가 나요. 눈이 안 왔는데도 뽀득뽀득 소리가 나요. 그거 설명을 하려고 여기까지 설명했습니다. 詩人 나오고 道人 나오고… 다 나왔다니까요.

그 섣달에 뽀득뽀득 소리 날 때 지나가다가 큰 감나무 밑에 떨어진 감을 보면 12월에는 감 껍질이 흐물흐물 해가지고 새까맣게 짙은 고동색으로 되어서 반쯤 찌그러져 있어요.

힘도 없고 그 가을에 팽팽했던 모양을 잃어버리고. 그래서 안을 까보면 홍시가 되어서 흐물흐물해져 있어요.

그런 게 무엇이냐면 丑이 가을을 (가을은 단단하게 굳어지게 한다고 했었죠?) 허물어 버리는 겁니다. 그럼으로써 안에 있는 씨앗(감씨)에서 다시 고개가 올라온다. 그게 다시 봄이 시작되는 거예요. 그러면 왜 겨울에 논바닥은 뽀득뽀득 하느냐? 가을에는 金의 기운에 의해서 누르고 굳힌다는 말이에요. 누르고 굳히고 목 조른다는 말이에요.

목을 졸라야 또 그렇게 모여서 열매가 되잖아요. 그런데 그것을 어떻게 하느냐면 해체 시켜버린다. 들뜨게 만드는 거예요. 실제로 자연 시간에서 본다면 눈비가 내려서, 흙에 베어 들어갔다가 그놈이 얼면서 빠짝빠짝 일어선다고요.

아주 심한 경우에는 시골에 가보면, 논 말고 산길 이런 데 가다가 보면 흙이 들떠가지고 있어요. 그 밑을 살짝 떠보면 얼음 기둥처럼 이렇게 빠짝빠짝 서가지고 있다니까요.

흙 속으로 눈비가 녹아 들어가 그 안에 얼어서 흙이 들뜹니다. 위에서 더 눌러서 꼭 다지지 못하도록 들띄워 버리는 작용을 합니다.

그러니까 丑을 이렇게 단순하게 五行을 배워서 "土가 金을 生한다고 하던데요?", "土生金인 데요…." 이러면 이제부터 꽝입니다.

그러면 丑하고 酉가 하나 있다고 칩시다.

時	日	月	年
		酉	丑

命

이런 글자들은 뒤에 사주를 보면 나오겠죠, 干支의 모양이니까. 五行으로 바꾸면 丑이 土가 되고, 酉는 金이거든요.

그러면 木, 火, 土, 金, 水에서 뒷날에 다시 해 볼 겁니다만 이놈들끼리는 서로 相生을 한다고 나옵니다. 그래서 土는 金을 도와서 金운동을 활발하게 한다고 책에 나와요. 그래서 "丑土가 金을 만났으니까 이~야, 좋겠구나. 酉가 힘이 더 세지겠구나." 이렇게 해석을 하면 꽝이다 이거예요.

時	日	月	年	命
		酉	未	

똑같은 土가 있다 하더라도 未土는 봄을 닫아줘서 가을을 열리게 합니다.

未土도 土고 酉金도 金이거든요. 어쨌든 五行적으로 볼 때 봄을 꽉 막아주고 가을을 열어주는 작용을 합니다.

그런데 이 酉와 丑은 어떻게 됩니까?

時	日	月	年	命
		酉	丑	

土가 金을 낳는 모양이지만 五行으로 볼 때 내용상으로 다르죠.

金을 들뜨게 해버려서 제대로 金의 작용을 못하게 합니다. 그래서 글자나 이런 것을 五行으로써 익혀서는 안 됩니다. 기운으로 익혀야 됩니다.

"아, 그렇구나. 섣달에는 金이 제 모양을 제대로 지키지 못하고 오히려 약화 되는구나!"라고요. 그러니까 약화가 되니까 가을을 닫아주고 그다음에 봄이 열리니까.

그래서 대자연은 무엇이냐면 빗물을 띄우고 눈을 뿌려서 흙 속에 파묻힌 흙을 살~짝 들어 올리더라. 그래서 겨울에 보면 동파 되는 거 있죠?

金生水한다고 이랬는데 이게 相生이 되는 구조거든요.

그런데 수도 파이프가 금속으로 되어 있어요. 금속이 아니라도 그 용도가 잡아 가두는 거죠.

잡아 가둬서 다른 길로 못 빠져나가게 하는 거잖아요. 내가 원하는 대로만 딱 삐져나가게 하니까. 수도 파이프 이게 金이란 말이죠.

金이 水를 돕는다고 했는데 오히려 겨울이 되면 어떻게 돼요? 水가 얼어서 어떻게 돼요? "터져요." 그러니까요! 이 강한 水로 에워싸는 金을 파괴시켜 버립니다.

그러니까 겨울이 무르익어 제대로 겨울의 기운을 만나면 파이프가 터져버립니다.

相生이라고 하는 것은 서로가 돕는 관계에 있다는 뜻이거든요. '相生의 정치를 하자' 이런 말하잖아요. 서로 도와주고 낳아주는 이런 관계를 갖는 것인데 거꾸로 "水 때문에 金이 죽네!" 金이 깨져서 터져버리잖아요.

그러면 그때부터 개념에 혼란이 오는데 분명한 것은 '물(水)이 金을 죽이고 있더라'.

그래서 이런 해석을 가할 때 융통성이 생기려면 五行의 相生이라고 하는 보편적인 해석의 논리에 빠져서는 안 된다는 겁니다. 酉丑, 酉未 이게 무늬는 비슷하지만 이 두 가지는 각각의 해석이 다릅니다. 그게 아주 정확하게 분석을 하는 어떤 논법이나 이론으로 자기가 나름대로 잘 개척할 수 있는 거예요.

그런데 木 火 土 金 水 이걸 먼저 외워가지고, "木은 火를 낳고…" 이건 겨우겨우 외웁니다. 그래가지고 화살표 그리면서 또 2칸 건너가면 克이 되거든요. 안에서는 서로 克을 한다 이런 관계로 한참 배우는데, 이것에 빠져있으면 실질적인 자연 운동을 배우지 못합니다. 그래서 여기에 빠질 필요가 없다는 겁니다.

　이것은 보편적인 자연운동을 표현한 것을 의미하는 것이고 干支學에서는 바로 干支를 가지고 해석의 기초로 삼는 것이라는 것이죠.

　그래서 金生水처럼 똑같이 무리를 지어서 있는 것을 흔히 相生으로 좋은 것으로 배우지만 실제로 사주해석을 할 때는 그게 아닙니다.

　또 뒤에 가면 사주해석에서 보편적으로 많이 쓰는 것으로 이런 五行의 旺衰를 배웁니다. 五行이 왕하고 쇠한 것, 五行이 강하고 약한 것을 봐서 책에서는 이것을 조화시켜주는 것이 가장 좋은 것이라고 배우거든요.

　이렇게 배우는 이게 또 눈 하나를 더 빼버리는 거죠. 안 그래도 눈 하나가 희미한데 나머지 눈까지 또 빼버리죠.

　그게 무엇이냐면 五行旺衰 이것을 통해서 어떤 화(和), 조화를 얻고자 하는 뜻으로서는 분명히 저런 논리가 참 중요한 거예요. 약한 놈을 도와주고 센 놈을 누그러뜨리면 이것과 같다는 거죠.

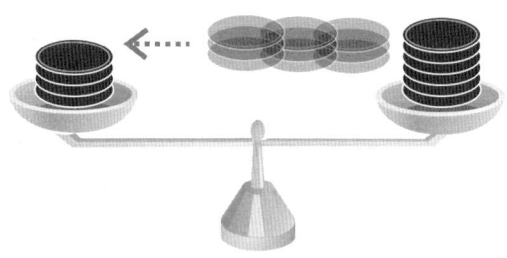

　이렇게 저울이 있으면 저울 한쪽이 무거우니까 이놈을 덜어서

반대쪽으로 주면 좋지 않겠느냐? 그러면 수평이 맞아서 좋지 않겠느냐? 이렇게 처음에 접근을 합니다.

그래서 그걸 들으면 처음에는 진짜 합리적인 듯하고 대단하다 싶어요.

이걸 가지고 모르는 사람들한테 가서 폼을 잡습니다. '너희 이거 五行이 뭔지 아나?' 그 모습을 보면 참 볼 만한데요.

하여튼 이런 어떤 논리를 터득하면서부터 이게 진짜로 대단하다고 자기는 확신에 차서 공부를 해요. 그런데 알고 보니까 그게 눈 하나를 빼버리는 공부였다. 이겁니다.

이 五行旺衰에 의해서 중화를 얻는 것이 자연의 밸런스를 찾는 데에는 의미가 있지만 이것이 귀천(貴賤)의 모두를 말하는 것이 아닙니다.

그러니 運命學이라는 것은 인간에게 기본적으로 부여된 부귀빈천의 양상 그다음에 수요장단의 양상 그리고 이것이 조화를 가지기 위한 조건을 찾기 위한 건데 이것을 地支에 대한 글자의 이해가 아니라 五行을 통해 이해하려고 한다면 공부가 혼란으로 들어가 버려요.

그러면서 '분명히 책대로라면 이렇게 되어야 되는데 책대로 안된다' 이거죠. 그 이유는 干支와 五行의 왜곡 때문에 그런 것입니다.

뒤에 가면 배웁니다만 이 五行의 旺衰가 中和를 얻기 위한 조건으로 '用神'이라는 게 나옵니다.

오늘도 책을 몇 년이나 읽은 사람이 찾아와서는 '선생님, 제 팔자에 用神이 뭡니까?' 묻더라고요.

"책을 읽었능교(읽었나요)?"

"예. 책으로 공부를 했는데… 用神을 찾아야 된다고 되어 있어서 그렇게 이야기를 들었는데… 저는 用神이 뭡니까?"

그래서 제가 뭐랬게요?

"나는 모르요." 이랬다니깐요!

"나는 그런 거 잘 모르요." 이러니까,

"아니, 선생님, 이런 문자도 모른다는 말입니까? 초보자도 다 배우는 문자를…"

이 세상에 뭔가 유용성을 주는 어떤 존재를 찾고자 하는 것이 用神의 개념이에요. 그 일반적인 보편 논리가 틀린 게 아니에요.

그런데 대자연의 운동은 좋은 것과, 나쁜 것이 떨어져 있는 것이 아니라 같은 곳에서 있다는 겁니다.

喜忌. 기뻐할 것과 꺼릴 것이 한 가지에 있어 喜忌同所라 합니다.

이 말은 무슨 말이냐?

자! 어부는 어디에서 죽어요?

"바다에서!"

바다에서 죽죠, 어부에게 바다의 의미는? 죽음의 이유였잖아요? 바다에서 빠져 죽었으니까. 그런데 삶의 터전이었기 때문입니다.

그래서 삶의 터전과 죽음의 이유가 같은 곳에서 일어난다니까요! 그러니 同所죠.

마치 이런 것과 똑같습니다.

배신은 누구한테 당해요? 믿었던 사람한테 당해요? 안 믿었던 사람한테 당해요?

"믿었던 사람"

왜 믿었을까? 믿도록 했으니까 믿도록 했던 과정이 있었다는 거죠.

그런데 결국은 믿었던 그놈한테 배신을 당하더라는 겁니다.

기쁨과 괴로움이 한 몸에서 오더라는 것입니다.

부부간에도 마찬가지예요. 사랑했으니까 결혼을 했잖아요.

그러면서 뒤에는 죽일 년, 죽일 놈으로 가잖아요. "이 죽일 놈아", "망할 년아" 하면서!

'내가 왜 너 같은 년(놈)을 만나가지고…' 이걸로 가잖아요.

결국은 무엇이냐면 괴로움과 기쁨이 한 곳에서 일어나고 사라진다고 하는 거예요. 그래서 천지만물이라고 하는 것이 결국 내게 지속적으로 영원히 좋은 것으로만 고정되어 있는 것이 아니라 자기한테 부여된 어떤 조건에 의하여 결국 행복도 그 자리에서 일어나고 불행도 그 자리에서 일어난다는 것입니다. 그러한 자연의 원리를 터득하고 나면 이 공부가 굉장히 쉬워져요.

그런데 그걸 모르면 긴 걸 잘라서 짧은 데로 옮기고, 이렇게 가져다 붙이며 잘됐다? 행복하겠다? 천만의 말씀! 그게 그렇게 되는 것이 아니라는 거예요.

뒷날에 가면 제가 지금 들고 있는 이런 비유들을 '아~ 그때 이 개념을 설명하기 위해 이랬구나' 하는 것을 알게 될 것입니다.

장미가 한 송이 있는데

1. 풀 자란 곳에 있는 장미하고,
2. 무리지어 있는 장미하고, (그중에 '내'가 어느 장미가 되겠죠, '나'라는 것이 있다면)
3. 이상하게 돌멩이 옆에 힘들게 피어난 장미가 있다고 합시다.

그러면 이때 누가 대접을 제일 많이 받아요?

"…3번"

그렇죠, 3번이죠.

그다음에?

"1번".

그렇죠.

그러면 장미 속에 섞여 있는 나는 뭐예요?

모양은 기본적으로 지키고 있지만 때깔은 안 납니다. 그런데 생긴 모양은 똑같은 장미라는 거죠. 그래서 나를 규정짓는 것이 나의 고유의 의지나 기질만은 아니다.

그것이 어디에 꽃을 피우고 살아가고 있느냐? 이것이 나의 존재를 새롭게 부여한다는 것입니다.

김춘수의 '꽃'이란 시가 있지 않습니까?

내가 그대의 이름을 부르기 전까지는 나는 한낱 뭐에 지나지 않았다? 한낱 '몸짓'에 지나지 않았다.

니가 나를 꽃이라고 불러준 순간 나는 뭐가 되고? 꽃이 되었다.

그러니 뭇 장미들이 있으면 '와~장미 봐라' 이러면 저 보고 하는 게 아니잖아요.

그러니 자기 고유의 타고난 기질이나 이런 것들이 있다고 하더라도… 어떤 곳에? 바로 이 환경에 의하여 자신의 값어치가 새로워진다는 것입니다.

그래서 바위 위에 핀 장미는 바위 위에 폈기 때문에 대접을 받았다가 어느 날 벼락이 바위에 치니까 자빠진 것은 바위인데 나도 같이 가더라는 거죠.

서방님이 가버리니까 나도 같이 찌그러지고 불에 풀이 탔는데 결국 내 몸도 설 곳이 없어지더라.

'♪내가 아플 때보다 니가 아파할 때가~♪' 노래 가사가 나오잖아요, 내가 아플 때보다 니가 아플 때가 더 괴로웠다 이거예요.

그러니 나라고 하는 존재가 있으면 나를 규정짓는 여러 가지 조건이나 환경이라는 것이 그만큼 나의 존재를 새롭게 만들거나 의미를 부여하게 됩니다.

그래서 이렇게 새롭게 자기의 존재를 부여하게 되는 환경에는 地支가 80%나 영향을 줍니다. 天干은 개인적인 의지고 정신적 측면입니다.

아까 壬날 태어난 사람이 초겨울의 기운이 강하고 게다가 어둡고 하니까 더듬는다고 했죠?

더듬거나 잡는다인데, 나는 더듬거나 잡는 동작이 활발한데 세상이 훤하다면? 그게 되요? 안 돼요? 더듬거나 잡는 동작이 안 되잖아요.

그런 것처럼 地支의 조건이라는 것이 그 사람의 현실에 가장 많이 영향을 주는 인자라는 겁니다. 그래서 그 인자에 의해서 나의 존재양식은 새롭게 규정됩니다.

그래서 무엇이냐면 寅, 卯, 辰, 巳, 午, 未… 이런 地支의 인자나 성분을 잘 연구를 해야 되는데 天干에 대해 공부를 했던 것과 마찬가지로 어렵게 생각할 것이 전혀 없습니다.

寅이라고 하는 것은 초봄이라고 했죠.

초봄에 만물이 갇혀 있던 것을 이제 뚫고 솟아오르는 상태나 운동인데 이때는 甲木이 무엇이냐면 하늘에 있는 초봄이라고 했죠?

하늘에 있는 초봄은 木의 속성을 따라서 정신적으로 자기가 의지를 세워가지고 가는 거잖아요. 그런데 地支에 있다는 것은 구체적으로 쭉쭉쭉 밀고 나가는 행동 또는 사물을 말합니다. 그렇다면 이렇게 직진성을 가지고 쭉쭉쭉 오르려고 하는 것은 무엇이냐? 예를 들어서 비행기라고 하면 비행기가 어느 정도까지 속도를 붙여서 자기가 공간을 이동을 하려면 어느 한 방향으로 쭉 밀고 올라가야 되죠.

그러면 이 사람이 이것을 무엇으로 쓰는지는 모르지만 '공항 주변에 살겠구나' 이 정도는 알겠죠? 그다음에 이것과 닮은 것이 전기, 전자죠. 이것도 막 직진으로만 가려고 하죠. 뚫고 올라가려고요!

그다음에 똑바로 지어 올라가야 되는 게 뭐예요? 건축물이죠, 건축물.

그다음에 설계. 어느 방향으로 목적을 향해서 계획을 만들어 나가는 것이 설계죠.

그래서 이런 비행기, 전기 전자, 건축물, 설계. 이런 것과 인연하여 살아가는구나. 그런데 여기서 월급봉투가 나온다면 '아~ 이 사람은 이런 쪽의 직장이나 조직에서 돈벌이를 하고 있구나'. 그다음에 여기서 내가 큰 재물을 쥐고 있다면 이런 것과 관련된 사업을 하겠구나. 이해가 되죠?

이렇게 팔자 해석의 기초가 되는 것이 바로 이 地支의 글자들이란 말입니다. 구체적인 뜻은 텍스트로 조금 진행이 되어서 여러 가지 地支의 해석이라든지 이런 부분에서 다루어지니까 지금은 사주해석을 어떻게 해나가지? 도대체 어떤 개념으로 사주를 볼까? 이걸 생각하시라는 거죠.

그래서 그런 개념에서 地支에 있는 글자가 가지고 있는 뜻을 좇아서 그 사람의 행동이나 활동 환경으로 보는 것이구나 이런 정도로 보시면 됩니다.

그다음, 토끼 卯는 계절적으로 뭡니까?

봄이 이제 무르익은 거죠. 무르익은 봄은 어떻게 된다고요? 초목이 새로워지고. 봄 산에 초목이 새로워지듯이 초목들이 보들보들하게 올라오죠. 그러면 이것은 어린 거예요. 그러니 어린이가 대상이 된다고 할 수 있습니다.

물론 甲木도 어리죠. 사람으로 친다면 寅은 고집을 한참 피우는 미운 3살쯤 되거든요. 卯는 5~6살쯤 되는 겁니다. 초목은 이제 싹을 막 싹을 틔웁니다. 卯, 이때 부르는 노래가 '꽃밭에는 꽃들이 모여 살고요, 우리들은 유치원에 모여 살아요~' 유치원 교과가 다 그것이거든요. 그래서 유치(幼稚)하잖아요, '유치'.

유치한 상태인데 뽀송뽀송하고 예쁜 상태라는 말이에요.

뽀송뽀송하고 예쁘다고 하는 것이 남들의 시선을 모을 수 있는 모양이거나 장식할 수 있는, 데코레이션 할 수 있는 능력, 꾸밀 수 있는 능력입니다. 그러니 '장식', '인테리어', '설계' 입니다.

甲木이 건물을 세워 올리는 것이라면 이 卯는 그걸 좀 더 풍성하게 만드는 거죠. 나무가 길죽하게 올라왔다가 좀 더 풍성해지는 것이니까 이것은 인테리어 아니면 익스테리어라는 거죠. 꾸미고 예쁘게 만들고. 그다음에 사람을 그렇게 만드는 행위는 뭐예요?

'옷 입어라' 이러면 됩니다. 옷을 입으려면 누워서 못 입잖아요. 일어나서 옷을 입고 밖으로 보여지기 위한, 남들에게 보여지기 위한 것, 아! 섬유 의류구나.

이렇게 기운의 속성과 사물에 드러난 것들의 관계를 텍스트에 보면 확장을 시켜 놓은 거예요. 그걸 이해하는 키는 무엇이냐면 토끼 卯에 이루어지는 동작, 계절의 기운, 그다음에 사물의 속성 이런 것을 그대로 취해서 그 뜻을 확장해 보라는 거죠.

확장해 보면 바로 이제 그 사람의 四柱八字에 그대로 연결이 되어서 해석할 수 있는 어떤 구체적인 것들을 보게 되는 거죠.

그래서 이 사람이 토끼를 가지고 뭘 하고 있다면? 사냥해서 돈을 번다면 -토끼 사냥꾼도 있겠지만- 토끼라고 하는 동작을 통한다는 것은 깡충깡충 뛰거나 예쁘게 단장하는 거라는 말이에요. 그래서 단장을 하는 일, 꾸미는 일, 장식하는 일. 그리고 어린애들을 기르거나 다루는 일도 되고요.

그다음에 어린이들에게 판매하는 연필, 도화지 이것들도 다 토끼에 이루어지는 기운을 통해서 직업을 선택하는 거죠.

그래서 이런 논리나 논법으로 사주해석의 접근이 되는데 처음에 이렇게 잘 배워두어야 합니다.

처음부터 '寅, 卯는 木이다' 이렇게 배우면 안 된다니까요!

범하고 토끼는 다르다죠. 사이즈도 완전히 달라요.

범은 쏜살같이 한 방향으로 뛰는 거잖아요. 토끼는 깡충깡충 이렇게 뛰거든요. 그 동작이나 기운이 원래부터 완전히 다른 겁니다.

그다음에 辰에 이르면, 辰에 이른다는 것은 뒷날에 알게 되겠지만 子, 丑, 寅, 卯, 辰을 보니까 이제 陽氣가 한 칸, 두 칸, 세 칸, 네 칸을 넘어서 나가버린 거예요. (子가 1陽5陰, 丑이 2陽4陰, 寅이 3陽3陰, 卯가 4陽2陰, 辰이 5陽1陰을 의미합니다.)

범(寅)은 어슬렁어슬렁 다니다가 한꺼번에 팍 뛰지요?

쥐(子)는 어떻게 해요? 발발발 기잖아요.

陽氣가 펼쳐지지 못했으니까 발발발 이렇게 기어간다는 말이에요.

범은 陽氣가 드러나 가지고 어슬렁어슬렁~ 그렇게 하다가 순식간에 한 번씩 솟아오르는 동작으로 가겠죠.

그래서 해의 길이가 이제는 밤 길이를 서서히 밀고 나오는 시기. 날이 점점점 길어지니까요.

토끼는 완연하게 해 길이가 길어졌고, 이게 음력 2월이라고 했죠? 양력으로는 3월이거든요. 해 길이가 이제는 확실하게 길어졌다. 순서로는 1, 2, 3, 4… '사양지처(四陽之處)' 라고 해요. 그래서 陽氣가 벌써 네 칸이나 나왔기 때문에 陰을 밀어낼 만합니다.

원래 총 여섯 개로 보세요. 子, 丑, 寅, 卯, 辰, 巳, 이렇게 끊고, 午, 未, 申, 酉, 戌, 亥 이렇게 해서 6칸씩. 子, 丑, 寅, 卯, 辰, 巳 이게 陽氣가 점점점 강해질 때고 夏至를 넘어서면 陰氣가 점점점 강해지죠.

이렇게 陽氣가 늘어나고 陰氣가 강해집니다.

토끼나 용의 단계에서는 깡충깡충 뛰다가 어떻게 한다고요? 용에 이르면 용은 승천을 하더라? 용이 승천을 하잖아요? 그렇죠? 그러면 陽氣가 5칸을 나간 거죠.

그 때깔은 어떻다고요? "화려하다!" 화려하잖아요. 그리고 나머지 동물 모든 것들을 다 모아가지고 상징을 해 놓았는데 그 동작은 하늘로 올라가더라는 것이죠.

하늘로 올라가서 그때 음력 3월에 이루어지는 동작이 무엇이냐면 만물이 다 활짝 위로 벌어진다. 양력 4월 아닙니까? 음력 3월, 양력 4월. 전부 다 다 튀어 나와 가지고 잠자는 개구리도 이제는 없어졌고 게으른 모기도 이제는 나와서 준비하고 있습니다.

그렇게 개나 소나 오만 가지가 다 튀어나오는 겁니다.

辰월에 이르면 천지만물이 그 모양을 화려하게 단장을 하고 꾸밉니다.

그래서 용이 갖는 것이 무엇이냐면 보편적인 속성과 함께 용(辰)이 머무르는 곳은 사람들이 다 모여 있는 공간으로도 본다는 거죠.

사람들이 모두 모여서 본격적으로 활동을 개시하는 시간이거든요. 그래서 일반적으로 종합성을 가진 공간, 종합성을 가진 환경, 그다음에 이 세상이 전부 다 빛으로 밖으로 펼쳐져 있는 상태 그래서 남들이 즉 자타가 다 쳐다볼 수 있게 됩니다.

우리가 관광(觀光)이라는 말을 하지요. 볼 관(觀)자에 빛 광(光)자. 때깔 난 것을 보러 가는 겁니다.

이래서 이 광이 난다는 것은요, 물론 빛이 있어서 광이 나는 것이지만 전부 광택이 날 만큼 뭔가 자기가 단장하고 밖으로 튀어나왔다는 겁니다.

이 용(辰)의 단계에 이르면 말 그대로 모든 것이 폼이 나고 때깔이

나고 그다음에 모든 사람이 보고 있다는 것은 대체로 공공성, 공공의 성격을 가진 분야나 조직.

그래서 임금을 용에 비유하잖아요.

임금님 얼굴은?

"용안(龍顔)".

임금님이 앉는 평상은?

"용상(龍床)".

그래서 만인이 우러러보는 곳. 만인이 쳐다보기 때문에 제대로 정대(正大)한 모양을 할 수밖에 없는 것. 이런 것들이 용의 모양입니다.

용은 종합이거나 이것저것 다 모여 있어서 시장이고 이것저것 다 모아 놓은 것이니 백화(百貨), 백화점(百貨店)이 되죠. 그렇죠? 백 가지 것을 다 모아둔 것이 용입니다.

그러면 어떤 사람에게 용이 재물의 수단이 된다면 이 사람의 사업은 무슨 상사? 종합상사입니다. 건축을 한다면? 종합 건축이 됩니다.

寅 이런 것은 단종(單種)입니다. 면허증 하나만 가지고 전기면 전기 하나만 하는 것입니다.

辰은 '종합'입니다. 그런 식으로 논리를 확장하면 됩니다.

이것은 안 외우셔도 됩니다. 무엇이냐면 이치로 엮는 원리가 이렇게 엮이는구나. 그래서 이 사람이 辰을 무대로 한다면 이렇겠구나 하는 것을 유추하는 겁니다.

그러면 뱀(巳)이라고 하는 것은 陽氣가 6개. 六陽의 자리.

陽氣가 펄펄 넘치는 거잖아요. 그래서 발이 없는 놈이 어떻게 해요?

용은 발이 있죠? 그런데 뱀은 발이 있어요? 없어요?

발이 없는 놈이 얼마나 성질이 급하면 대가리만 흔드는데도 가겠어요?

陽氣가 넘쳐서 그렇다. 맞죠?

그래서 陽氣가 넘쳐서 그대로 그냥 쫓아가는 놈들이 무엇이냐면 항공, 전기, 전자가 여기에 해당이 됩니다.

어느 한 방향을 가지고 쭉쭉쭉 밀고 나가는 것들 이런 분야에 인연이 있고 이게 만약에 벼슬을 말한다면 뱀은 독이 있으니 권력성이며 사람을 물어 죽일 수 있으면서 쾌속성을 가집니다. 이게 검찰입니다. 잡아 넣어버리잖아요. 그러니 이 사람은 권력성 공직에 있구나! 아시겠죠?

이처럼 이런 地支에 대한 이해를 차근차근히. '이것은 이런 뜻도 있고 이런 뜻도 있고…' 이런 걸 떠올리시라는 거죠. 그리고 그걸 이해하게 되면 뒤에 가서는 사주를 마치 산수화처럼 보게 됩니다.

그림을 보듯이, 그림을 해석하듯이 보면 상대방이 '아~ 도사님!' 이러면서 감탄을 합니다. 뒤에 가면 진짜 그림책이라니까요.

그림으로 이해를 하시면 되니까, 어떤 접근 방식, 이것을 오늘 강조를 해드리기 위해서 설명을 드린 것입니다.

주무시기 전에 생각을 해보세요. 초창기에는 잠이 옵니다. 그런데 진짜 이치를 깨닫기 시작하면 잠이 안와요. 그래서 아무튼 이런 논리로 접근이 되는구나. 이런 중요도 정도까지만 이해를 하시고 다음 시간에는 실제로 相生, 相剋이라든지 육친을 쓰는 방법까지 욕심을 내서 나가보도록 하겠습니다.

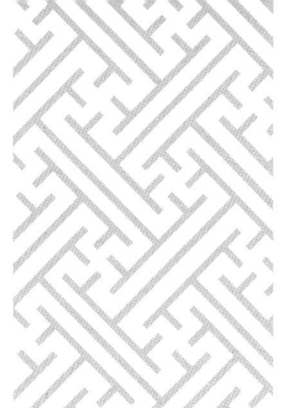

제9강

12地支의 활용 1

제9강
12地支의 활용 1

地支라고 하는 것이 자연이 변하고 운행하는 것에 있어서 일종의 구간이라고 했죠. 子 丑 寅 …이라고 하는 글자가 나오는 것은 결국 쥐나 소나 범 이런 하나의 사물을 말하는 것이 아니라 뭘 말한다고 했었죠?

"운동!"

운동이라는 대답도 개념 파악이 된 겁니다.

다음에 시간 표현이라는 거죠. 시간을 구간별로 나누어 놓은 것입니다.

0~1시, 1~2시 까지… 구간을 나누어 놓은 것인데, 子의 인자가 지배하고 있는 동안에는 子의 운동이 활발하게 이루어지는 것이죠.

그래서 항상 글자를 볼 때 사물로 이해하지 마십시오.

사물로 이해하면 "子는 쥐다. 이것이 五行적으로 무슨 뜻이다~" 이렇게 공부하면 그때부터 공부가 점점 눈이 하나씩 없어지는 것입니다. 원래는 두 눈이었는데 이 공부하면서 눈이 하나 없어져 버렸다. 이거예요.

子의 운동 양상이 이루어지는 공간이 밤 11시~새벽 1시까지의 이 공간이라고 생각하면 되고, 실제로 자연의 일기 현상을 볼 때에는 초기 부분과 끝 부분이 다릅니다.

다시 말해 봄이라고 하는 계절이 있으면 처음하고 끝 부분하고 같아요? 달라요? 봄의 시작과 끝 부분에 기온이라든지 기후라든지 그 계절에 실현되는 여러 가지 것들이 다르죠?

그러니 항상 시간 또는 운동 이것으로 파악하라는 겁니다. 그래서 똑같은 봄이라도 早春이 있을 것이고 晩春이 있을 것이라는 겁니다.

그래서 그때 이루어지는 어떤 자연운동이라는 것은 다르다고 하는 것입니다.

사주 命理

그래서 사주命理라고 쓸 때 命理라는 자체가 운명의 어떤 이치도 되고 또 天命이죠. 하늘이 준 명령의 이치가 무엇이냐?

이것을 따져보는 방법이 四柱 干支를 통해서 보는 방법인 '사주命理'라고 묶어서 말하죠.

대부분 命理의 보편적인 수단으로 워낙 사주가 많이 쓰이다 보니까 그냥 사주나 命理나 비슷하게 생각을 하는데 실제로 개념이 다르죠.

命理라고 하는 것은 가령 관상을 보아서 그 사람의 운의 시작과 끝을 다룬다면 그것도 하나의 命理고 명의 이치를 따져보는 것입니다.

자, 사주를 구성하고 있는 기본 문자가 天干과 地支죠.

지금 우리가 하고 있는 것은 天干-地支에서 天干의 기본적인 개념과 地支의 기본적인 개념을 정리해 보고 있는 것이죠.

寅부터 봄이 된다고 했죠?

子가 음력으로 11월이고, 丑이 음력 12월, 寅이 正月. 地支를

음력으로 보면

음력	11월	12월	1월	2월	3월	4월	5월	6월	7월	8월	9월	10월
地支	子	丑	寅	卯	辰	巳	午	未	申	酉	戌	亥
괘상	䷗	䷒	䷊	䷡	䷪	䷀	䷫	䷠	䷋	䷓	䷖	䷁

 이렇게 연결이 됩니다. 처음에 이 공부를 접하는 사람은 子월부터 순서를 매겨놓고, '왜 子를 1월로 삼지 않았을까?' 라고 생각하는데 이것이 무엇의 왜곡이라고 했죠?

 하늘과 땅의 기운의 왜곡이라고 했습니다. 그러니까 하늘에서 햇볕을 뿌렸으나 땅은 아직도 얼어있죠.

 子월에 冬至가 동짓달인데 冬至를 넘어서부터 해가 길어지기 시작하죠. 해가 길어지면 하늘은 陽이 늘어나고 더운 기운이 더 늘어나는데 땅은 어떻게 됩니까? 동짓달 다음에 섣달이 되죠. 동지, 섣달에 땅바닥은 더 춥더라. 그 원인이 된 것은 그 전에 부족했던 일조량 때문이죠.

 그 전에 부족했던 일조량으로 인해서 햇볕은 길어지고 있는데 땅은 오히려 식어 있었습니다. 그래서 이 丑月같은 경우가 하늘의 기운과 땅의 기운이 많이 어긋나 있는 모양이 되는 겁니다.

 寅월이 되면 立春이 들어오거든요, 문앞에 '입춘대길(立春大吉), 건양다경(建陽多慶)' 하죠!

 建陽이 무엇이냐면 '세울 건(建), 볕 양(陽)'.

 陽이 어디에 이르렀다고요? 더운 열기가 이제 땅에 꽂혔습니다.

 그래서 땅에 陽이 올라와서 계절의 시작을 만들어 주는 것이 立春이 되고 正月에 이르러서야 자연의 기운이 한 바퀴 순환하고 새로운 활동을 시작하더라는 겁니다.

그래서 寅에서 어디까지? 寅卯辰, 巳午未, 申酉戌, 亥子丑 3개씩
끊어서 춘하추동이 만들어지더라는 것입니다. 봄, 여름, 가을, 겨울만
잘 떠올리면 사주 풀이하는 것은 아무것도 아닙니다.

이 地支에 있는 글자라고 하는 것이 자연의 기운을 문자로 바꾼
것인데 움직이는 자연의 기운을 문자로 옮긴 것입니다.

그런데 이 범(寅)이라는 것을 글로 옮겨 놓으니 범만 생각을 하는
거예요. 그렇게 생각하면 안 되고 볕이 뿌려져서 땅에서 더운 기운이
서서히 이루어져 가는 운동, 동작. 이렇게 이해를 하시라고 했습니다.

토끼(卯)는 陽氣가 더 활발하게 벌어져서 나무가 싹을 옆으로까지
키우는 단계입니다. 토끼하고 卯자의 모양이 닮았죠?

용(辰)은 완전히 승천해서 陽氣가 극도로 발산되기 시작하는
모양입니다.

뱀(巳)은 다리도 없는 놈이 돌아다니죠. 그래서 陽氣가 이글거리면서
펼쳐진 모양을 상징해 놓은 것입니다.

그러면 팔자라고 하는 것이 어떻게 해석이 되느냐? 우리가 하나의
干支, 기둥 이렇게 설명하기도 하는데 干支 배열은 혼자 있는 것이
아니라(올해가 乙酉년이라면) 乙酉라고 하는 인자가 모여서 하늘과
땅의 기운이 표현되고 있다는 것입니다.

命

時	日	月	年
庚	壬	戊	乙
戌	戌	寅	酉

時柱 日柱 月柱 年柱

이렇게 乙하고 酉하고 거듭하여 놓여 있을 때 이것이 年을 지배하는

구조가 되면 乙酉년이라고 하고 그다음 乙酉년 속에는 1, 2, 3, 4…라는 月이 있죠.

乙酉년에 범 달(寅月)이 있다고 할 때 여기에 배속되는 天干이 있습니다. 天干이 있어서 戊寅에 들어가고 그날 하루하루를 보면 일진이 나와 있죠.

나이 많이 드신 분들이 보는 달력에 '壬戌' 이렇게 써놓고, 뭐가 그려져 있느냐면 개가 한 마리 있다고요.

오늘은 개날(戌日)이다 이거죠. 이것은 개의 날이 아니고 개의 기운이나 기상 이런 것들이 만들어져서 뿌려지는 것인데 이것을 개나 사물로 보지 말고 개(戌)의 운동이 이루어진 날로 보면 됩니다.

개(戌)의 운동이 갖는 깊은 의미는 좀 더 깊이 四柱 干支를 다룰 때 이해를 할 문제이고 아무튼 이런 식으로 구성되어 있습니다.

각각 시간도 뭐예요? 子시에서 어디까지? 亥시까지. 子丑寅卯…. 시가 다 있죠.

예를 들어서 戌시라고 하면 庚戌시가 되는데 이렇게 해서 팔자가(干支가) 구성이 됩니다.

여기에서 이 年을 하나의 기둥으로 봐서 年柱! 月은 '月柱', 日은 '日柱', 時는 '時柱'. 年, 月, 日, 時 이렇게 하늘과 땅을 잇는 기둥이 네 개입니다.

임금 왕을 쓸 때 어떻게 써요?

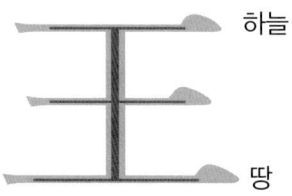

하늘과 땅을 잇는 거죠. 뜻과 현실이 있는 것인데 이 가운데 존재하는 사람이 왕입니다.

그래서 하늘(天氣)과 땅(地氣)을 이어주는 기둥이 네 개니까 '사주(四柱)'고 글자 수로 보면 8개니까 두 자로 줄이면 '팔자(八字)'가 됩니다.

사주와 팔자는 같은 말이에요.

어떤 사람들은 사주는 못 고쳐도, 팔자는 고친다고 하는데 그게 말이 안 되는 거죠. 기본적으로 사주나 팔자나 같은 말입니다.

그래서 干支로 이렇게 표현되어 있는 것들이 어떻게 그 사람에게 구성되어 있느냐? 이것이 그 사람의 운명 해석의 틀이고 수단이 됩니다.

그래서 닭(酉)의 해에 태어났다는 것은 그 사람이 닭의 기상이나 운동성에 가깝게 영향을 받으면서 살아갈 것입니다.

그래서 촌에서 사는 사람을 뭐라고 그래요? '촌사람' 도시에 사는 사람은? '도시 사람'이라고 그러죠.

이게 무엇이냐면 사람이라고 하는 존재는 공통분모가 되는데 그 사람이 지속적으로 활동을 하는 공간, 또 영향을 받는 공간 이걸 통해서 새로운 존재로 태어난다는 것입니다. '촌사람, 도시 사람처럼 시골에 살면 시골사람, 또 바다에 살면 바다사람.

이렇게 양식이나 형식이 무엇을 제한하느냐면 '운동', '행위' 더 나아가서는 무엇까지 지배하느냐면 '의식'도 지배를 합니다.

어려운 말이기도 하고 중요한 말이기도 한데 인생을 이해할 때 이 한마디 하면 좋습니다.

아주 똑똑한 사람도 학교 다닐 때 공부 잘하고 했어도 머리 깎아 군대에 보내 보세요. 작대기 하나 딱 그어놓고 이등병 만들어버리면 밥 먹는 것도 이등병이고 하는 짓마다 이등병 입니다.

군대 안 갔다 온 분들은 잘 모르겠지만 대충 이해되시죠?

촌에서 별 공부도 안 하고 그냥 농사짓다 군대에 왔다 칩시다. 그런데도 작대기 네 개 달면 병장이 되죠. 병장이 되면 생각하는 것이나 행동하는 것이나 지도력이나 전부 다 병장이에요. 그래서 운동이나 행위가 어떻게 돼요? 작대기 네 개 그으면 병장의 운동이나 행위가 나오고, 작대기 하나 그으면 생각하는 것도 이등병이고 운동도 이등병이고… 뭘 설명하려고 이 이야기를 하느냐?

그 사람의 팔자에 타고난 干支의 모양이라는 것은 지속적으로 양식이나 형식을 지배한다는 말입니다.

닭을 많이 보듬고 자면 닭털이 묻고 생선을 싼 종이에서는 생선 냄새가 나고 향을 싼 종이에서는 향냄새가 나는 것처럼 바로 주위에서 제시하는 양식이나 형식이 운동 행위, 의식, 결과물 이런 것들을 만드는 원인이 됩니다.

그러니까 팔자에 이러한 干支를 갖고 있거나 또는 干支의 영향을 받는다는 것은 그 사람이 근접하여서 그러한 생활 양상에 놓여있다고 보시면 됩니다.

사람은 연구해 봐야 팔자에 근접하여있는 것들을 가지고 생각합니다. 그래서 돌산에 사는 사람들은 집을 돌로 짓고 나무가 많은 곳에서 집을 짓는다면 나무로 짓고, 얼음이 많은 곳에서는 얼음으로 집을 짓죠.

그래서 그 사람의 운명적인 하나의 형틀이 만들어지고 그 사람의 운명적인 이치에서 제한하는 것들이 발생한다는 것이죠.

자. 거기서 地支를 어떻게 차지하고 있느냐가 해석의 기초가 된다고 했습니다.

앞서 뱀(巳)까지 했으니 말(午)부터 소(丑)까지 해봅시다.

팔자에 말(午)을 가지고 왔다는 것은, 자연 운동의 순서로 보면 계절이 어디에 속하냐면 子, 丑, 寅, 卯, 辰, 巳, 午, 未, 申, 酉, 戌, 亥에서 子(동지)에서부터 6칸째 가면 夏至가 되죠. 여름의 한가운데입니다. 여름의 한가운데에 해가 중천에 떠올라 夏至에 이르면 해가 가장 길어지고 夏至를 넘어서부터 해가 짧아지기 시작하죠.

子에서부터 丑, 寅, 卯…로 나아갈 때, 子에 이르면 陽氣가 하나이고 밖은 陰氣로 에워싸여져 있습니다. 子에 이르면 陽氣가 1, 丑에서 陽氣가 2, 寅에서 陽氣가 3, 卯에서 陽氣가 4, 辰이 陽氣가 5, 巳가 陽氣가 6개입니다.

이렇게 陽氣가 점점 점증하다가 午가 되면 하루로 비유하면 철수 머리 위에 午시가 되면 햇빛이 비치죠. 햇빛이 내리쬐면서 이제 해가 午시의 중간인 正午에 이르면 해가 저물기 시작합니다.

저물기 시작하는 것은 陰운동이고 陰운동을 하니까 여기서부터 변화의 핵심이 있는데 무엇이냐면 一陰이 일어난다는 것입니다.

陰氣가 하나 일어납니다. 그다음 未에 이르면 二陰, 그다음 것은 자동으로 공부 다 되시죠? 六陰 다음에 子가 오니까 陰이 다하여 다시 陽이 生한다는 것입니다.

陽이 다하여 陰이 生하고 하는 것에서 陰生陽死라는 말이 나옵니다.

陽氣가 다한 자리에 陰이 일어난다는 말이거든요.

이게 도덕경 이런데 보면 아주 어렵게 나오거든요.

陽은 남자라고 배웠는데 여자와 살면 남자의 기가 죽는다는 이런 말인가?

그러니 처음에 陰陽이라는 개념을 시간이 아니라 물리적인 공간에서 이해를 하다 보니까 어떤 현상이 일어나느냐?

뒤에 철학적인 이런 문자들이 나오면 '陰生陽死가 무슨 뜻인지 너는 아느냐?' 이러면 '남자가 기가 죽으면 여자가 기를 편다 이런 말이다'… 이게 물리적인 공간으로 보는 습성에 속해요. 그러니 오류가 생기죠.

陰生陽死의 원리는 陽氣가 극단에 이르러서 더 이상 펼쳐지지 못하니까 陰이 始生한다는 말이죠. 해가 뜨고, 뜨고, 뜨고 陽氣가 극단에 이르면 陰으로 넘어간다는 말입니다.

그러니 대자연이 생명력을 잃지 않는 것은 만약 陽氣가 점점 펼쳐지고 극단으로 달려간다면 우리는 타죽습니다!

이것을 간단하게 실험해 볼까요?

병아리를 일단 프라이팬 위에 올리고 그다음에 불을 지피는 것은 陽氣, 발산하는 기운을 더하는 거죠. 프라이팬 위에 있는 병아리는 뛰죠. 약한 불에는 뛰다가 뒤에 더 강한 불을 가하면 파닥파닥 거리다가 뒤에 타죽습니다.

그리하여 무엇이 없어지느냐면 생명력이 없어지죠. 생명이 있는 것은 즉 오랫동안 그 존재를 유지시키는 것은 陽의 극단에서 陰이 다시 일어난다. 이거죠. '陽極則陰生' 유식한 말로 쓰면 '陽이 極하면, 끝까지 이르면 즉(則) 陰生하고'. 책을 봤는데 이런 말이 나오면 갑자기 철학적인 용어라 또 머리가 아파옵니다. '陽極則陰生이라… 陽이 다하면 陰이 生한다… 이 말이 무슨 말인고?'

이게 다른 말이 아닙니다. 병아리를 태우면 죽는다는 말입니다.

병아리가 안 죽으려면 불을 줄여야 되죠. 陰의 운동으로 다시 되돌려 놔야겠죠.

반대로 춥게 하면… 즉 陰이 極하면 또 어떻게 되느냐?

陰이 극하려면 프라이팬에 있던 병아리를 냉동실에 집어넣어서 냉각 1단, 2단, 3단으로 강화시키면 병아리가 얼어 죽겠죠? 서서히 기대다가 결국은 죽습니다.

'陰極則陽生'. 이것도 마찬가지죠. 생명을 유지하고 있는 것은 陽의 극단에 이르지 않고 陰의 극단에 이르지 않는 것입니다. 그래서 陽의 극단에서 되돌아 오는 것 또는 陰의 극단에서 되돌아 오는 것입니다.

이게 무엇이냐면 돌이킬 반(反)에 놈 자(者)자를 써서 돌이킨다는 것은 도지동(道之動)이라고 하고, '반자도지동(反者道之動)' 돌이킨다는 것은 도의 보편적인 운동이라고 합니다.

이렇게 하니까 굉장히 유식한 말처럼 보이죠?

'반자도지동(反者道之動) 너희는 이런 말 아나?' 이러면서 '그게 무슨 말인데?'

어려운 문자 쓰는 게 아니고 병아리는 너무 차갑게 하면 죽고 너무 뜨겁게 해도 죽는다더라. 그런데 대자연은 극단에 이르지 않게 함으로써 생명력을 오랫동안 유지하게 하더라. 그래서 이 易學을 알고 도덕경을 읽으면 해석을 할 것이 없어요.

'陽極則陰生'이란 말 하나 가지고 철학 시간에 가면 한참 한다고요, 한참 할 게 뭐가 있어요? 병아리 생각하면 끝나는 건데, '반자도지동(反者道之動)' 이런 것도 마찬가집니다.

'반자도지동(反者道之動)'.

대자연의 운동, 보편적인 운동이나 방향성 이것이 道잖아요? 이 道라고 하는 것이 무엇이냐? 돌이키는 것이다.

돌이킨다는 것이 무엇이냐면 오른 것은 내리고, 내린 것은 오릅니다. 그래서 陽의 극단에 이르면 내리고, 陰의 극단까지 내리면 다시 오른다는 말입니다.

地支의 운동이라고 하는 것도 이런 자연 운동을 본떠서 만들어 놓은 것입니다. 자연의 운동을 본떠서 만들어 놓은 것이라면 午의 기능을 이제는 알겠죠.

　陽이 무성하여 있는데 陰 하나가 始生하여서 陽氣의 극단으로 나가지 못하도록 막아 놓은 것이구나.

　그래서 이 午가 있다는 것은 밖의 陽氣가 다섯 개로 에워싸여져 있다는 것이죠.

　밖이 陽氣로 에워싸여져 있다는 자체가 활동성이 강하다? 약하다? 그걸 잘 굽힌다? 굽히지 못한다? 이미 陽이 다섯 개나 진보되어 있잖아요.

　마구간에 있는 말들을 보세요.

　오래도록 자연을 관찰하다 보니까 참 묘하게도 地支에 배속해 놓은 것이 그 동물 속에 비밀을 다 숨겨놨어요.

　옛글 중에서 오랫동안 보존되는 것은 그 비유가 잘 되어있거나 은유되어 있거나 이렇거든요.

　말들은 자기들 모가지 정도에 작대기를 하나만 걸어 놓아도 기어나가지 않습니다. 사람 같으면 마구간에 작대기가 걸쳐져 있으면 밑으로 기어 나올 텐데요. 말의 속성이 밖으로 펼쳐지려는 기운을 다섯 개나 가지고 있으니까 기는 법이 없습니다.

　말이 기는 거 누가 봤습니까? 앞으로 최고의 조련사가 되려면 말을 기게 해야 합니다. 구르는 것까지는 되겠지만 기는 것은 안 됩니다.

　제일 잘 기는 놈이 누군지 압니까? 12地支 동물 중에 보세요. 쥐부터 누가 제일 잘 기겠습니까? 뱀은 陽氣의 극단에 있어서 발도 없는 놈이 기어가죠.

제10강

12地支의 활용 2

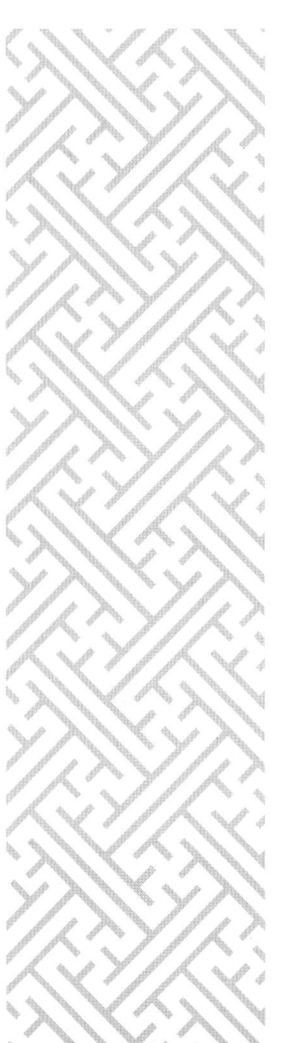

제10강
12地支의 활용 2

숫다리 가지고 제일 잘 기어 다니는 놈이 있어요. 쥐. 이게 무엇이냐면 (쥐 子는 一陽五陰입니다) 陰氣에 가려져 있으니까 꽁꽁 묶여가지고 기어 다니죠. 말은 그에 비해서 어떻습니까?

말은 기어 다니지 않고 밖으로 펼쳐진 陽氣 때문에 활달하게 움직이는 속성이 강하고 장애물 같은 게 있으면 뛰어넘으려고 하죠.

그래서 그 사람의 팔자 내에 말 午라는 干支가 있으면 모든 것을 어떻게 하려고 한다? '분명(分明)'히 하려고 합니다.

이유가 午가 되면 해가 자기 머리 위에 있죠. 이럴 때 거짓말이 돼요? 안 돼요? '대명천지(大明天地)'라는 말이 있어요.

크게 밝은 하늘과 땅 아래 '대명천지(大明天地)에 이 무슨 날벼락이냐?' 이런 표현도 하죠?

이 뜻은 거짓을 하기 어렵다는 겁니다.

그래서 우리가 계약 같은 걸 할 때 언제 하는 것이 좋다? 대낮에 하는 게 좋아요. 손가락 걸고 도장 찍고 하더라도 말(午) 앞에서 해야 되요. 말(午) 앞에서 선서를 해야 분명해지고 지켜집니다. 그래서 거짓이 잘 용납이 되지 않습니다.

거짓을 하면 안 되는 공간을 직업으로 연결해 본다면 말(午)이 있다는 것은 분명해야 되고 정확해야 됩니다. 이게 무엇이냐면 판단에 관련된 거죠. 판단, 시비, 분별. 이런 것에 관한 것이 정확해야 되는 것은 '법무', '금융'. 그다음에 많은 사람이 동시에 쳐다보는 公共性이 요구되는 '언론', '방송' 이렇게 여러 사람이 모여서 공공성이나 정확성을 기해야 되는 공간과 인연이 많다는 겁니다. 그래서 이와 같은 인자로써 午를 이해하시면 됩니다.

午의 천성은 대체로 명랑, 쾌활하며 음식을 담백하게 즐기죠. 고기 먹는 말 봤습니까? 풀을 먹잖아요.

팔자에 말이 있다는 것은 여러 사람의 공동의 업무에 관련된 비즈니스라던가 공적인 일 또는 판단, 시비, 분석이 정확해야 되는 그런 공간이나 직업 특성에 대체로 인연이 된다고 이해를 해 두시면 됩니다.

실제로 뒷날에 배우게 됩니다만, 범(寅), 말(午), 개(戌) 있죠? 이렇게 三合이라고 해서 무리를 짓는데 계약이나 약속을 할 때 범(寅), 말(午), 개(戌)날 약속 또는 계약했다가 어기면 피를 봅니다.

그래서 내가 유리한 계약을 하러 갈 때에는 범(寅), 말(午), 개(戌)날 바로 계약금 줘버립니다. 계약금을 줘버리면 이건 이미 하나의 약속이 성립된 것으로 보는 거예요.

거꾸로 돼지, 토끼, 양에는 亥, 卯, 未의 속성을 뒤에 알게 됩니다만 끝에 보니 '未' 이게 무슨 未자예요? 양 未자죠.

그리고 보통 이 未자를 어디에 많이 쓰죠? 이게 '아닐 未' 자이거든요.

'미래(未來) – 오지 않았다'

'불래(不來) – 오지 않는다'

'부래(否來) – 올지 안 올지 모른다'

불래(不來)는 오지 않는다, 미래(未來)는 오긴 오는데 '지금 안 온다' 는 거죠.

부래(否來), 이때 쓰는 아니 불(否)자는 수학에서 부정(否定)대명사 할 때 씁니다. 정할 수 없다는 뜻으로 쓰입니다. 올 지 안 올지 모른다는 거죠. 여부(與否)를 알 수 없다고 할 때 올지 안 올지 모른다는 말이거든요.

미래(未來)는 불래(不來)도 아니고 부래(否來)도 아닙니다. 분명히 오는데 지금은 아니다. 지금은 안 온다는 말입니다. 오기는 오는데 지금 이루어지지 않는다는 것은 일종의 '이루어지지 않은 상태', '이루어지기의 전(前) 상태'로 이때는 어정쩡하게 제대로 된 계약이 아니라 '가계약' 또는 일종의 '해약' 으로 봅니다. 그래서 보통 계약서 쓸 때 돼지(亥), 토끼(卯), 양(未)날은 웬만하면 계약서 안 쓰는 게 좋습니다. 그날 쓴 계약은 다시 재계약을 하게 되거나 아니면 해약을 해야 될 일이 발생을 합니다. 실제로 해약이 이루어지는 날짜 자체를 보면 돼지(亥), 토끼(卯), 양(未)날은 많이 해약이 됩니다. 약속이 서로 어겨진다는 거죠.

자, 아무튼 말 午자가 어떤 역할을 가진다고요?

"아~ 이거 약속을 어기면 안 되는구나!", "이건 분명해야 되는 것이구나!" 이런 속성을 가집니다.

다음에 양 未.

양 未자는 계절에서 음력 六월에 해당하는 계절로 이때는 뭐가 들어오느냐면, 아닐 미(未)에 입 구(口)자를 붙여보면 맛 미(味)자가 되죠. 맛이 이제 막 들어가고 있는 과정, 상태를 말하는 것입니다.

그런데 따 먹을 수 있다? 없다?

풋사과를 따 먹으면 맛은 들어가고 있는데 아직 따먹을 수는 없죠.

그래서 아직은 아니다. 결실을 아직 거두지 못하는 상태, 수습을 다 하지 못한 상태, 결정되지 않은 상태 그래서 미결(未決)이죠.

그런 기운을 가지고 있는데 이 未에 이르면 여름이 끝나는 것이 아니고 봄이 이제 더 이상 펼쳐지지 않도록 한다는 것입니다.

나무 '木'자에다가 어떻게 해요? '그만~자라라는' 작대기를 그어놨죠(未).

그래서 나무가 더 이상 자라지 못하도록 그러니까 나무가 오, 유월 염천에 무성하게 펼쳐졌는데 더는 자라지 못합니다.

그래서 성장성을 막아버림으로써 '봄은 어디에 죽느냐? 여름의 끝에 죽고~' 이 말입니다.

지난 시간에 이야기한 土用(土의 쓰임새)이라는 것이 어떤 자연의 기운을 거두어 들이고 그것을 다시 펼친다고 했습니다.

이것을 뭐라고 하느냐면 심을 가(稼), 거둘 색(穡) '가색(稼穡)'이라는 말을 뒤에 배우게 됩니다. "심고 거두고, 거두고 심고" 그래서 '가색격(稼穡格)' 이런 걸 배우면서도 무엇 때문에 이 '가색(稼穡)'을 쓰는지 모릅니다.

'土는 가색하고… 金은 종혁하고…' 최근에도 제가 일본 책을 번역해놓은 것을 봤는데 이런 내용이 나와요.

金은 무엇을 따르고? '金은 가죽을 따르고~' 이렇게 해 놓은 거예요. 문자로서의 번역에 치중하다 보니 그렇게 됐는데 따를 종(從)자에 가죽 혁(革).

혁명할 때 혁(革)으로 변혁이거든요.

변화된 모양대로 그 상태를 유지하고자 한다는 말입니다.

金의 속성이라는 것은, 金이라고 하는 것은 쇳덩어리만 말하는 것이 아니고 굳고 마른 상태를 말하잖아요. 굳고 마른 상태는 그 모양이 유지되어 있잖아요. 이것이 '종혁(從革)한다' 라는 뜻입니다.

이런 식으로 어떤 사물의 속성에서 그것이 갖는 자연 운동이 '土는 가색(稼穡)한다'.

그래서 未에서 극단적으로 어떤 작용이 이루어지느냐?

"봄의 성장이 멈춘다."

봄의 작용이 멈추어 주어야, 꽃피는 봄날이 멈추어 다음에 가을이 올 수 있는 것입니다. 봄이 발아(發芽), 즉 싹을 틔운다면 가을은 싹이 터져나가는 것을 잡아 가둡니다. 열매를 만들어서 잡아 가두는 운동이 활발해집니다.

그런데 가을 가지에 싹이 나면서 열매가 만들어지는 거 봤습니까?

봄바람과 가을바람이 같이 부는 거 봤습니까? 이렇게 未라고 하는 것이 무언가를 잡아 가두고 거두어들인다는 겁니다.

그런데 그중에서도 가장 큰 자연 운동과 맞물려있는데 봄 여름은 전체적으로 밖으로 벌어지고 펼쳐지겠죠? 그것을 거두어들여서 가장 축소된 모양으로 만들어 주는 것이 가을과 겨울의 운동입니다.

이렇게 未는 큰 陰陽운동의 중간에 위치해 있죠.

그러니까 이 未는 인내심이 있겠다? 없겠다?

"인내심이 있어야겠죠!"

대자연의 요리법 중에서 이 未의 단계가 어떤 단계냐면 밥을 한다면 밥을 끓인 다음에 뜸을 들이죠? 불은 빠졌는데, 즉 陰氣는 未에 이르면 陰氣가 두 칸 나가죠. 해는 벌써 짧아졌는데 땅은 따뜻하다는 거죠. 오뉴월 염천이잖아요.

이때 내리는 서리는 누구의 마음이죠? 여자의 마음이죠. '한 많은 여인의 마음', 여인이 한을 품으면 오뉴월 염천에도 서리가 내립니다.

오뉴월 염천에는 지상에 더운 기운이 쫙 펼쳐져 있으니까 서리가 내릴 수가 없잖아요. 추상이나 얼음도 녹아내리는 것이 당연한 것인데… 그만큼 염천의 기운은 더운 기운이 많다는 것이지요.

더운 기운이 많은데 그것을 어떻게 하냐면 뜸 들였을 때는 밥솥 안에 어느 정도 압력이 남아있겠죠. 압력밥솥의 원리도 그런 거죠. 불을 빼도 철컥철컥하다가 안에서 압력이 이루어지면서 찌는 거죠.

이 '찐다'는 것은 속까지 익힌다는 거죠.

그래서 감나무에 감이 언제부터 맺히느냐면 4월에 조그마한 게 달려요. 그다음에 6월쯤 되면 파릇파릇한 감이 매달리죠.

午, 未 이때 부풀려지죠. 이때는 이제 더 이상 자라지도 않으면서 그대로 매달려있습니다. 이 지상에 있는 더운 열기로써 마지막으로 속까지 익히는 거죠. 쪄서 맛이 만들어지고 맛이 만들어지기 위해서는?

"견딘다!",

인내심이 있어야 합니다.

견디고 인내심이 많은 업무 자체가 반복적이다? 변화가 많다?

"반복적이다."

대체로 반복성을 그대로 감당하면서 지내야 된다는 것은 나인 투 파이브(nine to five)가 됩니다. 오전 9시에 출근해서 오후 5시에 퇴근, 이런 생활은 주로 어떤 생활이에요? 변화가 적은 조직생활이라든지 공직생활이라든지, 그다음에 인내심이나 반복이 많이 요구되는 주로 학문성을 추구하는 공간이라든지. 기술면에 있어서도 반복성들이 많이 요구되는 분야로서 자신의 활동 분야를 삼는다는 겁니다.

巳, 午, 未는 그 속성이 시간적으로 볼 때는 훤할 때죠? 그러니 남들도 훤하게 볼 수 있는 공간에서 대체로 반복 요소 그다음에 인내심이라든지 시간적인 축적을 통하여 뭔가를 이룩하는 것, 그런 것에 관련된 일, 직업 이렇게 되는 거죠.

거기에 밥솥 뚜껑을 자꾸 열면 안 되죠. 견디는 힘, 압력을 견딘다, 그다음에 침묵을 유지한다, 이런 동작이나 행위가 들어가 있는 분야의 일이나 그런 곳에서 대체로 성공이나 번영이 이루어집니다.

이걸 띠에다가 대입을 해도 되고 띠에 해당하면 그런 속성이 상당히 많다고 보시면 됩니다.

태어난 달에 있으면 그런 분야의 일과 인연이 많다고 보시면 되요. 이제 이 未가 이해가 되시겠죠?

뒷날에 사주 해석에서 밀접하게 연결시키는 것은 여러 가지 의미가 있으니 뒤에 가서 合의 원리라든지 이런 것들이 다 있어요.

그런 것이 들어가면 '토끼와 무리를 지으니 어떠하고 돼지와 무리를 지으니 어떠하고…' 이런 것들이 있다는 거죠.

그다음에 원숭이(申) 한번 봅시다.

申에 이르면 陽氣가 어디에 간다고요? 陰이 3개에 이르고 陽氣가 밖으로 들려있는 상태로써 이제는 陰이 陽을 대적할만합니다. 이런 단계에 이르면 주역 계사전(繫辭傳)에 '陰이 陽을 대적할 만하면 반드시 대적하고~' 이런 말이 나옵니다.

그러니 여인이 남자를 이길 만하면 반드시 밟아주고 남자는 여인을 이길 만하더라도 함부로 건드리지 않습니다.

그게 陽氣와 陰氣의 속성이 다른 겁니다.

그래서 여인이 기세를 잡았을 때 반드시 남자를 집어 뜯는다 이거죠.

그래서 조심해야 될 이유가 여자입니다.

陰은 무엇이냐? 대체로 實을 말합니다. '실속'이라 말하죠?

여인이 훨씬 실속을 추구하는 동작들이 강하죠. 그다음에 陽氣는 대체로 명분이 되죠. 말이 된다, 말이 안 된다. 이런 걸 주로 따집니다.

그래서 이 명분과 실속에서 이 실속의 인자가 명분을 이기고 있으니

지상에는 대체로 덩어리진 게 있을까요, 펼쳐진 게 있을까요? 덩어리 있는 게 실속이 있죠.

그래서 지상에는 대체로 덩어리진 것들, 단단한 것들이 지상에서 드러나기 시작합니다. 이때가 주로 오곡백과가 무르익어서 열매가 되는 겁니다.

그래서 원숭이 申자는 그 자체로서 무엇을 의미하느냐?

'열매', '결실', '금전'. 작은 공간에 가치 있는 것을 넣었습니다. 그게 금이죠.

금전이라고 할 때, 금덩어리라는게 작은 부피이지만 가장 가치가 들어있는 거잖아요. 그래서 이게 실속이 있는 것이거든요.

금전을 가지고 있으면서 돈을 뭐라고요? '돈이 웬수(원수)다!' 이러죠?

'돈이 웬수'인 이유는? 범, 토끼가 풀 방망이라면 원숭이는 돌 방망이다.

어느 게 더 아파요? 돌 방망이에 맞으면 아프죠? 도끼로 보면 됩니다.

그러니 그것을 내가 마음대로 주관을 할 수 있으면 무기가 돼요. 그것에 내가 얻어맞으면 생명이 위태롭습니다.

그래서 일종의 초능력으로도 봅니다.

초능력 동물이 子에서부터 亥까지 몇 마리 있느냐면 4마리 있습니다.

1. 범(寅)한테 물리면 죽죠?
2. 뱀(巳)한테 물려도 죽습니다.
3. 원숭이(申)한테도 온갖 재주로 당한다. 원숭이는 재주가 많은 동물이죠. 재능으로 보면 됩니다.
4. 다음에 개(戌)한테 물려도 죽습니다.

그래서 신통력이 있는 동물로서 대체로 권력성을 의미합니다.

뒷날에 배우게 되는데 원숭이(申)는 쥐(子)하고 무리를 짓는 인자가 됩니다. 원숭이(申), 쥐(子), 용(辰)이 三合으로 무리를 지어요.

그러니 三災가 똑같죠. 예를 들면 범(寅), 토끼(卯), 용(辰)의 해에 三災가 똑같이 들어와서 움직이는 동작이나 운동이 비슷한데요.

자, 이 쥐 子자라고 하는 게 무엇이냐면 어린 것, 세장(細長)한 것, 씨앗 이런 뜻입니다.

이 씨앗을 만드는 동작이나 행위가 있다는 것은 애정사죠.

원숭이(申)가 뭐예요? 열매인데, 열매 안을 까보면 뭐가 들어있어요?

원숭이(申)가 보듬고 있는 것은 씨잖아요.

씨를 의미할 때 子자를 쓰죠. 오미자, 결명자… 子가 붙는 약재들이 다 씨앗 상태죠?

그래서 이 子자 붙은 것을 보듬는 작용을 하는 것이 원숭이 申자인데 대체로 애정사입니다. 그것은 비밀스러울 것이다? 동네방네 잔치를 할 것이다?

"비밀"

비밀이나 보안성이 필요한 것들이죠.

이런 것들이 필요한 일들도 뭐에 해당한다? 비밀과 보안, 애정사, 그래서 이 申 자가 띠에 있거나 달에 있거나 어디에 있더라도 이것이 비밀, 애정사를 주로 만드는 인자로 작용하기 때문에 대체로 여인들은 저 글자를 좀 고달프게 씁니다.

여자인 陰 자체가 보듬는 운동이 강한데 申으로 다시 꼭 껴안으라는 것이죠.

여인이 원래 名과 實 중에서 實을 더 쫓잖아요.

名은 집어 던지는 운동이고 實을 쫓는다는 것은 대체로 끌어당기는 운동이거든요. 원래 여자 몸에는 陰氣에 의해서 끌어당기는 운동이 잘 형성이 되어 있는데 다시 원숭이가 와서 그것을 꼭 껴안게 만들어 버린다 이거거든요.

이것은 잘못 껴안을 수도 있다는 말도 됩니다. 그래서 애정에 아픔을 주는 인자도 됩니다. 안 그래도 껴안는데 잘못 껴안아 버리고 껴안는 동작을 더 가세시키니까요.

그런 것이 더 활발하게 이루어지는 것이 원숭이와 쥐예요.

그래서 쥐띠 여인, 원숭이띠 여인 이런 띠 여인들은 대부분 다 애정의 아픔이 있습니다. 예외 없습니다. 예외 없이 애정의 아픔을 맛보게 되는 겁니다.

잘못 껴안거나 너무 심하게 껴안아버리니까 부서진다는 거죠.

그래서 뭔가를 끌어당긴다는 능력이 강하다는 것은 금전의 융통성이라든지, 실속을 이룩하는 능력이라든지, 또 열매를 거두어 들이는 재능, 능력이 보통사람보다 탁월합니다.

그다음에 조직사회로 가더라도 권력성이 있는 분야로 현대사회에서 권력성이 뭡니까? 법무, 세무, 의료, 금융이죠, 요즘은 금융이 최고의 권력을 가지고 있습니다.

지금 시대는 '사람 나고 돈 났지 돈 나고 사람 났느냐?' 이런 말 하면 안 되잖아요. 맞아 죽습니다. 자기가 태어나기 전에 돈이 먼저 있었다니까요.

그만큼 사람을 살리고 죽이고 하는 어떤 일종의 권력이나 힘으로서 금융입니다. 법무, 세무, 의료, 금융, 그다음에 언론 방송. 사람을 한 방에 보낼 수 있는 총기, 항공, 조선, 자동차 이런 것들이 다 여기에 해당됩니다.

각자 원숭이를 벼슬로 써먹을 수도 있고 재물 창고로 써먹을 수도 있는데 만약에 이것을 재물 창고이면서 역마살로 써먹는다면

(역마살이라는 것이 '떠돌아다니면서' 이 말이거든요) 떠돌아다니면서 무시무시한 것을 들고 있다는 것은 무역입니다.

총칼을 옆에 차고 다니니까 물론 군(軍) 조직도 됩니다. 이렇게 권력성의 인자로서 이 申자를 이해하시면 됩니다.

원리는 그렇게 안 어렵죠? 설명을 해주면 충분히 이해가 가는데 공책을 덮는 순간에 "가만히 있어봐라 내가 뭘 들었지?" 이렇게 몇 번 해야 합니다. 제가 왜 "이게 답입니다!"라고 하지 않느냐면 사고의 측면, 생각의 양식 이런 것을 짜시라는 뜻에서 자꾸 제가 연결고리로 설명을 하고 있는 겁니다. 시간을 막 줄여서 무식하게 수업을 할 수도 있습니다. 프린트물 내 주고 '다음 시간까지 안 해오면 죽습니다. 완전히 외우세요' 이렇게 쪼아 붙여가며 할 수도 있는데 그게 또 눈 하나 빼버리는 격이에요. 만약에 시험을 치면 그러한 방식이 점수는 빨리 나오지만 천재반에는 못 들어갑니다. 천재반은 원리 학습이 돼야 되거든요.

'왜 그럴까? 왜 원숭이 申이 있는 여인들은 애정의 아픔을 겪느냐?' 여인은 원래 끌어당기는 운동이 강해서 애정의 인자를 가지고 있는데 그걸 더 끌어당기게 함으로써 왜곡되게 한다. 힘을 더 줘 버렸다. 아~ 그것 때문에 원숭이띠 여인이나 원숭이 달에 태어난 여인은 설령 본인이 미미하게 쓰거나 본인은 그렇지 않다고 하더라도 반드시 근접한 가족에 애정사의 왜곡이 옵니다. 근접한 가정에 애정의 왜곡이 오기 때문에 보통 결혼 자체가 아주 늦어진다든지 또는 결혼이 힘들어서 고달파진다든지 이런 것들이 잘 발생하는 거죠.

여러분들 이거 하나만 알아도 10년씩 공부한 프로보다 단번에 이치를 설명할 수 있는 논리를 터득하는 것이거든요.

'왜 그럴까?' 를 알면 됩니다.

제가 이 부분을 왜 많이 할애하느냐면, 아까 말씀드렸듯이 원리! 누워서도 易學 공부를 할 수 있습니다. 자기 전에 子, 丑, 寅, 卯, 辰, 巳, 午, 未, 申, 酉, 戌, 亥 생각을 하시면서 왜 이걸 쥐(子)라고 했을까? 이걸 생각하시라는 겁니다. 그러다 보면 대자연의 모양새와 글자 모양을 유추할 수 있게 됩니다.

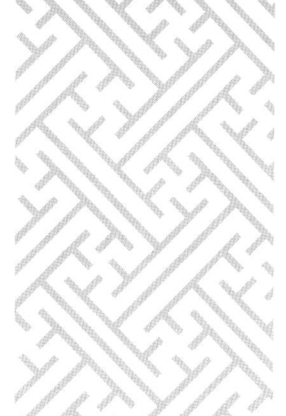

제11강

12地支의 활용 3

제 11 강
12地支의 활용 3

申까지 했고 酉, 戌, 亥, 子, 丑 하면 되겠죠?

자, 그래서 이 학문이라는 것이 처음에 접근하는 측면을 어떻게 잡아서 가느냐가 정말 중요합니다.

대부분 다 五行적인 문자를 먼저 배움으로써 이 학문을 제대로 이해하지 못하고 중간에 대부분 포기를 합니다. 포기하게 되는 이유가 첫 부분에서 문자에 대한 이해가 많이 왜곡되어 있어서 그렇습니다.

이 酉를 봤을 때 저걸 어떻게 해석을 할 것이냐? 겁을 내지 마시라는 거죠.

陰曆	8월	9월	10월	11월	12월
干支	酉	戌	亥	子	丑

아~ 酉가 음력으로는 8월이고 戌은 음력으로 9월, 차례대로 10월(亥), 11월(子), 12월(丑). 이때에 이루어지는 자연운동, 기상 이런 것을 문자로써 표현해 놓은 것입니다.

申월. 음력으로 7월에 뭐가 이루어지죠? 열매가 결실을 하죠. 열매가 결실을 해서 떨어지는 계절에 와 있습니다.

이 酉자라고 하는 것은 가지에 열매가 완전히 맺혀가지고 분리되기 바로 직전의 상태이거나 분리가 시작되는 순간을 의미하는 겁니다.

이때의 기운이라는 것은 가장 단단하고 건조한 정도가 강화되기 시작하는 거죠.

戌, 이때에는 완전히 메마르는 단계까지 갑니다. 음력 9월이 양력 10월쯤 됩니다. 그래서 10월이 대중가요 속에 있죠. '시월의 마지막 밤'.

그렇죠. 그날은 쓸쓸합니다. 왜 쓸쓸할까요? 만물이 이제 완전히 말라서 굳어지는 상태거든요. 말라서 굳어져 버린 상태니까 그 쓸쓸한 기운이 오기 직전의 상태입니다.

음력 8월에 들어서면 찬 이슬이 내리다가 서리가 내리기 시작하죠. 서리가 내리는 秋霜의 기운이 되겠죠. 이 추상의 기운이 내리기 시작하니까 천지만물이 고초(枯草):잎이 마르고, 엽락(葉落):떨어지더라. 이거죠. 풀이 마르고 잎이 떨어지는데 이때 닭 酉자라는 것은 자연에서 단단하고 굳은 상태죠. 열매가 맺힌 상태이니까 이 자체가 금전입니다.

그다음에 금전에 있어서 분리, 이탈을 하는 거거든요. 떼어 주는 것이거든요. 예를 들어 이 집 감나무(A) 하고 저 집 감나무(B)하고 나뭇가지가 엉켜있으면 감은 어디로 돌아가야 되요?

B 감나무의 나뭇가지가 A 감나무까지 뻗었습니다. 이항복 대감 이야기에도 나오죠? 나뭇가지가 옆집 담장을 넘어가는데 이게 누구 거예요?

감나무 주인 것이죠. 이처럼 닭 酉자는 분배의 기운을 의미합니다. 분배는 정확해야겠죠. 그다음에 치밀해야겠죠. 정확하게 개수를 세어야겠죠. 네 것 내 것 정확하게 재어야 합니다.

그런 식으로 酉자를 사주 내에 갖고 있는 사람은 금전이나 분배나 정확성과 치밀성이 요구되는 분야의 일에 재능이 발휘되고 강화되어 있다는 것이죠.

그런데 酉 이 자체가 베어버리는 아픔이겠죠.

밤나무 잎이 떨어져서 머리에 맞는 것 하고 밤이 떨어져서 맞는 것 하고는 정도가 다르죠. 이때를 분리, 이탈의 아픔으로도 봅니다.

베어내는 아픔. 뒤에 가서 질병과 연결 지을 때는 이 酉가 있으면 천공으로 봅니다. '빵구 낸다' 구멍을 내어버리는 거죠.

닭은 쪼아 먹잖아요. 자꾸 쪼으니까 구멍이 납니다.

그래서 구멍이 나는 그러한 행위. 그다음에 정확하기 위해서 파잖아요. 닭이 후벼 파서 쪼아 먹잖아요 그렇죠? 그래서 파고 구멍을 내는 것입니다.

실제로 그 자체가 구멍이 나가지고 어정쩡한 상태에서 오는 것이 신음이다. 칼에 찔리면 '윽~' 하잖아요, 이렇게 '윽~' 하면서 신음하는 인자로도 봅니다.

그다음에 이게 보석이고 공정품 즉, 개량을 해서 나온 것이죠. 정확하게 눈금 재어가지고 나온 것이니까 보석이나 공정품으로도 봅니다.

그다음에 酉에 물 수(水)자가 들어가면 뭐가 됩니까? '술 주(酒)'.

술이 된다는 것은 숙성된 것, 충분히 익혀진 것 이런 뜻이에요.

물값에 비하면 술값이 비싸요? 싸요? 오래된 것일수록 더 비싸죠. 숙성된 것, 충분히 익혀질수록 가치가 있는데요.

그래서 닭 酉자의 기운을 가지고 타고난 사람들은 아주 정밀하고 세밀하고 실제로 가치 있는 것을 다룹니다. 금융도 마찬가지겠죠. 申, 酉 이것이 단단하고 굳은 기운이 많이 만들어지는 계절이죠. 음력 7, 8월에 열매가 많이 맺히는 계절이고, 만물이 많이 딱딱해지는 계절이죠. 그래서 딱딱해진다는 것은 가치 있는 것을 담아 놨다는 뜻이 되고 이것이 금융이라는 뜻과 그대로 통합니다.

申 자는 신출귀몰의 능력이 있다면 닭은 뭐라고요? 그 정도까지는 아니지만 쪼아서 구멍 내는 힘을 가지고 있으므로 이것을 잘 다루는 경우에는 엄청나게 경제적인 실속 등을 의미하지만, 이것을 잘 다루지 못하면 도리어 자기가 다칩니다. 그래서 다치는 인자이기도 합니다.

즉 칼에 베이는 어떤 인자로도 동시에 해석하는 것이 酉자입니다.

아무튼 이런 글자를 통해 운에서 만났을 때 대체로 재물을 줄 수 있는 기회가 눈앞에 많이 오게 될 수 있는 게 이런 인자들입니다.

그래서 8월의 거지는 급수가 높죠. 아무 집에 가서 얻어먹어도, 8월에 얻어먹으러 다니는 사람은 가치 있는 것을 많이 얻을 수 있습니다.

거꾸로 봄에 보릿고개가 있어요? 가을에 보릿고개가 있어요?

그러니 봄 거지는 정말로 추잡해서 이루 말을 못한다는 거죠. 주려고 해도 줄 게 없는 거예요. 설사 거지가 된다 하여도 8월 거지는 기댈 데가 있습니다. 본인이 경제적인 능력을 가지지 않더라도 대체로 주변에 유능한 사람, 유능한 인간관계 이런 것을 통해서 사회적인 기회가 많이 부여된다고 보시면 됩니다.

그 다음에 戌자로 갑시다.

陰曆	8월	9월	10월	11월	12월
干支	酉	戌	亥	子	丑

개(戌)는 시간적으로 저녁 7~9시죠. 따라서 아무리 해가 긴 夏至에도 戌시가 되면 해가 집니다.

음력 9월. 즉, 양력 10월이 되어서 이제는 해가 짧아지기 시작하는 것이 본격적으로 진행되고 춥고 웅크리기 시작하는 계절입니다.

이때는 딱딱하게 굳어 마른 상태가 되죠. 계절적으로도 그렇고 시간적으로도 그렇습니다.

이럴 때에 이루어지는 것은 무엇이냐? 戌시에 이르면 대체로 활동을 멈추고, 이제 동작을 정지해야 되는, 농사도 멈춰야 되고, 인간도 활동을 멈추고 쉬러가는 시간이 戌시가 됩니다.

그래서 이런 동작이 가해지면서 초능력이 있다고 하는 것이 어떤 작용이냐면 금고와 같은 작용을 합니다. 금고 아시죠? 돈을 집어넣어 놓고 가두는 것 말입니다.

개(戌)는 어떻게 해요? 지키는 작용이 강하다? 펼치는 게 강하다? "지키는 것".

그렇죠. 만약에 집에 도둑이 들었다고 치면 도둑이 빼앗아 가는 걸 막으려는 동작이 강하죠. 그래서 '지킨다'라고 하는 동작이 꼭 필요한 겁니다.

그다음에 어느 곳에 자리를 내리고 버텨야 된다는 겁니다. 일종의 인내심이죠. 개의 인내심이나 충성심은 대단하죠? 그래서 인내심의 동작, 반복 동작을 감당해야 합니다.

아까 未에도 있었죠. 그래서 반복된 행위나 동작을 감당한다는 것은 변화가 많지 않은 조직생활 즉 장사나 사업을 하더라도 뭘 하면 주로 잘되느냐? 이 戌자는 자리를 지키면서 손님 받는 거 있잖아요? "어서 오십시오, 안녕히 가십시오~" 이런 거 있잖아요?

강아지들이 꼭 이러고 있거든요. 대문 옆에 서 있다가 누가 오면 "멍!~멍!~" 이게 무엇이냐면 목욕탕집에서 아줌마가 오면 "왔능교(어서 오세요)~" 이러면서 돈 받고, 그게 다 지키는 사업이란 말입니다.

안 그러면 노래 연습장에 사장님이 앉아서 "예~ 어서 오이소!" 하면서 돈 받고. 그래서 자리를 지키고 앉아서 하는 그런 장사 사업이 바로 이 戌자의 동작에 많이 해당합니다.

그다음에 戌시가 되면 대체로 우리가 사회활동을 위하여, 남들 눈에 띄기 때문에 부끄러운 것을 가리기 위하여 입은 것인 관복이나 예복 이런 것들, 즉 외출복을 해체하는 시간입니다.

그래서 옷을 입거나 벗거나 그다음에 무엇을 저장시키거나 빼내거나 하는 이런 동작이나 행위가 있는 분야에도 인연이 많다는 뜻이 됩니다.

그다음에 酉나 戌 자체가 이제는 활동을 멈추고 일종의 마약을 먹는 시간처럼 전부 다 기운이 몽롱해지잖아요.

酉시나 戌시가 되면 낮에 활동을 많이 했기 때문에 전부 다 피로감에 몽롱해지는데 일종의 약물로도 봅니다. 그래서 의료적인 행위인데 이때 옷을 입거나 벗는 동작이 들어갑니다.

일반적인 장사 사업 중에서도 개 戌자가 들어간다는 것은 옷을 입거나 벗거나 하는 것과 관련된 분야로 숙박업, 잠재우는 것이죠. 그다음에 목욕, 기타 유흥 임대 사업으로 숙박, 목욕도 시설물을 빌려주는 임대 사업이기는 한데 유흥 임대 중에서 헬스라든지 수영,

볼링 이런 것들 전부 다 옷을 입고 벗고 갈아입고 하는 동작이 가해지는 거죠. 그래서 실제로 유흥업도 여기에 대체로 포함이 됩니다.

戌시가 되어서 이제는 내 마음대로 한다. 잠자기 전의 동작이나 행위 이런 것들하고 의미가 다 통하는 거죠. 그래서 휴양, 휴식, 유흥 이런 것들이 戌시에 해당하는 기운이라는 겁니다.

그다음에 지키는 행위나 동작이 가해지는 것들도 거기에 해당하는데 실제로 창고를 보관하거나 지키고 잠그거나 그다음에 옷을 입히고 벗기는 이런 심고 뽑는 동작이 포함되는데 건물을 심고 뽑는 토목, 건축이 있습니다.

우리가 숙박을 하려면 뭐가 있어야 됩니까? 집이 있어야 될 거 아닙니까?

그래서 이것이 잠자리를 위한 건축으로도 봅니다.

그래서 이 戌자라고 하는 것이 여러 가지 동작이나 행위인데 대체로 살벌한 기운을 동시에 가지고 있습니다. 개가 물면 크게 몸을 상하죠. 그래서 일종의 신통력의 별로 봐서, 신통력이라는 것은 일종의 권력이죠. 권력성이 있는 집단으로 봅니다.

제가 본 것 중에 이런 모양의 干支 구성이 있었어요.

이런 干支 모양을 한 사람이 가질 수 있는 직업 환경이 무엇이냐?

'아이고~아무것도 모르겠다!' 죠? 저런 걸 써 놓고 직업을 맞추라고 그래요. 이때까지 배운 것만 가지고 생각을 해봅시다.

뱀(巳)은 권력성이다? 아니다?

"권력성이다."

개(戌)는?

개(戌)도 권력성이예요.

그래서 대체로 사람을 물어 죽일 수 있는 힘을 가진 공간이죠. 戌 이것을 뭐로 삼느냐면 벼슬 官으로 씁니다. 그래서 직장이 무엇을요? 개와 닮았구나. 개와 닮았다는 것은 뭔가 권력성이 있고, 중요한 것을 지키는 것이구나.

그다음에 뱀(巳)이 있다는 것은… 巳 이게 월급봉투라고 하는 것인데 (뒷날에 배우게 됩니다.)… 월급봉투가 또 독이 묻은 것이다. 이건 무엇이냐면 사람을 살리고 죽일 수 있는 속성을 가진 조직사회에서 자신의 금전 활동이나 사회활동이 이루어진다는 것이죠.

그렇다면 이 巳가 권력성이니까 금융, 특수행정, 언론방송이죠.

언론방송에서 반드시 따라가는 게 마이크죠! 마이크의 별이 어딘가 간섭을 하면 그게 언론 방송이 되고 그런 별 아니면 금융이나 특수행정이더라는 거죠.

그래서 주로 뒷날에 보면 재물을 많이 잡아 가두는 별이 戌자이거든요. 재물이나 가치 있는 것을 거두어들여 놓은 것 이런 것이기 때문에 대체로 세무 이런 쪽이 더 많습니다.

이렇게 간단한 원리로 그 사람의 직업이 드러나는 것입니다.

그런데 '戌 이것이 五行으로 무엇이다, 무엇이다' 이렇게 배우면 안 됩니다.

형태가 비슷하고 무늬가 비슷해도 개가 실제로 드러나 있는 것하고 없는 것하고는 차이가 큽니다. 위의 예에는 개가 드러나 있죠?
　그다음에 戌이라고 하는 것은 사회활동을 줄인다는 뜻도 되지만 보물을 가두어 놓은 곳도 됩니다.
　문화재를 가두어 놓은 것이 뭡니까? 박물관. 이런 것도 되겠죠. 창고로도 해석합니다. 가치 있는 것을 지키는 동작이 있는 것이니까 못 들어오게 합니다.

　그다음에 亥자로 넘어갑시다.

陰曆	8월	9월	10월	11월	12월
干支	酉	戌	亥	子	丑

　돼지는 음력 9월이 끝나고 음력 10월로 들어와서 초겨울로 들어왔죠. 그래서 초겨울에 갖는 기상인데 아까 세어 봤을 때 申에서 陰이 3, 陽이 3개라서 陰이 陽을 대적하기 시작한다고 했었습니다.
　닭 酉자는 陰氣가 더 많이 진행된 겁니다. 그래서 지상에는 차갑고 어두운 기운이 드러나는데 그것이 무엇이냐면 해가 두드러지게 짧아지기 시작하고 (음력 8월(酉月)에 秋分이 지나가죠) 秋分을 지나면서 해가 이제는 뚜렷하게 짧아진다는 거죠. 땅에는 서리가 내리고. 음력 9월(戌)에는 더 차가운 서리가 내리는 거죠? 이제는 陰이 다섯 개, 陽氣가 하나밖에 없어서 모든 것이 움츠리기 시작합니다.
　亥는 陰氣가 6개. 陰의 기운이 6개나 진행이 되어서 천지만물이 다 엉기어 붙는다는 뜻입니다.
　그래서 돼지가 어떻게 생겼어요? 동글동글해요? 쫙 펴진 동물이에요?
"동글동글"

뱀은 어때요? 쫙 펴져 있잖아요. 더운 기운이 많으니까 밖으로 쫙 펼쳐버리잖아요. 그런데 돼지는 동글동글 뭉치죠. 쥐도 다 못 펼쳐지고 동글동글 뭉쳐있죠.

따라서 돼지는 어떻게 그릴수록 잘 그린 그림이죠?

이렇게 동글동글하게 그려야 잘 그린 그림입니다. 전부 다 동그래야 됩니다. 동글동글하게 뭉쳐서 陰氣가 잡아당기는 동작이 한껏 가해진 상태입니다.

그러니 비슷한 공간에 제일 많이 담는 게 둥근 원형이잖아요.

옛날에 산수 시간에 기억이 나십니까?

똑같은 선으로 도형을 만들 때 가장 면적을 넓게 차지하는 방법?

삼각형으로 만들었을 때하고, 둥근 원을 만들었을 때하고 가장 면적을 넓게 하는 것은 둥그런 모양일 때 가장 면적이 넓어지죠.

둥글다는 것이 가장 많은 것을 담을 수 있는 방법이 되니까 陰氣가 가장 강하게 실현되는 겁니다.

그러니 무엇이든 주워 먹잖아요. 돼지처럼 먹죠.

그래서 저금통은 뭐가 제일 귀엽다? "돼지" 그렇죠. 왜 돼지 저금통이 어울릴까? 막 주워 모으잖아요. 왜냐하면 陰운동이 강하니까. 막 주워 모으니까 결국은 이렇게 동글동글하게 빵빵하게 불어날 수밖에 없는 모양이나 인자가 됩니다. 그래서 돼지의 속성은 이것저것 다 먹으니 잡식이고 이것저것 순서 없이 주워 먹으니 뒤죽박죽입니다. 그래도 먹을 것은 많습니다. 그래서 흔히 식록(食祿)과 인연이 많다고 합니다.

항상 돼지 亥자가 있는 사람은 뭔가를 많이 주워 모아 놓은 곳에 자꾸 인연이 됩니다. 하다못해 쓰레기도 많이 모아 놓은 곳에 인연이 된다는 거죠. 쓰레기도 많이 모아 놓으면 뭔가 쓸모 있는 것이 생기죠. 단지 그 순서가 뒤죽박죽입니다.

자, 그래서 대체로 돼지는 陰氣가 여러 가지 드러남으로써 결국은 이것저것 다 모아놓은 것이고 뒤죽박죽이다, 먹을 것들입니다. 그다음에 잠이 많다? 적다? "잠이 많다." 귀찮은 일이나 영양가 없는 일에 동작이 더디고 영양가 있는 것이나 먹을 것만 주면 좋다고 움직입니다. 그래서 팔자에 돼지 亥자가 있다는 것 자체가 여러 가지 금전이라든지 실속의 측면에서 도움을 주는 인자가 되는 거죠.

단지 이것저것 주워 먹다 보니 예의 분별에서 어떻다고요? 예의 분별이 잘 안 되어서 인간관계라든지 사회적인 생활에서 조금 뒤죽박죽되는 것입니다.

그러니까 좋아하는 사람은 좋아하고, "나는 돼지가 좋아", "나는 돼지 같은 놈은 싫어"처럼 자기를 좋아하는 사람과 좋아하지 않는 사람이 많이 분리되는 양상을 가진 것이 바로 이 돼지의 속성입니다.

시간상으로 보면 밤 10시니까 9~11시 사이죠.

대부분 활동을 멈추고 쉬고 동작이 둔화된 상태입니다. 대체로 사회활동을 구한다면 정신적일 것이다? 아주 활발한 운동에 있는 것이다? 주로 정신적인 면이 더 주체가 되어서 육체노동보다 정신노동이 조금 더 우세합니다.

돼지가 활동을 많이 안 하는 대신 사실은 머리를 많이 굴려야 되는 거예요.

드러난 활동을 주워담는 행위, 대체로 여기서 돼지 亥자와 인연하는 사람은 우리가 버린 것을 다시 주워 먹죠? 버린 것을 재생하는 재생성을 가지고 있습니다. 그래서 폐기물과 관련된 일을 하는 경우에도 그렇고 뭔가 다시 버려진 것을 재생시키는 재생 산업에 해당합니다.

다음에 재생이 아니면 물 건너갔다 이런 뜻입니다.

밤이 되면 어둡죠. 어두우니까 여기서는 찾는다? 못 찾는다? 못 찾으니까 해가 있는 쪽으로 가려면 저 먼 곳으로 해외로 움직이든지 해야겠죠. 그래서 해외와 뜻이 통합니다. 대체로 무역업이라든지 주로 정신적인 측면의 일들이 많이 이루어지고 금전관리라든지 물질적인 측면은 부지런히 주워담고 모으는 동작이 있는데 그것이 뒤죽박죽이라는 정도로 개념 정리를 해두십시오.

돼지의 동작과 관련하면 대체로 다 연결이 됩니다.

그다음에 子에 이르면 이제 이 六陰의 상태에서 陽이 한 점 생기는 거예요.

陰曆	8월	9월	10월	11월	12월
干支	酉	戌	亥	子	丑

이때가 무슨 달이냐면 음력 11월, 동짓달이거든요.

冬至를 넘기면서 해가 길어지죠.

길어지기 시작하므로 어떤 것이 이루어지느냐? 안으로 陽氣가 발생하고, 밖으로는 陰 속에서 갇혀 있는 거니까 '뽈뽈거리고 다니니 동작이 민첩하죠. 다음에 육체적으로 활동을 많이 하는 시간이 아니니까 정신적인 일에 해당합니다.

아까 申자에서 설명을 했죠. 子자가 자식을 만드는 것이니까 '애정사' 입니다.

그다음에 밤중에 하는 일이란 비밀스러운 일이고 남들에게 안 보여 주는 동작이라는 거죠. 남들에게 안 보여 주는 것들은 여러 가지 실속이 있습니다.

그러니 돈은 머리에 이고 다녀요? 숨기고 다녀요?

"숨기고"

그러니 숨기는 동작이나 행위가 어두운 곳에 두는 거거든요. 어두운 곳에 물건을 둔다는 것은 가치 있는 것을 숨기는 것에 해당합니다.

다음에 쥐 子자가 갖는 여러 가지 의미가 있습니다만 어찌 되었든 쥐(子)로부터 파생되는 동작이나 행위 이런 걸 자꾸 떠올려보세요.

그다음에 그게 안 되면 기후나 계절로서 보시고 그게 안 되면, 이처럼 어떤 陰氣가 갇혀 있고 陽氣가 하나 노는 놈이 무엇일까? 를 생각해 보세요. 이 세상에 가장 모양이 작은 것도 됩니다. 눈에 안 보이는 것, 주로 눈에 안 보이는 것은 정신적인 것이라는 거죠.

정신적인 것 중에서 대체로 동작이 좀 민첩한 것은 교육적인 행위 이런 것들이 눈에 안 보이는 것을 주는 것이잖아요!

그다음에 이른바 물 틀어 놓고 움직인다는 것은 즉 어둠 속에서 움직인다는 것은 말 그대로 장사나 사업으로 봤을 때는 유흥성으로도 봅니다.

밤중에 子시에 할 만한 일이 뭡니까?

"더듬는 것"

그래서 더듬더듬합니다. 더듬어서 노는 것이 유흥이라는 말이죠.

애정도 마찬가지죠. 애정사라고 하는 일이나 동작이 가장 많이 가해지는 것이 더듬는 것입니다.

이런 비밀사라고 하는 것은 잘 안 보이는 것이니 같은 의미입니다.

그래서 子자라고 하는 동작이 陽氣가 陰氣 속에 갇혀서 이루어지는 동작이나 행위라고 보시면 되죠.

자, 이제 섣달이 되면 날의 길이가 조금 더 길어집니다. 그래서 섣달 중에 해는 서서히 빨리 뜨고 조금 더 길게 남아 있죠.

陰曆	8월	9월	10월	11월	12월
干支	酉	戌	亥	子	丑

그런데 땅은 섣달이니까 동지, 섣달에 날은 여러 가지로 춥고 어두운 기운은 그대로 남아 있습니다.

소 丑자는 흔히 생각하면 어떻습니까? 丑자도 대체로 인내 요소가 강하죠? 또 반복의 요소도 있습니다. 반복의 동작이 실제로 무엇이냐면 소가하는 되새김입니다. 반복, 인내죠.

다음에 밖은 차갑고 안은 더운 기운이니까 陽氣가 펼쳐지려고 하는 상태인데 丑시가 되면 해가 떴어요? 안 떴어요?

丑시는 새벽 1~3시죠. 아직 해가 안 떴습니다. 그러니 '미흡(未洽)' 아직까지 무엇에 이르지 못했다는 뜻이 되는 겁니다. 양 未자 할 때도 '미흡(未洽)'이죠.

丑은 또 陽氣가 제대로 안 펼쳐진 것이죠. 따라서 느리죠. 그러나 안으로는 강한 기운을 가지고 있습니다. 그래서 대체로 인내나 반복성을 많이 가지고 차가운 기운이 많이 남아 있으니 정신적인 일을 합니다.

그다음에 소가 한 번씩 성질이 나면 들이 받아버리죠. 즉 다분히 공격성을 내재하고 있다고 보면 됩니다.

제12강

五行의 이해 1

제12강
五行의 이해 1

　陽氣가 두 단계로 나가면서 결국은 행위 자체는 정신적이지만 내부적으로는 공격성이 많이 내재되어 있는 것이 丑자의 움직임이라는 것이죠.
　그래서 이 丑자가 있는 경우에 반복적인 일이나, 주로 정신적인 일이나 아주 오랫동안 인내심을 요구하는 일, 꾸준히 오랫동안 함으로써 이루어지는 일 이런 것들에서 대체로 직업 특성이 잘 만들어집니다.
　띠에 있으면 그러한 직업 환경. 실제로 소 丑자가 띠에 있으면 '소 같은 조상'이 있거든요. '소 같은 조상'이 있다고 보는 겁니다.
　'소 같은 조상'이라는 것은 평생을 그 시간 되면 일어나야 되고, 그 시간되면 뭐해야 되고… 이런 식으로 자기 습관 안 바꾸는 사람 있죠?
　그래서 오랫동안 반복성을 요구하는 일을 그대로 하고 대체로 그 목적이 개인적인 이익보다는 희생에 해당합니다. 희생을 통함으로써 소가 온 다음에라야 寅이 열립니다.
　소(丑)가 온 다음에라야 뭐가 오죠? 正月이 되는 것이죠.
　正月이 되면서 立春이 들어옵니다. 봄이 들어서기 전까지 뭔가 몰락했던 것을 차근차근 실타래를 풀어서 그걸 하나씩 하나씩 다시 펴는 것이니 따라서 아주 반복적인 행위를 가해서 말 그대로 저축(貯蓄)이 됩니다. 적금을 부어서 티끌 모아 태산을 만드는 이러한 동작이나 행위도 이 소 丑자에 해당한다는 것입니다.

그런 조상이 하나의 발판이 되어서 뭔가 되는데 실제로 자기가 소띠로 태어난 사람들은 선대에 번영했다가 몰락한 것을 보거나 경험합니다.

그리고 그것을 어떻게 하는 행위? 다시 재생시키는 행위.

재생시키는 행위를 함으로써 결국은 자기의 삶은 큰 번영을 위한 발판으로써의 역할을 하고 간다는 것입니다. 자기가 보통 누리지는 못해요. 좀 누리는 사람은 어떤 사람이냐면 던져진 것을 받은 사람이라는 뜻이기 때문에 대체로 상속이나 증여에 의한 부모 혜택. 이런 것들을 받은 사람들이 그것을 오랫동안 지킴으로써…

예를 들어서 부모한테 땅을 받았는데 그 땅이 세월이 많이 흘러가서 개인적으로 運이 좋아질 때가 오니까 그 땅이 가치가 있는 땅이 되더라는 겁니다.

이런 식으로 일종의 원주민 기질이죠. 원주민이라는 게 다른 게 아니고 우리 동네에 뭐가 들어온다고 하면 무조건 반대부터 하는 사람들 있잖아요? 뭐가 들어오는지도 모르고 일단 나가서 반대부터 해놓고요. '근데 뭐가 들어온대? 일단 안 돼!'

묵은 것을 끝까지 지키는 동작이나 행위에 해당하고 그것이 반복됨으로써 결국은 가문의 번영이나 성공 번영의 인자가 이루어지는 것이 소 丑자의 힘입니다.

자, 그래서 제가 앞부분에서도 개괄하고 또 개괄했는데 연결하는 원리를 곰곰이 생각을 해보십시오.

子, 丑, 寅, 卯, 辰, 巳, 午, 未, 申, 酉, 戌, 亥가 어떻게 연결이 되어있을까?

그래서 보통 이제 소(丑)는 인내, 반복, 정신적 일 등의 속성을 가진 일에 상당 세월을 보낸 다음에 자기 사업으로 보통 연결이 되고 연결이 됨으로써 번영이 이루어지는데 거기에 따른 부산물은 누리지 못한다는 거죠.

즉 사업을 하나 해서 오랜 세월 동안 기반을 만들었다가 그다음에 뭔가 힘이 생겨서 다른 것 하나에 손을 대서 거기서 뭔가 큰 번영이 올 때 그것을 자기가 누리지 못하고 사업을 이루는 정도로만 간다는 것이죠. 누리지 못한다는 것은 막 쓰지 않고 끝까지 모으고 지키는 그런 사람들이 바로 소 丑자에 해당한다고 보면 됩니다.

子, 丑, 寅, 卯, 辰, 巳, 午, 未, 申, 酉, 戌, 亥라는 것을 연결하는 연결고리라든지 원리를 한번 정리해 봤는데요.

아무튼, 생각을 자꾸 해보세요. 옛사람들이 왜 음력 8월에 닭을 배치시켜서 그 상징성을 이해하려고 했을까?

거기에는 필시 까닭이 있을 것인데 오래도록 닭의 운동성이나 행위 이런 것을 보니까 흡사 8월에 이루어지는 기상, 기후 이런 것들이 닭의 동작과 많이 맞물려 있더라. 그래서 거기에서 우리가 문자를 받아서 다시 그 문자를 해석한다고 이해를 하시면 됩니다.

甲~癸, 子~亥까지 이렇게 十干 十二支가 자연 운동을 말해주는 것입니다. 그 정도로 머릿속에 정리를 해두시면 됩니다.

十干, 十二支 소개를 이 정도로 하고 이제 五行에 대해서 설명을 하겠습니다.

五行의 이해

五行은 많이 들어보셨죠? 五行하고 陰陽.

이 陰陽이라는 개념이 陰은 잡아당기고 수그리는 기운이고 陽은 밖으로 드러내어 펼치는 기운입니다.

그래서 그런 동작이나 시간적인 어떤 방향성에 의해서 튀어 나가는 놈은 陽이고 다시 주워담는 놈은 陰인데 천지만물이 살아 있는 것은 반드시 돌이킵니다.

사물에서 톡 튀어 나온 놈은 陽에 속하고 폭 패인 놈은 陰에 속하고 하는 것은 陰陽을 말하는 것은 아니고 陰陽운동의 결과물을 말합니다.

뭔가 압력을 줘서 분출하게 된 모양은 陽운동이 드러난 것이고 폭 패어버렸다는 것은 잡아당겨서 허결해졌다는 것으로 陰운동의 결과물인데 이걸 공간적으로 陰陽을 따져서 陰陽을 이해하는 것이 정확한 것이 아니고 어떤 사물이 갖는 운동의 방향성… 그러니까 콧구멍을 통해서 숨을 내어 쉰다면 콧구멍 입장에서 볼 때 튀어나간 것이니까 陽운동이고 튀어 나가는 놈을 다시 주워담는 것이 陰운동입니다.

이게 무엇이냐면 바로 '반자도지동(反者道之動:돌이킨다고 하는 것은 道의 움직임이다.)'으로 도덕경에 나오는 말입니다.

천지만물의 道는 이렇게 陰陽운동인데 陰陽이 무엇이냐면 '반자(反者)'로 돌이킨다는 겁니다. 대중가요는 '♬돌이키지 마~♬' 하는 노래도 있던데요, 돌이키지 말라고 하면 끝입니다.

생명력을 잃어버린 것은 어느 한 운동의 극단으로 가버린 거예요.

마치 끝없는 밤이다 이거예요.

그래서 수렁이라는 게 뭐예요? 들어갔다고 하면 계속 들어가는 게 수렁이잖아요.

이것이 결국에는 생명력을 잃어버리기 위한 모양, 과정입니다.

이것이 큰 陰陽운동의 뜻이 되는 것이고 陰陽이 있어서 우리가 생명을 유지하고 있는 것이니 먹었으면 버려야 되고 버렸으니 또 먹어야 되고 이렇게 취하고 뱉고, 잡고 놓고. 이것이 바로 陰陽운동의 방향성을 말하는 것입니다.

자, 그런데 보통 이 공부하면서 처음에 배우는 것이 五行이에요.

이 五行이라는 것이 무엇이냐?

木, 火, 土, 金, 水의 문자적인 개념으로 五行을 이해를 하면 안 된다는 겁니다. 木, 火, 土, 金, 水라고 하는 인자가 처음에는 잘못 생각하면 나무, 불, 흙, 금속, 물 이렇게 되죠? 책에도 뭐라고 나오냐면 '나무가 타면 불이 되고, 불이 타면 재가 되고, 재가 굳으면 금이 되고…' 金->水 ' 이 연결고리가 안 되는 거죠. '五行이 서로 生하기도 하고, 克하기도 한다고 相生相剋을 배우거든요.

그래서 相生을 설명하는데 금속(金)에서 물(水)로 가는 연결고리가 잘 안 되는 겁니다.

그래서 金을 통하여 물이 정화가 되니 뭐 이렇게 설명을 해놓은 책들이 있어요.

이것이 어디서 오는 오류냐? 이것을 원소론적인 입장에서 접근을 해서 그런 것인데 실제로 五行은 원소를 말한 것이 아니라는 겁니다. 지구에 존재하는 많은 만물을 五行으로 보았다는 것이, 혹은 고대인들이 본 五行이라는 것이 5개의 원소를 말한 것이 아닙니다.

서양의 자연철학에서 '만물의 출발은 불이다, 물이다…' 옛날에 윤리시간에 본 기억이 납니까? '물로부터 만물이 기원하였다' 처럼 서양에서 말하는 만물의 기원은 대체로 원소론적인 입장이고 물질적 개념이며 공간적 개념으로써 5원소, 五素로 본 거죠. 결국은 5원소로

木, 火, 土, 金, 水가 이루어져 있다고 이해를 하니 눈에 잡히기는 잡히는데, '나무=木. 맞아, 나무가 있지… 다음에 불이 있고, 흙이 있고…' 이게 잘못된 이해라는 겁니다.

저도 이렇게 외우고 공부를 열심히 했습니다.

相生할 때 木→火→土→金→水로 水가 또 木을 생하니까 물을 주니까 나무가 자란다. 또 나무가 뭐가 되고? 나무가 숲이 우거져서 나무끼리 부딪혀서 자연발생적인 불이 되고… 그렇게 사물로써 이해를 하면서도 '金生水' 이 부분이 연결이 안 되더라. 아무리 봐도 연결이 안 되더라 이겁니다.

'왜 금덩어리가 물을 낳지? 이건 전자분해를 해서 어떻게 되나?'

그러니까 책에 보면 '미네랄이 들어가서 어쩌고저쩌고…' 이거도 설득력이 없습니다.

그래서 제가 '金生水'를 자연 운동의 보편적인 것이라고 한다면 어딘가 분명히 있을 것이라고 생각한 겁니다.

그래서 金이 水를 낳는 걸 보려고 돌아다녔어요. 그러던 중에 무엇을 발견했느냐? 태종대 바닷가에 가면 절벽이 있어요. 절벽 밑에 또 자갈밭이 있어요. 거기에 앉아서 곰곰이 생각을 하던 중에 등 뒤로 물 흐르는 소리가 졸졸졸 들려요. 돌아보니, 바위 사이로 물이 졸졸 배어 나오는 것이 보이더라. '야!~ 저게 金生水구나!' 그래서 그것이 金生水인 줄 알고 金生水를 깨달았다 싶어 그날 저녁에 잠을 못 잤어요. '야! 이제 나는 金生水를 이해했다!' 뒤에 알고 보니 이게 거짓말이더라 이겁니다.

옛날 사람들이 써놓은 五行이란 무엇이냐?

자연을 구성하고 있는 五素를 말하는 것이 아니라, 五行이라고 할 때 글자가 '다닐 行' 자죠? 다닌다.

다닌다는 것은 천지만물이 木, 火, 土, 金, 水의 모양으로 다닌다는 걸 말합니다. 木行하고, 火行하고, 土行하고, 金行하고, 水行한다. 그래서 이렇게 木行, 火行, 土行, 金行, 水行을 하면서 하나의 운동이 이루어지더라는 걸 말합니다.

이때 木은 무엇이냐면, 木의 성질이 잘 드러난 사물이 나무예요. 나무의 속성은 밖으로 비집고 나오는 성질을 가지죠. 돌멩이로 눌러 놓아도 올라와요.

그 가냘프고 부드럽고 휘어진 몸을 갖고 딱딱한 나무껍질을 뚫고 나옵니다. 겨울나무에 나무껍질이 딱딱해요? 부드러워요? 딱딱한 그 나무껍질을 헤집고 싹이 나온다. 나무껍질로 나무 싹을 뚫을 수 있습니까? 사람 손으로 할 수 있을까요?

도대체 어떤 힘으로 비집고 나올까?

겨울의 딱딱한 나뭇가지를 어떻게 싹이 찢고 나올까? 참 신기한 이야기입니다.

우그러진 항아리에 꼭꼭 담으려면 무엇을 담으면 돼요?

① 돌 ② 물

빈틈없이 꽉꽉 다질 수 있는 것이 물입니다.

水行 했다는 것은 말 그대로 의지를 다지는 거예요. 다진 다음에 뭔가 허결한 공간이 있으면 그곳으로 분출하기 시작합니다.

　가령, 물총에 물을 담아서 이 안에 조금만이라도 허결함을 주면 어떻게 돼요? 조금만 짜면 물이 쭉~ 한 방향으로 밀고 나가죠.
　왜 그러느냐면 이 안에서 빈 공간이 없을 만큼 꽉 다진 상태에서 압축을 주니까 튀어 올라가는 거잖아요.
　그때 水行하고 있다는 것은 마음속에 '할까 말까, 할까 말까…', '해야 되, 말아야 되, 해야 되, 말아야 되…' 엄청나게 고민하다가 '그래! 해야 된다!' 하고 마음을 굳힌 것입니다. 마치 물총에 물을 꽉 담은 거예요. '됐다. 한다!' 그때 처음으로 뜻이 펼쳐지는 그 단계가 바로 木行입니다.
　그래서 밖에 어느 정도 저항이 있으면 그것을 돌아 나가고 또 밀고 나가는 힘이 있다는 거예요. '나는 할 거야, 할 거야!' 하면서 간다는 거죠. 그처럼 어떤 뜻이라든지 압축되었던 것이 밖으로 삐져나오는 동작이 木行입니다.
　천지만물에서는 겨울 땅바닥에 씨앗으로 전부 웅크린 채로 뒹굴고 있죠? 그러다가 약간의 허결함이 있는 곳. 즉 씨앗의 윗부분은 더우니까 약간의 더운 부분이나 약한 부분을 통해서 위로 비집고 모양을 드러내는 것입니다.
　연애를 할 때 木行의 단계는 서로 관심이나 호기심을 느끼면서 괜히 집적거리는 거예요. 이제 막 연애편지를 쓸까 말까, 초콜릿을 갖다

줄까하는 이것이 木行의 단계입니다.

　그다음에 어떤 행위가 이루어지면 기왕 나온 거, 쇠뿔도 단김에 빼는 식으로, 이제 맘먹었으니까 행위로 옮겨지고 밖으로 움직여서 '불붙었다' 하잖아요. '불붙는다' 는 말은 이제는 겉잡을 수 없을 만큼 일이 펼쳐졌다는 것인데 그래서 마음먹은 일을 이제는 본격적으로 드러내서 행위에 가담하는 것입니다. 남녀가 연애를 한다고 치면 볼때기(뺨)를 때리면서 "어디 갔다 이제야 나타났니?" 하면서 이때 보면 두 사람이 반쯤 미친 것 같잖아요. 그때 불붙었다고 하잖아요! 그리고 그 불은 잘 안꺼집니다. 일단 한번 압축을 거치고 삐져나오기 시작했고 이제는 드러내기 시작했기 때문입니다.

　식물에서 나무 한 그루가 木行을 만나면 자기 고유의 운동이 실현되겠죠. 주로 봄이겠지요. 봄에 성장을 시작합니다. 성장을 시작하는 이것이 바로 木行하는 것입니다. 그러다가 火行하면 옆으로 벌어지죠. 벌어진 뒤에 꽃이 활짝 피잖아요. 그러니까 꽃을 보아 나무를 압니다. 즉 속마음을 알았다는 거죠. 꽃을 보면 이 나무가 무슨 나무라는 것을 알 수 있듯이 모든 속에 품었던 것들, 속마음이 밖으로 드러난 상태로 이제는 남들도 알게 됩니다.

　어두운 밤 골목에서 청춘남녀가 집에는 안 들어가고 분명히 여자 집 앞에 왔는데 둘이서 머뭇머뭇하면서 손을 붙들었다 놨다가 하는 것이 木行입니다. 그러다가 둘이 확 불이 붙어서 옆으로 자빠졌다. 이걸 지켜보던 초등학생이 하는 말 "내 년놈이 지랄병할 때 알아봤다!"

　불이 붙었다는 것이 무엇이냐면 木의 단계 즉, 뭔가 계획을 세우고 해보겠다는 초기의 행위 다음으로 속마음이 행위로 옮겨진 상태가 火行입니다.

　호흡으로 치면 木行은 무엇이겠습니까? 첫 숨이 쑥~ 빠져나오는 것이겠죠. 숨을 삼켰다가 처음 내쉰 상태로 火行은 확 뿜어진 상태, 숨을 다 내쉬는 상태입니다. 그다음에 土行은 호흡으로 치면 내뱉었는데 들어오지도 않고 나가지도 않는 머물러 있는 그 공간이 바로 土行의 단계입니다.

그러니까 자연의 운동에서 꽃핀 자리에 무엇이 맺힙니까? 열매가 조그맣게 맺힙니다. 그러면서 싹도 자라고 있고 열매도 맺혀 있고. 이렇게 해서 튀어 나가는 것도 남아 있고 도로 오므려드는 것도 남아 있는 상태로 陽과 陰의 중간에 있는 단계에 있는 것이 土行입니다. 그래서 陰陽을 중매하고 중화하는 역할을 해주는 것이 土의 속성이에요.

실제로 흙이란 것은 오르지도 않고 내리지도 않는 것이거든요.

그래서 흙은 사과나무가 자라서 자기 몸을 떠날 때도(이것은 陽운동이잖아요) 그다음에 사과나무 뿌리가 흙 속으로 파고들어 올 때도 나는 그 자리에 있죠. 陰陽운동을 안 하고 있습니다. 위로 오르지도 않고 내리지도 않는 중간에 있는 그래서 중용, 중화와 같은 말들이 결국은 土의 속성이며 그 성질은 흙과 흡사하다는 겁니다.

그다음에 金은 금덩어리만을 말하는 것은 아니라 만물이 굳어서 딱딱한 것이 金인데요. 가을이 되면 -계절적으로 金은 가을이거든요- 金行하니까 만물이 딱딱하고 굳어지는데 열매가 맺히더라는 겁니다. 단단하고 굳어지는 이것이 金의 운동입니다.

남녀가 서로 사랑을 해서 불이 붙어서 결실이 조그맣게 생기죠. 이제는 결실도 만들어졌고 사랑이 서서히 식어가는 상태. 이제는 봐도 찌릿찌릿 전기도 안 오고 '뭣 때문에 너를 만났을까?' 회의감에 빠져서 뭔가 그동안에 뜻을 펼쳐놓고 난 뒤에 서서히 식어가는 상태로 그렇게 하다가 낙과(落果)가 됩니다. 낙과가 되어서 서서히 등을 돌리는 것, 그렇게 분리 이탈과 활동성이 거두어지는 단계가 金行입니다.

그다음에 水는 계절적으로 겨울과 같습니다.

水行한다는 것은 무엇이든지 파고들어서 밑에 엎드린다는 말이거든요. 그래서 열매가 떨어져서 데굴데굴 굴러서 가장 안전한 장소나 낮은 곳으로 가버리는 거죠. 그래서 딱 흔들리지 않는 상태로 파묻혀 있는 거죠. 겨울을 만나서 움직이지 않는 것, 쉬는 것, 그리고 활동성을 멈춘 것입니다.

활동을 멈췄다는 것은 꿈꾸는 행위, 정신적인 행위로 잠을 자면서 꿈속에서 뭔가 구하고 뜻을 세우는 것들이 바로 水行의 단계입니다.

金이 水를 낳는 자연 현상이라는 것은 여름에 햇빛이 쫙 비치면 그늘이 지는 공간에 습기가 생기고 그 자리에 이끼가 자라죠? 바로 이런 것이 金이 水를 낳는 행위나 동작입니다.

비가 서로 엉겨서 내리는 것도, 구름이 무거워져서 땅으로 떨어지는 것도 金이 水를 낳는 행위입니다. 천지만물에서 열매를 맺어서 열매가 떨어지는 것도 金이 水를 낳는 행위라고 보면 됩니다.

그래서 五行의 相生이라는 것이 봄은 여름을 돕고⋯ 木은 봄, 火는 여름, 土는 늦여름이죠. 늦은 여름에 더 자라지도 못하고 거두어지지도 못하고 그다음에 열매를 확 맺지도 못하고 어정쩡하게 펼쳐져 있는 상태 이때가 늦여름입니다. 옛날 책에는 '장하(長夏)' 이런 말로 표현되어 있어요. 여름의 끝 부분에서 아직도 더운 열기가 많이 남아 있는 상태죠. 그러니까 가을이 찾아왔다가 한번 엎드리고. 三伏 더위라고 初伏, 中伏, 末伏의 이 三伏의 더위에 시달리고 있는 상태가 土입니다.

그다음에 金은 가을이고 水는 겨울입니다.

봄, 여름, 가을, 겨울이 서로 다음 계절을 만들어 주는 하나의 흐름입니다.

五行이란 '흐름'으로 相生은 설명할 필요도 없어요. 春, 夏, 秋, 冬으로 넘어가는 자연 운동을 말합니다.

기본적으로 五行의 개념을 '行'이라는 문자의 뜻에 의존해서 相生의 인자로 이해하시라는 차원에서 설명을 했는데요.

나무, 불, 흙, 금, 물은 운동의 결과물이나 닮은꼴이지 五行의 절대적인 본래의 뜻은 아닙니다. 아시겠죠?

그다음에 만물은 튀어나왔다가 거두어지고 거두어졌다가 튀어 나간다.

이런 것을 조금 더 단계적으로 구분한 것이 五行입니다.

相剋이라는 것도 사실은 어려운 개념이 아닙니다.

'봄은 흙을 빨아먹고 산다(木克土)' 이게 相剋이 아니거든요. 나무가 흙에 의지해서 살아가잖아요? 相剋의 개념을 이런 식으로 잡으면 안 되는 건데요.

제가 뒤에 五行 개념과 相生, 相剋의 개념을 전체적으로 다시 정리해 드리겠습니다.

五行이 어디에서 서로 밀고 당기느냐? 생한다는 것이 어떤 의미를 가지느냐? 처음부터 개념을 잘 잡아야지 팔자 해석을 할 때도 '어이쿠, 극이 있다. 극이 나쁘다던데' 이런 오해를 하면 팔자 해석은 꽝이라는 겁니다.

다음 시간에 이런 부분을 정리하도록 하고 오늘은 이 정도로 진도를 마치겠습니다.

제13강

五行의 이해 2

제 13 강
五行의 이해 2

五行이란 것이 무엇이냐면 자연 운동을 다섯 단계로 나눈 것 입니다. 陰陽이라고 하는 것이 기본적으로 자연 운동을 두 단계로 나눈 것이죠. 가령 숨을 내쉬었다가 마시는 것도 陽운동, 陰운동입니다. 陰陽에서 조금 더 단계를 나눈 것이 五行입니다.

그러니까 옛날 사람들이 하나의 자연운동을 木, 火, 土, 金, 水라고 하는 다섯 단계로 나눈 것이 바로 五行이라는 겁니다.

그래서 '木=나무' 이렇게 공부하시면 안 되고 木行한다고 이해하라는 것입니다. 자연 운동 가운데 木의 속성이 잘 드러난 사물이 나무입니다. 木은 보통 어떤 성질을 가지고 있느냐면 위로 자꾸 올라가죠. 위로 삐죽하게 올라가는 성질을 밖으로 잘 드러냅니다.

물론 안으로 파고 들어가는 놈도 있지만… 그리고 찢고 나갑니다. 자연 운동 중에서 힘의 균열을 쫓아서 그대로 쭉 뻗어 나가는 힘. 그 자체로 어떤 방향성을 가지고 쭉 밀고 나가는 힘입니다.

뒤에 火와 비교할 수 있겠지만 불을 지피면 어떻게 됩니까? 치열하게 타오르죠. 불의 속성은 밖으로 번지려고 하는 것이죠. 번지려고 하는 운동 즉, 火行 운동의 속성을 가장 잘 드러내 주는 것이 불입니다. 그래서 불이 움직이는 것을 보니까 자연스럽게 火行의 단계를 드러낸 것이구나.

즉, '불 = 火'를 말하는 것은 아니라 火行하니까 천지만물이 솟아오르다가 벌어지고 펼쳐지더라. 이런 운동을 제일 닮은 놈이 불이더라는 겁니다.

그래서 뜻을 세워서 어떻게 해볼까 고민하다가 행위로써 첫 번째 단계로 진입할 때 이때가 木行에 해당합니다.

가령 연애를 해야겠다고 맘을 먹었다 칩시다. 그러한 속마음을 담고 있을 때까지는 水行이에요. 행동으로 옮기지 않죠. 그러다가 밖으로 행위를 옮겨서 연애편지를 쓴다. 이런 것들이 木의 운동성을 가진다는 거죠. 그러다가 불이 붙습니다. 연애편지가 오고 가고 손목이 오고 가고 사랑이 불붙습니다. 모든 것이 크게 밖으로 펼쳐져서 "처음부터 너를 좋아했다"는 소리가 나와요. 그때는 둘이 죽고 살고 난리가 나죠. 불붙는 단계입니다.

그다음에 그 불은 잘 꺼져요? 안 꺼져요?

"잘 안 꺼집니다."

그러다가 가만히 내버려 두면 그다음 단계는 土行의 단계로 넘어가는데 문자로는 말 그대로 흙인데 나무가 솟아오르는 속도, 불이 펼쳐지는 것과 비교해서 흙은 그 성질이 펼쳐지거나 잘 거두어지지 않죠! 잘 내려가지 않습니다.

뒤에 水를 보면 비유가 되겠지만 물을 흙에다가 뿌리면 밑으로 들어가지만 흙은 가만히 있어요. 그러니까 '쏟아진 물이다', '엎질러진 물이다' 하잖아요? 물은 그 성질이 밑으로 파고 들어간다면 흙은 파고 들어가지도 않고 위로 더 들리지도 않고 가운데에서 중재적인 역할을 하고 있는 것입니다. 이렇게 튀어

나가려는 놈과 밑으로 꺼지려는 놈의 중간 단계에서 작용을 하는 것. 이것이 자연 운동에서는 土行의 단계입니다. 土行이라는 것은 陰陽의 극단을 막아준다는 뜻이에요.

너무 불붙어 가지고 있는 것을 막아주는 것. 옛날 영화 제목에도 있어요. '뼈와 살이 타는 밤', 타는 단계에서 더 타면 죽죠? 사람한테 불을 갖다 대도 금방 안 타는 것은 안에 수분이 많기 때문이지요. 이런 극단을 막아주는 역할을 하는 것이 土의 단계입니다.

계절적으로는 봄, 여름이 지나고 여름의 끝에 뭔가 펼쳐지려고 하는 것을 더 이상 못 펼쳐지게 잡아주는 상태가 土行의 단계이고 자연 사물 속에서는 흙의 역할과 흡사하더라는 것입니다.

金은 계절적으로 가을과 그 뜻이 통하고 五行 중에서는 쇠 金이죠? 단단하고 굳어지는 기운으로 金行하면 만물이 이제 단단하고 굳어져서 아래로 떨어지죠.

실제 사물을 태울 때 만약 낙엽을 태운다면 날리다가 다시 떨어지죠. 그것이 무엇이냐면 밀도잖아요. 질량/부피. 그래서 자연 상태에서는 이제 밑으로 내려와야 하는 상태로 운동성이 확보되어 있는 거죠. 그것이 金行이고 가을의 기운이나 정서다. 따라서 '金 = 쇠'라고 이해하면 안 됩니다. 그런 성질이 많이 드러난 사물, 즉 딱딱하고 굳은 것, 금속이 그렇죠. 金의 성질이 쇠로서 많이 드러나더라는 겁니다.

쇠 말고 돌멩이도 되겠죠?

곡식은 어디에 속할까요? 곡식은 木, 火, 土, 金, 水 중에서 金의 속성에 가깝죠. 딱딱하고 굳어지고 뭉쳐 있잖아요. 또는 水의 속성에 가깝게 엉기어 있고 굳어 있는 상태로 가니 水와도 속성이 흡사하다고 보면 되겠죠.

자, 그다음 水의 단계는 이해를 돕기 위하여 계절상 겨울이고 물과 같습니다.

　천지만물이 水行하면 각자 제자리로 돌아가려는 운동 중에서 밑으로 숨는 작용을 합니다. 그래서 물은 그 속성이 밑으로 내려와서 계속 틈이 있으면 틈이 있는 쪽으로 비집고 들어가 숨어버리죠.

　만물이 어두워지고, 어두워진다는 것은 숨는다는 작용이에요. '숨는다'는 의미가 어디에 숨바꼭질하듯이 숨는다는 것만이 아니라 천지만물이 어두워지면 밖이 안 보이죠? 그처럼 밤이 되어서 보이지 않는 것도 水行한다고 보면 되는 거예요.

　색상으로는 검은색으로 보거든요. 흑색, 검은색이 된다는 것은 결국 사물의 운동이 끝나버렸다, 맛이 갔다는 뜻입니다. 얼굴이 새까맣게 탔다면 약간 맛이 간 것으로 보잖아요. '속이 시커멓게 탔다' 탄 이유는? 먼저 불이 있었고 土金 단계를 거치면서 단단하게 굳어지고 난 뒤의 모양이 바로 검다는 것입니다.

　그렇게 만물이 검은 색상을 띤다는 것은 숨어버린다, 사라진다, 없어진다는 것입니다.

　이렇게 자연 운동의 단계를 다섯 단계로 나눈 것이 五行입니다.

　五行이라는 것은 五星이 아니고 五素도 아닙니다. 서양 철학에서 말하는 원소론적인 입장에서가 아니라 천지만물은 木行, 火行한 다음에 土行의 단계에 머물러 있다가 金行하고 水行한다는 것입니다.

　봄, 여름, 여름과 가을 사이, 가을, 겨울 이 사이에 천지만물이 올라왔다가 펼쳐졌다가 다시 수그러들고 없어져 버리는 성장(成長)과 수장(收藏)의 과정입니다.

　천자문에 보면 '추수동장(秋收冬藏)'이란 표현이 나옵니다.

　春生, 봄에는 만물이 새롭게 생기고.

　夏長, 여름에는 만물이 자라고

秋收, 가을에는 거두어들이고
冬臧, 겨울에는 만물이 숨는다.
이렇게 자연 운동이 일어났다 사라지는 것을 다섯 단계로 나눈 것이 五行입니다.
五行의 단계가 진행되어 있는데 이것들끼리는 서로 돕기도 하고 서로 억제하기도 합니다. 木, 火, 土, 金, 水를 서로 생하는 논리가 木에서 火를 돕고, 火에서 土를 돕고, 土에서 金을 돕고, 金에서 水를 돕고, 水에서 木을 돕는 것입니다.

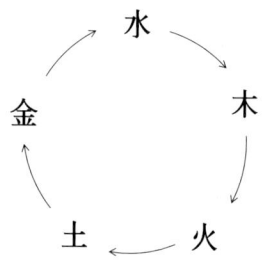

이제는 저절로 해결되죠? 외울 필요 없죠?
봄은 여름을 낳고, 여름은 가을을 낳고, 이때 늦여름에 찌는 듯한 찜통더위가 있습니다. 그래서 천지만물이 습(濕)을 만들면서 찝니다.
여름에 습기가 높아지면서 火에서 土의 단계로 넘어갈 때 이때 土라는 것은 陰陽을 중재하면서 수정 즉 열매와 결실을 맺어주는 것이거든요. 그렇게 찐단 말이에요. 조그마한 땡감이나 풋사과 같은 것들을 쪄서 키우죠. 이게 기똥차게 찌는 것이거든요.
감나무 가지의 감을 사람 손으로 찐다면 그렇게 찌겠습니까?
낮을 줬다가 밤을 줬다가, 밤을 줬다가 낮을 줬다가. 이렇게 왔다 갔다, 왔다 갔다 하면서 할 수 있겠습니까?

물론 그러한 대자연의 환경에 적응되어 있는 식물들이 살아가는 것이지만 결국 土의 찌는 작용을 통해서 여러 가지 열매와 결실을 얻어내게 되는 것입니다.

그다음 가을에는 딱딱하게 굳어지고 '황금 물결'이라고 하죠! 가을에 벼농사 지어놓은 평야에 나가면 '황금 물결'이 출렁입니다. 평야에서 황금이 나오죠. 이처럼 가을에 오곡백과가 나오는 그러한 딱딱하고 굳어지는 기운, 결실하는 기운을 말합니다.

金行한 다음에는 水行하는데 金의 속성인 마르고 굳는 가을이 오고 난 다음에 水의 속성인 춥고 어두워집니다.

水의 속성 다음에 다시 봄이 돌아옵니다.

이렇게 자연의 기운이 닫히고 열리고 펼쳐지고 하는 큰 순환을 설명한 것이 바로 木, 火, 土, 金, 水다는 것을 아시겠죠?

이것이 相生의 의미입니다.

相生을 어렵게 생각할 것이 아니라 相生은 계절의 순환을 말하는 것이구나. 외울 것도 없잖아요. 木, 火, 土, 金, 水가 순환하는 것은 자연 운동이 펼쳐지고 닫히는 것입니다.

木, 火, 土, 金, 水 가운데서도 대체로 무리를 짓는다면 어떻게 무리를 지을 수 있을까요? 陰陽의 무리 속에 넣는다면 木, 火가 한 무리로 木은 한 방향으로 줄곧 뛰어가는 놈, 火는 점프하는 놈인데 일단 둘 다 밖으로 뛰어 나가는 운동이니까 陽운동입니다. 그리고 金, 水가 한 무리로 떨어지고 굳고 엉기는 기운을 보니 이것은 陰운동입니다. 크게 보아서 木과 火는 陽운동, 金과 水는 陰운동입니다.

뒤에 명리를 더 연구하시다 보면 알겠지만 '木火通明', '金寒水冷'과 같은 것을 배우는데요. 이것을 무리지어서 상당히 좋다고 보는 이유도 여기에 있는 거죠. 陽운동이 같이 무리지어 있으니까 색깔이 좋다는 거죠.

火-土나 土-金, 水-木 이런 것들은 똑같이 연결되어 있더라도 그 운동성이나 방향이나 색깔이 조금 다르겠죠. 반면 木-火, 金-水는 무리를 확 지어 있잖아요.

뛰는 놈 나는 놈(木-火), 착지 후 숙임(金-水). 이처럼 동작이 같다. 이거죠. 이런 동작은 한 방향으로 멋있는 모션(동작)이 만들어집니다. 水-木의 경우는 구부린 후 펼침. 엉기어 있다가 일단 밟아가지고 튕김. 水는 꽉 다졌다가 압축을 줘서 다시 陰운동의 끝에 튕겨 나오는 것이거든요. 말하자면 방향성이 반대 방향끼리 어울려 있는 것들이죠. 물건이나 운동 기구로 치면 木-火, 金-水 이런 것들을 더 쳐주는 거예요.

이런 원리는 한참 나가면 알게 됩니다.

相生은 계절적인 순환입니다. 이거 하나로 해결되었습니다. 木, 火, 土, 金, 水가 자연 운동입니다.

연애로 다시 연결해 봅시다. 木은 연애편지 쓰는 것이고, 火는 사랑이 불붙은 것이고 불붙은 다음에 사랑의 열매가 나오죠, 자식이 태어나는 것을 말합니다. 자식이 태어나고 난 뒤에 두 사람은 서서히 떨어진 다음에는 남보다 못한 단계까지 진행되어 사랑이 완전히 식어 없어집니다. 이 끝 단계가 바로 水行입니다. 이때 두 사람 사이가 '냉랭하다', '식었다' 하잖아요? 식어버리면 제자리에서 굳어버리고 반대로 불이 붙으면 녹아버리고 서로 엉기잖아요. 이렇게 水行의 단계에 들어가는 것입니다.

천지만물이 다 크게는 陰陽의 운동으로 나눌 수 있고 좀 더 정밀하게는 五行의 단계로 나눌 수 있습니다. 개념을 정확히 잡으셨죠?

相生은 알았고 相剋을 봅시다.

이때 이길 克자를 '좋다, 나쁘다'의 개념으로 보셔서는 안 된다는 겁니다.

대부분의 사람들이 이 공부를 시작하면서 生은 대체로 좋은 것이라고 배워요. '生은 吉하다'고 배우고, '克은 凶하다'고 배웁니다.

여기서 '吉, 凶' 개념을 잘 잡아야 합니다. 처음에 이 공부를 잘못하면 뒤에 가면 범벅이 됩니다. 팔자를 볼 때 '극하고 있으니까 나쁘다, 生하고 있으니까 아~좋다'. 그러나 易學에서 말하는 吉凶의 개념은 '좋다', '나쁘다'가 아니라는 겁니다.

정확하게 설명한다면 生한다는 것은 대체로 順한다는 것입니다. 순조로운 것입니다. 봄 다음에는 무엇이 와야 좋아요? 여름이 와야 順합니다. 여름 다음에는 늦여름이 오는 것이 좋고, 늦여름 다음에는 가을이 오는 것이 좋겠죠.

이렇게 서로 낳아주는 관계라는 것은 대체로 그 관계가 順하다는 개념이지, 길하다는 개념은 아니다.

물론 풍수지리에서 보면 五行의 구조라든지 陰陽의 이해에서 대체로 무리 짓거나 相生이 되면 좋다고 봅니다. 좋은 이유는 대체로 順하기 때문이라는 거죠. 즉 봄 오고 여름 오는 것이 좋다. 이거죠.

克은 일종의 逆인데, 逆이라고 하는 것이 凶하다는 게 아닙니다.

원래는 풍수에서도 '木形山이 있고, 火形山이 있고, 그다음에 土形山이 있으면 좋다' 이런 식으로 설명을 합니다. 그런데 木形 다음에 바로 金形이 생겨버렸을 때 이것을 일종의 逆으로 보아 흉한 걸로 봅니다. 둘 다 같은 공간에 있을 수 없다고 보는 것이거든요.

이것이 사물로 드러났을 때는 예를 들면 木이 있고 金이 있다면 두 가지 기운이 서로 억제하는 작용을 해서 나쁜 걸로 보는데 명리를 공부할 때는 이것을 逆하다 하여 절대로 흉하다고 보지마라는 겁니다. 아시겠죠.

그 개념을 먼저 전제해 두고 봅시다.

克이라는 말을 어떤 말로 이해를 하는 것이 가장 좋으냐면 극한다, 억제한다, 컨트롤(control)한다, 지나치지 않도록 조절한다, 제어한다, 그런 뜻으로서 相剋을 이해하는 것이 정확하게 개념을 정립하는 방법입니다.

木, 火, 土, 金, 水에서 木이 무엇을 억제하고? 두 칸 질러서 있는 것을 억제해요. 눈치 빠른 분은 대번에 압니다. 따라서 土를 억제하고.

土는 水를 억제하고 水는 火를 억제하고 火는 金을 억제합니다.

그림을 보니 별 모양이 만들어졌지요. 커닝도 두 칸 건너 글자만 보면 되잖아요. 바로 다음 글자는 生이고, 한 칸 더 건너면 克입니다. 木이 土를 억제하는 것은 '아~ 나무가 흙을 마구 빨아먹어서 그런가 보다' 이렇게 이해하지 마시고요. 물론 사물에 비유해서 그렇게 이해해도 됩니다만 정확한 개념 정립은 아니에요.

土의 운동이 무엇이냐? 土의 운동은 봄, 여름에 쭉 펼쳐져서 극단으로 벌어지려는 것을 잡아주는 작용을 해요. 木은 그 성질이 틈만 생기면 찢고 올라가려고 하잖아요. 그래서 잡지 못하고 에워싸지 못하게 하는 성질이 있는 木이 土를 억제하는 것입니다.

다시 말하면 흙이 엉겨서 가두려고 하는 것을 木이 자꾸 찢어서 올라옵니다. '아! 그럼으로써 土가 지나치게 자신의 모양을 유지하지 않도록 하는 것입니다.

정 이해가 안 되시면 '흙에 나무가 찢고 올라온다. 그러니까 흙이 제 모양으로 가만히 있을 수가 없구나' 이렇게 이해하셔도 좋습니다.

그다음에 土가 水를 억제하는 것을 볼까요.

'아~선생님, 그건 저도 압니다. 흙으로 물을 막으면 막힙니다!' 이러시는 분도 있는데요. 그래도 맞습니다. 자연의 사물로서는 土가 물의 흐름을 억제합니다. 그래서 큰 강물이 흘러갈 때 결국은 흙이 그 흐름을 억제하죠. 댐도 물론 금석처럼 단단한 것이고 土의 성질을 취해 왔다고 보아서 土가 水를 克한다고 볼 수 있는데요. 사실은 정확한 개념이라고 하기에는 부족합니다.

土는 무엇이냐면 위로 벙벙하게 더 펼쳐지지도 못하게 하고 밑으로 떨어지게 하지도 않죠. 만물이 무성하여서 쫙 들려 있는 상태입니다. 이때 水는 밑으로 자꾸 떨어지려는 성질이 있습니다.

예를 들자면 늦여름에 소나기가 자주 오는 이유는? 더운 기운과 열기가 土의 기운을 조성하므로 더운 기운이 확 펼쳐진 자리에 수증기가 빨려 올라가기 때문입니다. 도사님이 되려면 지금 이 순간에도 비가 오고 있다는 것을 알아야 합니다. 보통 사람들은 하늘에서 떨어지는 것만을 비라고 일컬어요.

그런데 그 비를 누가 만들었냐면 ① 자연, ② 하느님, 누가 만든 거예요?

"①번 자연이 만들었습니다."

제14강

五行의 이해 3

제 14 강
五行의 이해 3

　자연 운동이 비를 만든 것인데 자연 운동이 언제 이루어져 있었을까요? 비가 오지 않을 때는 다시 증발하고 있죠.
　그래서 土의 기운이 강화되어 있을 때 水는 제 본래 성질을 잃어버리고 물방울이 되어 올라갑니다. 평상시에는 비가 아래에서 위로 가고 소위 말하는 비구름이 만들어져서 내리는 것을 비라고 하죠. 그러나 도사는 밑에서 올라가는 비를 볼 줄 알아야 합니다. 무더위가 지나간 뒤에 비가 올 것이라는 것을 이미 알 수 있어야 합니다.
　그래서 土가 水를 제어한다는 것은 물의 성질을 제 맘대로 부리지 못하도록 하는 것인데 물이 계속 밑으로 가려고 하는 것을 더운 기운 이후에 펼쳐진 무더위가 물을 들어 올려버려서 결국은 水가 자기 고유의 성질을 다하지 못하도록 억제, 컨트롤, 제어한다고 보시면 됩니다.

水克火
　水가 火를 克하는 것. 이 부분을 설명하려고 할 때 "선생님, 그건 진짜 자신 있습니다, 제가 증명해 보일게요!" 하는 학생들이 있어요.

'성냥 촤악 켜놓고 물을 끼얹으면 이게 바로 水克火입니다!'

그 말도 맞아요. 자연 운동 속에서 水가 火를 꺼뜨리는 모양은 물을 부어서 불을 끄는 것도 水克火다. 이거죠.

하지만 그런 의미보다는 水는 밑으로 엉기어 붙게 만들고 한 곳으로 모여들게 만들죠. 이렇게 모여 들게끔 만드는 이 성질로 인해 火가 더 펼쳐지지 못하도록 억제합니다. 불기운이 밖으로 밀고 나가지 못하도록 억제해 주는 작용입니다.

그래서 아주 추운 날 있죠? 그런 날에 불을 지펴보면 불이 잘 펴요? 안 펴요?

"…"

아, 실험을 안 해 보셨구나.

영하 15도, 20도 정도 되는 곳에 가면 불발이 잘 받습니까? 안 받습니까?

춥고 어두운 기운이 결국은 불발도 잘 안 펴게 합니다. 이것이 水가 火의 운동을 억제하는 것입니다. 자, 그래서 차갑고 어두운 기운에서 불기운이 잘 펼쳐지지 않는다. 이것이 水가 火를 억제하는 것, 克하는 것, 제어하는 것입니다.

火克金

그다음에 火는 金을 억제한다. 火의 성질을 불로써 쇠를 녹인다고 이해해도 됩니다만 자연운동에서 불이라는 것은 꽃에 비유됩니다. 봄이 오고 초여름의 기운에 응하기 시작하면 꽃이 마구 터져 나오잖아요. 이 꽃이 펼쳐지는 운동이나 방향 이런 것들이 '활짝' 펼쳐지려고 하죠. 이것이 火운동의 속성을 말하는 것입니다.

그렇게 火는 펼쳐버리는 기운인데 金은 자꾸 결실하고 굳혀

버리려고 하지요. 결실하고 굳어지려는 것을 흩어버리는 작용을 하는 것이 火가 金을 억제하는 작용입니다. 그래서 火하고 金은 서로 반대 운동의 방향을 가지고 있구나. 마찬가지로 水나 火도 반대 운동의 방향을 가지고 있구나! 이렇게 이해해도 좋습니다.

金克木

그다음에 金이 木을 克하는 것.

'아, 그건 더 자신 있습니다. 도끼로 나무를 찍으면 자빠지는 것' 물론 이렇게 이해해도 좋습니다. 金은 그냥 가을바람 이렇게 이해하세요. 추풍(秋風)이 내리니 춘생(春生) 작용이 이루어져요? 안 이루어지죠. 그래서 가을바람이 봄의 성장 이런 것들을 억제해 버리는 것입니다. 봄에 가을바람이 불지 않고 가을에 봄바람이 불지 않습니다. 봄에 성장성을 주는 기운을 가을이 되면 다 베어 버리고 말려 버리니까 고추는 언제 말려야 해요?

가을에 말려야 또 굳게 하는 것이죠.

이처럼 자연 운동끼리 서로 억제하고 조절하는 것이 相剋이라는 것입니다.

팔자를 볼 때에 예를 들어 地支 모양이 이런 것이 나오면,

時	日	月	年	命
		卯	酉	

뒤에 五行 배속을 배우게 됩니다만, 닭 酉는 五行적으로 金에

속하고 토끼 卯는 五行적으로 木에 속합니다.

토끼 卯, 닭 酉자를 五行적으로 배속시키면 각각 金과 木인데, 金과 木이 만나면 金克木이라고 하는 五行 운동이 이루어지겠죠?

五行 운동이 이루어지는데 克이 됩니다. "아, 克이 되어 있으니 나쁘구나" 이렇게 공부하면 안 된다는 겁니다.

"아, 이 사람은 가을(酉)도 있고 봄(卯)도 있네"

따라서 이 사람은 올라왔다가 주저앉았다가 하는 재주가 있겠구나. 이것이 하나의 재능이 됩니다. 그러니까 유능(有能-능력이 발생)하고, 유용(有用-쓸모가 발생)하다는 것은 전부 반대의 것이 있음으로써 생겨납니다.

그러니까 운동성이 발생한다는 것, 즉, 움직인다는 것은 뭔가 반대가 서로 조절하고 있기 때문이거든요.

말이 어렵습니다만 무슨 말이냐면 자동차의 엔진을 봅시다. 자동차 내의 여러 구조물 속에서 엔진 부분이 五行적으로 무엇에 해당할까요? 木, 火, 土, 金, 水 중에 어떤 성질에 가까워요?

金의 성질에 가깝죠.

金은 성질이 멈추고 굳으려 하잖아요. 그런데 자동차가 어떻게 해서 움직입니까?

연료를 실린더 안에 집어넣고 불을 붙이죠.

불을 붙여서 어떤 힘이 발생해요? 에너지는 에너지인데, '폭발'하잖아요.

폭발하려고 하는 운동은 火운동에 가깝죠. 실린더 안에서 일어나는 운동은 火운동입니다.

엔진 자체가 갖고 있는 성질은 그대로 굳어서 있으려고 하죠. 따라서 金운동입니다.

金과 火가 같이 어울려 있으니 어떤 힘의 방향성이 만들어지면서 압력이 약한 곳으로 팍 퍼져 나가서 움직입니다.

움직이는 무엇인가가 실린더에 연결되고 자동차 축으로 연결되고 동력으로 연결되잖아요. 말 그대로 동력(動力), 움직이는 힘입니다. 움직이는 힘으로 연결되는 것은 반대 기운을 가지고 있음으로써 결국은 서로가 서로를 조절하는 것입니다. 그래서 무릇 생명이 있는 것은 반대 성질이 섞이어 있다는 것입니다.

死와 生의 차이, 삶과 죽음의 차이가 도대체 무엇인 줄 아시겠습니까? '숨을 안 쉬고 유기 대사가 없다' 인체를 중심으로 본다면 물론 그렇지요.

그럼 '지구는 살아있다'고 얘기하는 건요? 그 증거가 무엇입니까?

바로 '움직인다' '움직이지 않는다' 살아있는 것과 죽은 것과의 차이는 움직인다, 움직이지 않는다의 차이입니다.

이 말을 조금 더 유식하게 영어로 한다면 '스피드' 차이에 불과한 것입니다.

'스피드(speed)!'

다른 사물에 비하여 내가 활발하게 움직이고 있다면 이것은 내가 산 것처럼 보이고 저 사물은 죽은 것처럼 보인다고 하는 것입니다. 그래서 스피드 차이, 속도 차이에 불과한 것입니다.

이 스피드를 만들어내는 힘이 무엇이냐면 바로 이와 같은 반대 방향입니다.

반대 방향이 있기 때문에 압력이 발생하고 압력이 운동성을 조성하는 것이거든요.

이 공부를 하려면 무릇 어떤 사물을 봤을 때 예로 교탁을 봅시다.

이것은 비교적 다른 나무에 비하여 유용, 쓸모가 발생했습니다.

그런데 이 나무가 본래 성질로 돌아가서 싹이 나고 풀이 난다면 유용함이 없어져 버립니다. 그런데 어떤 성질을 얻었습니까? 金의 성질! 딱딱하고 굳게 해서 더 이상 성장하지 못하도록 꺾어버렸습니다.

　나무 지팡이가 생긴 모양은 木을 닮았습니다. 쭉 비집고 올라가는 모양으로 木을 닮았는데, 그 성질은 딱딱합니다. 얻은 성질은 딱딱하고 굳은 金의 성질을 얻었습니다. 생긴 모양은 木의 모양인데 굳고 딱딱한 성질을 얻어서 즉 두 가지 성질을 얻으니까 나무 지팡이는 자주 쓰인다는 겁니다.

　이렇게 유용성이 있다는 것은 반드시 반대 성질을 갖게 하여 中和를 주었습니다.

　나무가 金으로서 깎여서 그 형체가 움직이지 못하고 마르고 굳게 만들어 버렸잖아요. 그렇게 해서 유용성이 발생하듯이 어떤 사물이 극단으로 가버리면 안됩니다.

　보통 '피 끓는 청춘'이라고 하지요? 피 끓는 청춘의 단계에 이르면 이럴 때는 극단이 잘 제어가 안 됩니다. 이걸 꺾어주고 제어해주는 작용이 중요합니다. 그럼으로써 유용성, 쓸모가 있는 것으로 바뀝니다.

　팔자를 볼 때도 서로 다른 두 가지가 있음으로써,

時	日	月	年	命
	卯	酉		

冲, 克

글자끼리는 冲이 되고 五行적으로는 克이 됩니다.

"金이 木을 剋한다. 이게 뭐가 안 좋은 것이 아닌가?" 처음에 공부할 땐 이래요. 뒤에 가면 "뭐가 이래 복잡하노…" 소리가 나옵니다.

그렇게 생각할 것이 아니라 木이라고 하는 운동성과 金이라고 하는 운동성을 주었으니까 튀는 재주와 엎드리는 재주 이 두 가지 재주를 가지고 있는 것입니다. 그리하여 결국은 유능함이나 유용성을 가지고 있구나! 이렇게 실제로 팔자 해석에서 매우 중요하게 쓰인다는 거죠.

그런데 '相剋하는 것은 흉한 것'이라고 배우면 相剋의 개념을 처음부터 아주 잘못 이해하게 되는 겁니다. 천지만물이 계속 순환성을 가지는 것은 어떤 한 방향으로 운동이 발생해서 극단이 생기지 않도록 한다는 것입니다.

그럼 빙하기는 木, 火, 土, 金, 水 중 어디에 속할까요?

"水죠."

차갑고 어두운 기운에 꽉 갇혀 있으니까 동작이 발생하지 못합니다. 계속 차갑게 내버려 두니까 운동성이 발생하지 않잖아요. 그래서 水운동이 극단에 가 있으면 생명력을 잃어버립니다.

金운동, 土운동도 마찬가지입니다. 어떤 운동이 하나의 극단성을 가지면 생명력을 잃어버립니다. 그래서 生剋이라고 하는 보편적인 자연 운동을 통해서 만물이 끝없이 순환하는 것입니다.

生을 열어주기 위하여 사실은 剋이 발생합니다.

고무줄 효과와 같은 겁니다. 고무줄을 최대한으로 늘어뜨리면 더 이상 늘어나지 않잖아요. 고무줄이 도로 돌아가야 하는 운동성이 발생하듯이 어떤 것이 극단에 이르면 다시 돌아옵니다.

마찬가지로 '반자(反者)는 도지동(道之動)하고', 돌이킨다는 것이 道의 운동입니다. 이것이 하나의 生剋 원리입니다.

무르익으면 生하는 것이거든요. 봄이 무르익으면 여름이 되고 여름이 무르익으면 늦여름이 되고 늦여름의 끝에서 가을이 오고 가을의 끝에서 겨울이 옵니다. 하나의 기운이 무르익어서 오는 것입니다.

여름이나 늦여름에서는 대자연이 수시로 더운 기운이나 불기운의 극단에 치우치지 않게 하기 위해서 물이 증발합니다. 물이 증발해서 더위를 식힙니다.

그다음 겨울도 마찬가지입니다. 겨울이 극단에 이르면 土가 또 살살 꼬시거든요. 더 이상 숨지 말라 하면서 쭉 빨아 당깁니다.

이렇게 자연운동이 하나의 극단으로 가지 않도록 막아주는 것이 生이나 克의 통로를 통해서 이루어지고 있다고 보시면 됩니다.

그래서 生이 무조건 좋은 것이 아닙니다.

뒤에 가면 '木生火하고~' 이렇게 배웁니다. 木이 火를 낳아주니까 木은 火의 어머니가 되겠죠? 어머니가 자식을 낳아주니 참 좋습니다. 火 입장에서는 어머니를 얻었으니 참 좋겠구나. 그렇게 이해하면 안 됩니다.

봄의 후원을 받고 있는 여름입니다. 그럴 경우에는 봄이 있다는 것은 여름이 쉽게 끊기지 않겠죠? 그런데 인간사에 돌아와서 木이 엄마고 火가 나라고 한다면 내가 어느 정도 성장한 뒤에는 엄마의 간섭이 필요해요? 필요 없어요? 그럴 때는 봄이 있어서 거추장스러운 관계가 됩니다. 결국은 生한다는 것이 계속 좋은 것이 아니라, 오히려 활동을 거추장스럽게 한다는 것입니다.

그러니까 팔십 노모가 오십 대 후반의 학교 교장 선생인 아들더러 하시는 말씀이, 자기는 지팡이 짚고 나오면서 '야야, 길 조심해라!' 합니다. '예, 알겠습니다. 어머니'.

결국 木은 끝까지 火를 도우려는 성질을 가지고 木 고유의 운동이

火를 도우려는 반면 火의 입장에서는 木으로부터 어떤 형태로든 기운적 혜택을 받으며 살아가는데 활발한 움직임을 위해서는 오히려 뒤에 木이 거추장스러움이나 방해물도 됩니다.

木, 火, 土, 金, 水가 나오면 제일 원론으로 돌아가서 계절의 순환으로 되돌려 봅시다. 木, 火, 土, 金, 水는 자연 운동을 다섯 단계로 나눈 것입니다.

숨을 내쉬면… 밖으로 내쉬는 방향성을 陽으로 설정했을 때, 숨을 내쉬고 바로 삼킵니까? 조금 있다가 삼켜요?

조금 있다가 삼키죠.

숨을 내쉬고 멈춘 단계가 土입니다. 마시는 단계는 金, 水운동입니다.

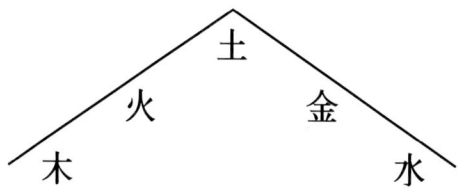

木, 火, 土, 金, 水끼리는 도와주는 관계이면서 서로 억제하는 관계입니다.

그 정도로 이해가 되었다면 제일 중요한 개념을 이해한 것입니다. 木, 火, 土, 金, 水가 이해 안 되면 봄, 여름, 가을, 겨울만 생각하세요. 그것만 생각하면 더 공부할 것이 없습니다.

金이 왜 木을 克 하냐고요? '도끼 갖고 나무를 베니…' 이렇게 생각하지 말고 '가을바람이 싹을 메마르게 하고…' 이렇게 자연 운동으로 생각하시라는 겁니다.

金이 딱딱하게 굳으려고 하는데 火가 자꾸 펼쳐버려서 그렇습니다.

태풍 매미가 왔을 적에 잎 다 떨어지고 다시 싹 났잖아요. 가을 오기 전이니까. 이상하게 열매도 안 맺히고 제대로 꽃도 안 되는 그런 계절이 있었지요. 火가 金을 억제한 흔적입니다.

相生, 相剋은 외워 두어야 하지만 그렇다고 꼭 외울 필요는 없습니다. 五行의 의미나 五行적으로 따지는 것은 干支를 조금 더 단순화시킬 때 쓰는 수단으로서 쓴다고 이해하시면 좋습니다. 그러니까 五行에 대해서 너무 부담가지지 마세요.

학생 질문 – 책마다 四柱學이다, 命理學이다 표현이 여러 가지인데, 사주는 많이 쓰는 말이니까 알겠는데, 命理를 한마디로 어떻게 설명해야 합니까?

선생님 답변 – 命理가 무엇이냐. 命은 天命입니다. 天命의 理致를 따지는 것입니다. 천명의 이치가 어떠하냐인데 명리라고 하는 것이 사주命理만을 말하는 것이 아니거든요. 사주干支에 의해 따져보는 것이 사주命理고 기타 여러 가지 천명을 분석해 보는 방법들이 있습니다. 가령 관상학적으로 봐서 어떤 사람의 그릇을 따져보는 것도 명리입니다. 그런데 전통적으로 많은 사람들의 개별적인 특성들을 잘 보여주는 것이 四柱 干支입니다. 사주를 통해 보니까 많은 부분이 분석되더라는 겁니다. 이것이 사주 명리이고 사주干支를 대신해서 관상을 쓰면 관상 명리가 되는 겁니다. 관상을 가지고 운명의 이치를 따져보는 것입니다. 그래서 명리를 간단하게 이야기한다면 천명의 이치입니다.

五行, 相生, 相剋에 관한 설명을 했는데요. 원래는 이렇게 해놓고 종이

나눠 주고 시험 쳐야 합니다. '글자와 다음 글자 사이의 관계를 쓰시오'.
( ) 안에 들어가는 글자는?

예제) 金 ( ) 木

金은 木을 뭐하고? (克)하고.

예제) 水 ( ) 木

水는 木을 뭐하고? (生)하고.

글자와 글자끼리의 관계가 발생하겠지요?
한 40개 정도 해보면서 五行이 生剋되는 관계를 습득하도록 하는 게 원래 수업시간에 들어가야 하는데 생략합니다.
相生, 相剋 표를 보고 연습을 많이 해보세요. 글자끼리의 관계를 이해해 두시면 뒤에 가서 六親 부분을 공부할 때 충분히 활용됩니다.

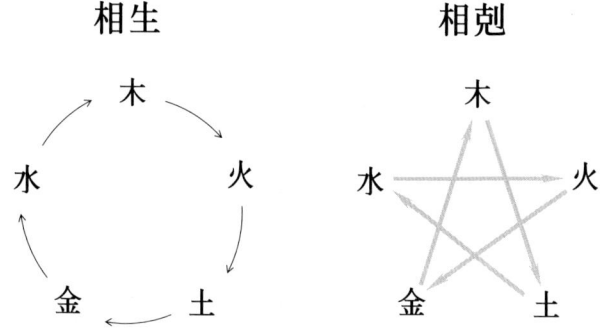

-박청화의 실전명리학-
출발! 사주명리여행 上

초판인쇄 2013. 9. 9
초판발행 2013. 9. 9
2쇄발행 2019. 12. 30
3쇄발행 2023. 7. 6

강　　의 박청화
편　　저 홍익TV
펴 낸 곳 청화학술원
주　　소 부산광역시 부산진구 양성로 93-1(양정동, 초암빌딩 3층)
전　　화 051-866-6217 / 팩스 051-866-6218
출판등록 제329-2013-000014호

표지글씨 東丘 황보근
디 자 인 아이샨(AISYAN)

값 20,000원
ISBN 979-11-951049-1-8(04180)
ISBN 979-11-951049-0-1(전3권)

ⓒ 박청화, 2013

* 무단 복제 및 무단 전재를 금합니다.
* 잘못 만들어진 책은 구입처 및 본사에서 교환하여 드립니다.